日本サブカルチャーと危機

死と恐怖の表象史

押野武志
横濱雄二
諸岡卓真
高橋啓太
井上貴翔
編著

北海道大学出版会

目次

II 世界のエッジ——危機表象のフロンティア

まえがき

本書『日本サブカルチャーと危機――死と恐怖の表象史』は、「危機」をキーワードに日本のサブカルチャーを読み解くことを企図した論文集である。サブカルチャーには、史実を元にしたものもフィクショナルなものも含めて、戦争や災害、疫病など、「危機」に関する様々な事象が描きこまれる。それらに注目して分析・検討することにより、日本サブカルチャーが「危機」をどのように扱ってきたのかを捉え返すことが本論集の狙いである。

本書は第一部と第二部に分かれている。第一部「危機の時代のミステリ――災害・狂気・戦争・閉鎖空間」にはミステリ小説についての論考を、第二部「世界のエッジ――危機表象のフロンティア」には、ミステリ以外のゲームや映画、アニメ、マンガ作品などについての論考をまとめた。このような二部構成になっている理由については、本書の起点となった科研費プロジェクト「日本近現代ミステリにおける危機表象の史的研究」(基盤研究C・21K00301)の展開と関わるため、以下でそれについて説明したい。

本書の編者(押野武志、横濱雄二、諸岡卓真、高橋啓太、井上貴翔)は、二〇二一年度から二〇二三年度にかけて上述のプロジェクトに従事した。このプロジェクトの原案が議論されたのは、コロナ禍真っ只中の二〇二〇年であった。前年一二月に中国で最初の感染者が報告されると、ウイルスは国境を越えて急速に広がり、一月には日本での感染者が確認された。以降、日本では新型コロナウイルスの拡大防止のため、「緊急事態宣言」や「まん延防止等重点措置」が発令され、全国一斉の臨時休校や東京オリンピックの一年延期など、異例中の異例の事態が続発していた。

プロジェクトの原案について議論したのは、まさにこの時期である。対面での議論が制限され、リモート会議を繰り返すなか、編者らはいやがおうにも「危機」というものを意識せざるを得なかった。その状況も踏まえて、自分たちの関心領域であるミステリにおいて、「危機」がどのようにして扱われ、描かれてきたのかを改めて通史的に検討する必要があるのではないか、という方向へ議論が進んでいったのである。

殺人事件を主な謎とするミステリは、そもそも「死」や「恐怖」を素材としてきた。そのミステリが、二〇世紀以降の危機的事象（疫病、震災、戦災、原発事故……）をどのように受け止め応答したのか、さらには、クローズドサークルに代表されるようなフィクショナルな危機をどう描いてきたのか。これが、本プロジェクトの土台にある問いであった。

その後、実際にプロジェクトが開始され、半年ごとに調査結果を持ち寄って研究会が開催された。本書に収められた一部の論考（井上論、鈴木論、高橋論、諸岡論）は、そこでの報告が元になっている。

第二部のアイディアは、研究会での議論が土台になっている。プロジェクトの狙いに基づき、研究会での各報告はミステリに焦点をあてた内容になっていたが、実際に議論する中では、ミステリ以外のサブカルチャー領域についても話題が広がることも多かった。ミステリの近接領域であるホラー、震災を描くアニメ・映画、世界の終わりを描く「セカイ系」など、メディアやジャンルを問わずに話題が出され、それによって危機表象についての考察がさらに深められていったように思われたのである。そのため、本書を編むにあたっても、ミステリを軸としつつも、広くサブカルチャー全体にまで視野を広げられるよう、サブカルチャー領域に詳しい研究者に協力を依頼し、ジャンル・メディアを横断して危機表象について検討する論考を寄稿していただいた。

以上のような経緯で編まれた本書は、押野武志編著『日本サブカルチャーを読む――銀河鉄道の夜からAKB48まで』(二〇一五年、北海道大学出版会)の姉妹編でもある。前著では共通テーマは設けず、各論者の興味関心に沿った論考をまとめたが、今回は「危機表象」というテーマを設定した。様々な時代、メディア、ジャンルの日本のサブカルチャーが「危機」にいかにして対して来たのか、本書がその一端をつかむ一助となれば幸いである。

本書の構成は次のとおりである。

第一部　危機の時代のミステリ――災害・狂気・戦争・閉鎖空間

井上貴翔「転移/回避される〈危機〉――江戸川乱歩と海野十三における関東大震災の影」は、戦前の探偵小説と関東大震災との関係性を探っている。井上論の冒頭で確認されているように、関東大震災を直接的に描いた探偵小説は少ない。しかし、震災以降に目指された「帝都」としての東京は、一度壊滅的な被害を被っているだけにその内部に「危機」を抱え込んだものとして認識されていた。その「危機」は、探偵小説においては震災とは別の形象――たとえば「空襲」――をまとって探偵小説に描かれることがあった。本論は一九三〇年代の探偵小説における「危機」の「転移」に注目し、江戸川乱歩と海野十三の作品を分析したものである。

鈴木優作「神経衰弱と〈探偵小説〉――小酒井不木「懐疑狂時代」論」が焦点を当てるのは、探偵小説ジャンル発生の前提となる都市の成立に伴って激増した、「神経衰弱」である。本論では、探偵小説「懐疑狂時代」（一九二八年）に、医学者でもあった不木の「神経衰弱」に関する考えや当時の「神経衰弱」に関する言説の影響が看取できることを様々な資料から跡づけていく。さらに、作品を具体的に分析しながらそれらの影響をつぶさに観察し、「神経衰弱」という「危機」への対処と、「懐疑狂時代」という探偵小説のプロットが、ある相同性を帯びていることを論じる。なお、都市化というキーワードは先の井上論と共通するが、井上論が東京に注目しているのに対して、こちらは京都に注目している。

小松史生子「衛生とミステリ――〈浴室の死体〉というモチーフ」は、ヒッチコックの映画「サイコ」（一九六〇年）の名場面から説き起こし、白いタイル張りの明るい浴室が重要な舞台となる作品群について考察を進めていく。タイル張りの浴室が日本家庭に普及した背景には、一九一八年にはじまるスペイン風邪の大流行があるという。すぐに汚れを洗い流せる浴室は、衛生観念の高まりを象徴するものでもある。本論は、江戸川乱歩「蜘蛛男」（一九二九～一九三〇年）を軸に、同時代の資料や作品を参照しつつ、「浴室の死体」にまつわるミステリ的な想像力の源泉を探っていく。

高橋啓太「〝捏造〟された市と戦災――松本清張『砂の器』を読み直す」では、松本清張『砂の器』（一九六〇～一九六一年）に描かれた、感染症（ハンセン病）と戦災という二つの「危機」に着目する。本作には、ハンセン病を遠因として、自らの過去を捨てて生きようとする人物が登場する。その人物が別人として生きることができるようになったのは、個人の来歴を確認するための戸籍や学校等の在籍記録が戦災によって失われたからであると作中では説明される。しかし、この戦災について、従来の『砂の器』論では詳細な検討は行われてこなかった。高橋論では、この点を追究し、各種資料を参照しながら本作が描く戦災の意外な姿を明らかにしている。

押野武志「災害／原発ミステリの諸相――関東大震災から東日本大震災まで」は、関東大震災を当時の探偵小説が正面から受けとめたとはいえないという認識を元に震災や原発事故をモチーフとした作品を取り上げ、現代ミステリがそれらにどのように応接したのかを検討している。俎上に載せられる作品は、長井彬『原子炉の蟹』(一九八一年)、東野圭吾『天空の蜂』(一九九五年)など東日本大震災以前に発表された作品から、相場英雄『共震』(二〇一三年)、一田和樹『原発サイバートラップ』(二〇一六年)など、震災以後のものまで多岐にわたる。これらを概観しながら、現代ミステリの災害への様々な向き合い方を析出し、それによって、現代のミステリの想像力的リミットを推し量ることが本論の眼目である。

諸岡卓真「信頼する犯人――今村昌弘『兇人邸の殺人』論」は、本格ミステリの定番ともいえるクローズドサークルが演出する「危機」に焦点を当てている。分析対象となる今村昌弘『兇人邸の殺人』(二〇二一年)では、物理的には脱出可能でありながら、様々な条件により、登場人物たちがあえてその内部に留まることに合意する、開かれたクローズドサークルとでもいうべきものが描かれる。本論では、この奇妙なクローズドサークルに注目し、本作に特徴的なサスペンスの演出方法や探偵と犯人との関係性などについて分析する。また、極めて虚構的な物語でありながら、コロナ禍という刊行当時の状況を透かし見ることができることについても検討を行っている。

第二部　世界のエッジ——危機表象のフロンティア

榊祐一「ビデオゲームにおける〈危機の〉表象——『ダークソウル』を例として」は、超高難度のゲーム『ダークソウル』（二〇一一年）を例に、ビデオゲームにおける「危機」の表象を検討するための理論的な枠組みの構築を行っている。「危機」の表象というとき、その「危機」は物語上のものが想定されがちであるが、ゲームについては、物語のレベルの他に、プレイヤーがそのゲームのプレイしているまさにその時点での経験（プレイ経験）のレベルも同時に検討する必要がある。このレベルにおいて、「危機」の表象はいかにして可能なのか、さらにはそれがどのような条件により強化されるか、本論ではケンダル・ウォルトンのメイクビリーブ論を援用しながら論じられていく。

川崎公平「「決定」をやりなおす——黒沢清『回路』について」は、ホラー映画のなかでも特に幽霊による「危機」を分析対象とする。幽霊は私たち人間とは存在する位相が違う。そのために、怪獣や殺人鬼などが登場するホラーとは違った恐怖が演出される。本論では一九九〇年代のJホラーに登場するこのような幽霊の恐怖が、個人的な因縁などのレベルではなく、人類全体にまで拡大される指向を持つものであるとし、その極点として黒沢清監督の『回路』（二〇〇〇年）を位置づける。『回路』の幽霊映画としての特徴を詳細に検討すること、その上で終盤の展開が示す「危機」への対処のための戦略を明らかにすることが、本論の目的である。

横濱雄二「描かれる他者、描かれない他者——「火垂るの墓」論」は、神戸大空襲と戦災孤児を描いた野坂昭如の小説「火垂るの墓」（一九六八年）と、そのアダプテーションであるアニメーション映画『火垂るの墓』（一九八八年）、実写映画『火垂るの墓』（二〇〇八年）を比較対照した論である。小説とアニメ映画、実写映画では、大枠のストーリーを共有しながらも、主人公の生死やユダヤ人に関する記述などいくつかの違いがある。

本論ではそれらを歴史的事実も参照しながら詳細に検討しつつ、それぞれのバージョンで表象されているもの、されていないものを明確化し、さらにはそのような判断の背景について思考を巡らせている。

渡邉大輔「セカイ系と「危機」の平成史――言説と表象の変遷で辿る三〇年」は、二〇〇〇年代初頭に登場した「セカイ系」という概念に注目し、現在までの主な論点とその変遷を整理するものである。「きみとぼく」の二者関係が、たとえば「世界の終わり」のような大状況と何の中間項も介在せず直結する「セカイ系」については、東浩紀や宇野常寛、笠井潔、佐々木敦らが議論してきたが、同じテーマを扱いつつも、論者や時期によって力点の違いが見られる。本論では、『新世紀エヴァンゲリオン』(一九九五〜一九九六年)などの作品のほか、東日本大震災などの現実の危機的事象も参照しながら、約三〇年間の「セカイ系」言説の見取り図を描いている。

藤田直哉「災厄の記憶と、その歪み――東日本大震災後のアニメーションと純文学を例に」は、日本の災厄における歴史や記憶の表象が歪んでしまう理由を、アニメ、映画、純文学、ルポルタージュ、ドキュメンタリー、美術など、多様な作例を踏まえて論じていく。本論は関東大震災、第二次大戦の敗戦、東日本大震災に焦点をあて、それらの「危機」が起きたあとの作例から表現の類型を析出する。とりわけ、東日本大震災後の表象類型については、詳細な検討を経てその特質と限界が指摘される。なお、関東大震災から東日本大震災までというタイムスパンは第一部の押野論と共通している。併読することによってさらに考察を深めることができるだろう。

阿部嘉昭「はっきりしない危機表象――森泉岳土《たけひと》の諸作について」は、インクではなく水と墨汁、Gペンではなく爪楊枝や割り箸を使うなど、独特の絵画法を採用している森泉岳土の短編マンガを分析対象とする。

前半で取り上げられる「トロイエ」（『祈りと署名』、二〇一三年）には、妹の血を吸うことで巨大化した兄が街を破壊するという「危機」が描かれる。本論ではこの「トロイエ」と、「漱石の「こころ」より〝先生と私〟」（『カフカの「城」他三篇』、二〇一五年）のコマの一つ一つが詳細に検討され、特殊な描法がもたらす効果をつまびらかにしていく。メディアの特性に注目して、その「危機」の表象のあり方を検討するという構えは、榊論、川崎論と通底するだろう。

なお、巻末には関連年表を付した（作成・宮崎遼河）。収録論文で言及されているものを含め、主な作品や出来事がピックアップされている。通時的な把握をしてみたいときや、各論同士の関係性について検討してみたいときなどに参照していただきたい。

（諸岡 卓真）

I

危機の時代のミステリ

――災害・狂気・戦争・閉鎖空間

転位／回避される〈危機〉——江戸川乱歩と海野十三における関東大震災の影

井上貴翔

一　はじめに

一九二三年九月一日に発生した関東大震災は、東京・神奈川を中心に甚大な被害をもたらした。だがそこからの復興とともに日本でもモダニズム文化が花開く。その一つとして取り上げられるのが、探偵小説ジャンルの興隆だろう。「探偵小説が発達するためには、一定の社会的条件が必要」(「日本の近代的探偵小説」『新青年』一九二五年四月)と述べたのは平林初之輔だが、復興に伴う社会や都市の急速な近代化により、その条件の多くは満たされることとなった。川崎賢子の言葉を借りるならば、「関東大震災とその復興は、東京の都市風景、都市機構を一変し」、「「探偵小説」メディアに転機をもたら」したのだ(「大衆文化成立期における〈探偵小説〉ジャンルの変容」『大衆文化とマスメディア　近代日本文化論　7』一九九九年、岩波書店)。以上は、日本探偵小説史の教科書的理解とでも言うべきものだが、それは裏を返せば、探偵小説ジャンルが関東大震災(以下、震災と表記)という〈危機〉と相対しなかったことを意味しないだろうか。

もちろん、先の引用で川崎が「転機」とするように、震災後に突如として探偵小説ジャンルが出来したわけではない。『中央公論』「秘密と開放号」（一九一八年七月）での「芸術的新探偵小説」の企画や、一九二〇年創刊の『新青年』における海外探偵小説の継続的な翻訳など、探偵小説がジャンル的に成立していく機運が震災以前から醸成されていたことは、複数の論者が指摘するとおりだ。また、探偵小説に欠かすことのできない存在、江戸川乱歩のデビューは一九二三年四月と震災におよそ半年先立っており、横溝正史や甲賀三郎、小酒井不木といったその後の探偵小説を牽引する者も、震災前から姿を現していた。

しかし、震災直後の探偵小説およびその周辺を眺めても、そこに震災と探偵小説を関連づける直接的な言葉は見出せず、震災を主題化したと見なしうる作品もほとんど視界に入ってはこない。当然ながら、何をもって「主題化した」と言いうるのかという問題はあるのだし、あるいは東京に住んでいなかった乱歩らが直接に被災していないという事実もあるにせよ、残されたテクストに震災の明示的な痕跡を追うことは大きな困難を伴うのである。だからこそ、震災やそれに関連した〈危機〉と探偵小説の直接的な関わりを論じる先行論はほとんど存在せず、多くは震災後における時代状況の諸相と探偵小説との関わりを論じるだろう（それらが重要な試みであることは言うまでもないが）。

そうしたなか、震災と探偵小説の関わりを考えるにあたり、東日本大震災後の文学についてアンヌ・バヤール＝坂井が述べた、「エンターテインメント系震災後文学を検討するには、それが何なのか、といった本質に関する問いを試みるより、震災が取り入れられている娯楽小説がそれをどのように表象しているか、という問いにすり替えたほうが効果がありそうだ」（「娯楽小説としての震災後小説、または認められざる3・11後文学について」『世界文学としての〈震災後文学〉』二〇二一年、明石書店）という指摘を採用してみよう。具体的には、震災に直接関わる言葉が比喩的に用いられる探偵小説のいくつかをピックアップし、その表象のあり様や〈危機〉との繋がりを考えてみたい。なお、本稿における探偵小説とは、「謎とその論理的解明」を軸とするような狭義のそれというよりは、当時においてとりあえずそう名指されていた作品を意味する。

二　江戸川乱歩の探偵小説

日本探偵小説の父とも称される江戸川乱歩だが、その作品群に震災の影を読み取ることは容易ではない。震災直後、『新青年』帝都復興号（一九二三年一〇月）に掲載された「恐ろしき錯誤」について、筒井清忠は「火事が重要な要素となっているところに情景描写といい関東大震災の影響が如実に感じられる」（『帝都復興の時代』二〇一一年、中公選書）とするが、「原稿を送ったのは確か春のまだ寒い時分であったが、それが年末まで持越された」（「探偵小説十年」一九三二年）という乱歩自身の言葉を信じるならば、震災のかなり前に書き上げられ、編集部に送られていたこの作品が、震災の直接の影響下にあるとは言えない。また前田潤は、乱歩作品の登場人物に「同一性への欲望」を読み取り、「そうした傾向が、万人に何らかの転身と再出発を余儀なくさせる、関東大震災直後の作品に顕著に見られる事実は記憶に価する」（「関東大震災」『江戸川乱歩大事典』二〇二一年、勉誠出版）と興味深い指摘を行っているが、逆言すればそうした回路を想定することでしか、震災との関係が看取できないということでもあるだろう。

そして、何もそれは震災直後にのみあてはまることではない。ひとまずは一九四五年の敗戦時までに発表された作品を対象としたとき、「震災」や「地震」といった言葉は一九三〇年代に入るまでほとんど使用されることがない。主として一九三〇年以降の数少ない使用においても、大半は「頭の中で、あらゆる過去の姿が、地震の様にグラグラとくずれて行った」（「猟奇の果」『文藝倶楽部』一九三〇年一〜一二月）のように一般名詞として用いられるばかりで、かの震災を意味することは片手で数えられる程度であるし、そのほとんども「このお話は大地震よりは余程以前のこと」（「蟲」『改造』一九二九年九〜一〇月）など、せいぜい作品内の時代を示すために使われる程度なのだ。

だが、まずは「震災」や「地震」といった語が、一九三〇年頃の作品でいくつか使用されることを押さえたうえで、我々を立ち止まらせる次のような記述を見てみよう。

たった一人の蜘蛛男は、各新聞社の社会部を、鼎の如く沸き立たせ、日々の社会面の大半を彼自身の記事で埋めさせた。従って、帝都三百万の住民は、寄ると触ると蜘蛛男の噂である。彼等は嘗つて経験した大地震よりも、あらゆる天災地変よりも、たった一人の蜘蛛男に恐れ戦いた。

警察無能の声は、不吉な地鳴りの様に帝都に瀰漫した。（「蜘蛛男」『講談倶楽部』一九二九年八月〜三〇年六月）

「帝都三百万の住民」が「嘗つて経験した大地震」とは、もちろん関東大震災を指している。ただしそれ以上に興味深いのは、ここでの「大地震」という言葉が、「蜘蛛男」や彼が引き起こす犯罪と重ねあわされており、さらには人々がそれに対して不安や恐怖を抱いているという点だ。そしてその不安や恐怖は、「帝都」全体を包み込む「噂」を招き寄せていく。つまりここでは、震災という〈危機〉が、「帝都」を脅かす犯罪（者）という〈危機〉に転位させられ、それに対して不安が抱かれていると言える。

それがより顕著に示されるのが、「大暗室」(『キング』一九三六年一一月〜三七年六月)だ。犯罪者、大曾根竜次は「帝都」の地下に自らのアジトを作り上げ、こう警告する。

若し地上から我々を攻撃しようとすれば、市内の最も賑かな場所にある九つの重要な建築が、忽ち木っ葉微塵になるのです。そして大火災が起ることは必定ですから、東京市民の損害はどれ程に上るか知れません。マア、先年の関東大震災の小型のやつがお見舞いすると考えて下されば、大した間違いはないでしょう。

犯罪者がもたらすであろう災禍がやはりあの震災に比せられるが、それは、「地上の世界は僕に一指を染めることも出来ません。人為の大震火災を極度に恐れるからです」のように繰り返されるだろう。以上を踏まえるなら、「黄金仮面」(『キング』一九三〇年九月〜三一年一〇月)冒頭において、「この世には、五十年に一度、或は百年に一度、天変地異とか、大戦争とか、大流行病などと同じに、非常な奇怪事が(中略)ヒョイと起ることがある」と、一連の事件が「天変地異」になぞらえられる点にも、震災の影を読み取りたくなる。

乱歩作品ではこのように、一九三〇年頃より震災関連の言葉が、犯罪(者)を形容するものとして用いられるが、それは震災という〈危機〉を犯罪(者)という〈危機〉に転位させることでもある。そして当然ながら、それに対して人々が抱く不安は、犯罪者が死んだり、警察や探偵の手によって捕らえられたりすることで解消される。あるいはこうした〈危機〉に対して、「帝都」では「様々の恐ろしい虚報が氾濫して、市民は自警団を組織しないばかりに興奮し」、「警察では駄目だ、軍隊を出動せしめよ」(「大暗室」)とまで訴えられるようになる。つまり、この転位された〈危機〉は、「自警団」という言葉で震災を彷彿とさせつつ、その解消のために「軍隊」の出動を要請する契機ともなるのだ。

以上のような傾向をどのような時代状況とともに考えるべきだろうか。キーワードは、右の引用にも登場している「帝都」という言葉だ。丸川哲史は「日本の都市の風景が激変したこと、特に江戸情緒に溢れていた明治の東京が突如として帝都へと変貌する要因として、一九二三年九月一日に起こった関東大震災とそれを奇貨とした大規模な復興を無視することは出来ない」(『帝国の亡霊』二〇〇四年、青土社)と、震災後の復興過程を「帝都」化と呼ぶ。それは日本が内外ともに「帝国」としての体制を確立していく過程でもあるが、この「帝都」化は一九三〇年三月開催の「帝都復興祭」および、同年五・六月の『帝都復興史』の刊行において、一つの区切りを迎える。重要と思われるのは、「帝都」化の進行に合わせるかのように一九二〇年代後半から「帝都」という言葉の一般での使用が増加し、そればかりか、「帝都」に何らかの〈危機〉が胚胎しているという言説が、新聞や雑誌を中心に世間を賑わせていくという事実だ。(1) その〈危機〉とは、犯罪・伝染病・交通事故・爆発・空襲など言説によって様々なのだが、たとえば、「兇賊、帝都を横行して市民生活の恐怖時代」(『東京朝日新聞』一九二八年一一月二六日朝刊)や「春の帝都に伝染病の脅え」(『読売新聞』一九二九年一月一四日夕刊)などはその典型と言える。それはすなわち、震災という〈危機〉を経験した東京という都市が「帝都」として復興していくなか、ある種の〈危機〉を自らの内に抱え込んでいるという想像やそれら〈危機〉への不安が、人々の間を駆け巡っていたことを示しているだろう。一九三〇年以降の乱歩作品、なかでも通俗長篇は、まさに人々のそうした想像力を鋭敏に捉え、テクスト化していた。

こうした点は、乱歩作品における〈危機〉の空間的位置づけとも関連する。「大暗室」での大曾根の王国はエログロに満ちた、彼にとっての〈理想郷〉でもあった。もちろんそれは、「パノラマ島綺譚」（『新青年』一九二六年一〇月～二七年四月）で人見広介が作り上げる〈理想郷〉と繋がっているが、ここで考えたいのは、これら〈理想郷〉の所在地である。「パノラマ島綺譚」におけるそれは、伊勢湾に浮かぶ「直径二里足らずの小島」に建設されるが、その一帯は「謂わば文明から切り離された、まるで辺鄙な所」である。一方、「蜘蛛男」の結末では、犯人の〈理想郷〉的な地獄絵図は「鶴見遊園」のパノラマ館内に構築される。藤井淑禎も指摘するが（『乱歩とモダン東京』二〇二一年、筑摩選書）、これは当時横浜にあった花月園のことであり、すなわち「帝都」の郊外に置かれているわけだ。そして「大暗室」の〈理想郷〉は「帝都」のただ中に所在する。まさに「帝都」復興の区切り前後で犯罪者の〈理想郷〉、すなわちある種の〈危機〉の空間的位置づけが、地方から「帝都」郊外、さらには「帝都」の中心へと推移しているのである。(2)

三　海野十三の「防空小説」

前節で見たように、一九三〇年前後以降の乱歩作品のいくつかでは、震災への不安が犯罪（者）へのそれへと転位され、探偵や警察によって解消される形が取られていた。だが、別作品において、「地震」の一語はまた別種の〈危機〉にも接続されている。

「大暗室」で大曾根は「帝都」が炎に包まれる様を夢想する。それが震災の記憶と通じていることは明らかだが、その夢想はおそらくは次のような描写とも響きあっているだろう。

全都は今や敵の投弾と、味方の高射砲と、敵機味方機入り乱れての爆音と、名状しがたき大音響につつまれていた。待避壕内に耳と目を圧えている都民にも、これらの恐るべき音波はひしひしと感じられ、爆弾による地響きは、大地震のごとく待避壕そのものを揺り動かし、怒濤にもてあそばれる小舟に乗っているのではないかと怪しまれるばかりであった。（「偉大なる夢」『日の出』一九四三年一一月～四四年一二月）

むろんこの「大地震」は例の震災を指してはいないが、少なくともここでは「帝都」を襲う空襲という〈危機〉が、「大地震」と重ねられている。こうした震災と空襲の結びつきは、決して乱歩のみに見られるものではなく、むしろ震災直後からささやかれていることでもあった。震災の翌年、田山花袋がその被害から空襲を想起していたことは有名だが（『東京震災記』二〇一一年、河出文庫）、田山に限らず、「現代の空中攻撃力を以てすれば東京の如きは一夜にして灰燼に帰することが出来る」が「今回の震災に依り〔中略〕不幸にも事実として顕現した」（水野廣徳「彼はチフス患者、我は手足挫折者」『中央公論』一九二三年一一月）と述べる記事のように、震災と空襲を強く結びつける当時の言説は枚挙に暇がない。こうした事実を踏まえ、震災を契機とした「防空」について、歴史的に詳細を追ったのが土田宏成である。土田によれば、震災の「大火災は都市空襲を連想させ」、「震災を契機に、巨大自然災害や空襲を想定した、軍官民一体の帝都防衛態勢が構想され」た。「それは昭和初期から、都市における防空演習という形で現れ」、一九三一年以降に本格化し、総力戦体制下の「国民動員」を強く推し進めたものの一つだという[3]。ここにおいて、震災という〈危機〉は、空襲という〈危機〉に接続、転位されているが、「偉大なる夢」の記述はこのような背景とも結びつくものだろう。

ところで、「空襲」という〈危機〉、あるいはそれへの対応である「防空」という問題系に、当時深くコミットしていた探偵小説家として海野十三がいた。「遺言状放送」(『無線電話』一九二七年三月)で作家としてデビューした海野は、「電気風呂の怪死事件」(『新青年』一九二八年四月)など科学知識を応用したトリックを中心とした探偵小説を発表していたが、一九三二年に「空襲葬送曲」(『朝日』一九三二年五〜九月)を連載して以降、「空襲」の恐怖と「防空」の必要性を読者に訴える作品を、断続的に執筆している。(4)

「空襲葬送曲」が(「防空小説・爆撃下の帝都」と改題のうえで)単行本化された際の序文には、編集部からの依頼で執筆したと述べられており、震災以後の空襲への同時代的な不安が背景にあることが見て取れるが、そのことは作品からも明らかである。作中、「防空」の必要性を強く訴える弦三は「東京市なんか、敵国の爆撃機が飛んできて、たった五噸の爆弾を墜せば、それでもう、大震災のときのような焼土になるんです」と、震災時の被害と空襲時のそれを同一視するのだし、また実際に「帝都」空襲の様子は「次の爆弾が、空から投げ落とされる度に、物凄い火柱が立って、それは聽て、夥しい真白な煙となって、空中に奔騰している有様が、夜目にもハッキリと見えた。そして、その次に、浮び出す景色は、嘗て関東大震災で経験したところの火焔の幕が、見る見るうちに、四方へ拡がってゆくのであった」と、やはり震災火災の記憶とともに描写される。それは、爆弾を「東京のような木造家屋の上からバラ撒かれたら大震災のように荒廃させるのは、雑作もないということだ」と記述される「空襲下の日本」(『日の出』一九三三年四月号付録)、あるいは「今夜あたり、帝都は空襲をうけて、震災以上の大火災と人死があるというのです」と噂される「空襲警報」(『少年倶楽部』一九三六年七月号付録)も同様だろう。

では、震災という〈危機〉に比せられる、空襲という〈危機〉は、海野作品においていかに対処すべきものとして描かれているだろうか。そこで示されるのは、「防空に対する国民の訓練が行き届いていれば、敵の空襲も敢えて恐れるに足らん」（「空襲下の日本」）のような「国民防空」の重要性であり、そこから構築される視覚と聴覚による厳しい監視体制である。副田賢二は、海野作品の「「防空」空間は迎撃機や監視哨、探照灯の視覚と同時に、空中聴音機やラジオ、スピーカーの聴覚ネットワークによって構成され」る「統制された視覚・聴覚空間」と論じる（「戦争テクノロジーとしての「防空」空間と文学」『日本近代文学』二〇一九年一一月）。ただし、この統制された視覚や聴覚による監視体制が、共同体内外の「敵」を見出すために機能する点を強調しておこう。

当然それは、共同体の外部に向けられるとき、敵機を把捉するものとして機能する。たとえば、「空襲葬送曲」には次のような挿話がある。「米国大空軍」による「帝都」への再空襲が確実となるなか、その来襲をいち早く察知するのは、盲目だが耳が人一倍鋭い老人と「恐ろしく目のよく利く」七歳の子供であり、彼らによって「帝都」の「防空」体制は空襲前に即座に整えられる。ここで描かれるのは、老人や子供であっても（視覚や聴覚に秀でていれば）「防空」に貢献できるという「国民動員」のあり様であり、その体制下では種々のテクノロジーのみならず、アナログな身体感覚さえも、統制的な監視空間を構築するために動員されていくのだ。一方でこの監視体制は、共同体の外部ばかりでなくその内部の構成員にも向けられていく。「空襲警報」には、警報発令のさなか、明かりを消さない人間が詰問される一場面がある。

「おじさん。どうしても灯を消さないというのなら、僕は電灯をたたきこわしちゃうがいいかい」
「そんな乱暴なことをいうやつがあるか。電灯の笠には、チャンと被がしてあるし、窓には戸もしめてあるよ。外から見えないからいいじゃないか」
「だって、皆が消しているのに、おじさんところだけつけておくのはいけないよ。敵の飛行機にしらせるようなものじゃないか。おじさんは非国民だよ」

照明が「外から見えない」以上、いわゆる灯火管制的に問題でないにもかかわらず、規律に従わない人間が「非国民」と位置づけられてしまう。この後、両者は仲裁されるものの、共同体外部に向けるのと同様、規律や規範から逸脱する「敵」が共同体内部にいないかに鋭く目を光らせ、耳をそばだてる厳しい監視のあり様が描かれる。

つまり、海野の「防空小説」においては、震災という〈危機〉が空襲という〈危機〉に接続されるが、その〈危機〉への不安を解消するために、「国民」の視覚および聴覚は統制的に動員され、共同体内外の「敵」を見出すための網目のような監視体制を作り上げるのである。もちろん、海野の「防空小説」は、広義の意味でも探偵小説とは言い難い。だが、こうした〈危機〉への対応としての監視体制は、彼の探偵小説でも描かれていくのである。

四　海野十三の探偵小説

乱歩の「大暗室」発表と同年、海野は自身初となる長篇探偵小説「深夜の市長」を連載する。深夜の「T市」＝「帝都」散策を趣味とする主人公はある夜、殺人事件に遭遇し、その際に出会った「深夜の市長」と呼ばれる男性（以下、「市長」と表記）や、彼の仲間である科学者の速水輪太郎らとともに調査に乗り出す。川本三郎は

「夜の東京に生きる「深夜の市長」が、昼の東京の権力犯罪をあばいてゆく。〈中略〉地上より地下に隠れようとする「市長」と怪科学者が協力し合って〈中略〉最後には、「夜と地下」が、「昼と地上」に勝利する」(『ミステリと東京』二〇〇七年、平凡社)とまとめているが、この「帝都」の「夜」は、「昼と夜と、いずれが真の姿であるか知らないが、すくなくとも夜は美しく優しく静もり深く、そして底しれぬ神秘の衣をつけている。T市の人々の多くは、この素晴らしい夜の顔を知らないでいる」とされるように、主人公にとっての〈理想郷〉として示されている。それは、海野自身の「夜」への憧憬を語ったエッセイ(「深夜の東京散歩」『探偵春秋』一九三六年一〇月)からも明らかだ。

このとき、「深夜の市長」が「大暗室」と同系の構造を持っていることがわかるだろう。「帝都」は、その内部に何らかの別空間や別世界を持つという形で二項対立的に二重化している。そしてこれら別空間、別世界は、警察などの権力と対立するものでもある。ただし、乱歩作品でのこうした空間が〈犯罪者のそれであるがゆえ〉大衆に不安を抱かせる〈危機〉であり、警察などの手によって解消されるべきものとなっていたのに対し、「深夜の市長」における「夜」は、むしろ逆の位置づけとなっているようだ。

これまでの先行論は、まさにその点に注目してきた。先の川本が「「深夜の市長」は二・二六事件の年に書かれた。時代は徐々に窮屈になってゆく。深夜の散歩を楽しむことなど出来なくなってゆく」と述べるように、「深夜の市長」での「昼」を二・二六事件以降の総力戦体制へと突き進む同時代状況に通じるものと捉え、そうした情勢に抗いつつも不可避にのみ込まれていく、失われゆく〈理想郷〉として「夜」を位置づけてきたのである。(5) だが、「深夜の市長」における「夜」を、そうしたいわば反権力的な〈理想郷〉とみなすことは難しい。先に挙げた文章で海野は「深夜の街には、深夜人種というのが確かに居る。〈中略〉深夜人種は立派な或る力によって、統制されているように思う」と述べる。「立派な或る力によって、統制」された「夜」。それがいかなるものか、作品から確認してみよう。

たとえば主人公は、とあるバーの女性に「「深夜の市長」さんにいいつかったことを一つでも間違えようものなら、あたし達は一夜だって無事に生きてゆけない」と脅されてしまう。あるいは、「市長」への使いをたった一日先延ばしにすると、「預ってきたのなら、どうして昨夜のうちに「深夜の市長」さんに渡さなかったの。あの方に頼まれて、そんなに統制を乱したのは、あんたが始めてだわ」と詰問されるだろう。その他にも、円タクの運転手は自身の交通違反について、警察ではなく「市長」からの「お目玉」を恐れるのだし、「市長」に見張りを指示された者が口を開くことなくその任務に従事する様を、速水は「彼等は見張だけが任務なんだ。――黙っているのは「深夜の市長」の威令が行われている証拠だよ。規律が弛緩すれば、場所がらを弁えず、詰らぬお喋りなどをするもの」と評する。どうやらこの「夜」の世界では、その一挙手一投足が「市長」に筒抜けであり、だからこそ「深夜人種」である彼ら彼女らは規律を保っているようなのだ。

では、そのような統制はいかにして可能となるのか。丸の内にあるビルの中庭に立てられた塔に住んでいる速水を訪ねた主人公は、そこで不思議な装置を目にする。

「ここにうつっているのは、何でしょうか。T駅前の広場には違いありませんが、夜間だか昼間だか分りませんねえ」

「もちろんそれは現在只今の光景がうつっているのだから、深夜の景色にちがいない。但しこの器械は暗視機といって、暗くても明るく見えるテレビジョン装置なのだ。これで見ていると、深夜とて真昼のように見えるのだ」
「ほう、――」と僕は驚倒するより外なかった。「で、貴下はこの器械でいつも何を覗いているのですか。なにかハッキリした目的でもあるのですか」
「そんなことは応えるまでもないことじゃないか。そんなことはどうでもいい」

そしてこの装置は、複数の「目盛盤《ダイヤル》」や「把手《ハンドル》」で様々な調整を行うものとされる。作中で明示されることはないが、この装置が現在で言うところの監視カメラとして、「帝都」の「夜」の様々な場所を注視し続けているであろうことは疑い得ない。一方、主人公も驚くように、「市長」には「何か事件が起ると直ぐ注進して来る者」がいる。どうやら「夜」を走り回るトラックや円タクの運転手らが見聞きしたことが、「市長」のもとに集約されるようなのだ。つまり「夜」の世界の住人たちは、監視カメラや「注進」などによって視覚的聴覚的に張り巡らされた相互監視の網の目に絡めとられており、それによって「深夜の市長」における「夜」は、統制された体制ないし空間として構築されているのである。

すでにして、こうした「夜」を先行論のように言祝ぐことは難しいが、「深夜の市長」ではさらなる展開が待ち受けている。最後に明かされるのは、作品を通して謎の男とされてきた「市長」の正体が、警視総監だったという事実である。ここにおいて、「深夜の市長」における「帝都」は、その二重化を解かれている。確かに、警視総監が結末で職を辞するとともに「市長」の姿も消えるのだが、その姿を探し歩く主人公が「夜の街の行きずりに、ルンペン爺さんの袂を引いて尋ねても、僕の顔を一と目見るなり顔を背けて、知らぬ知らぬと首を振るのだった」と記述されるように、そこでの統制は揺らいではいない。「市長」の消失は統制の消失ではなく、むしろその遍在を招き寄せる。「帝都」は、「夜」のように一望監視的《パノプティック》に統制された世界へと一元化されるのだ。

海野の「防空小説」における監視体制は、その探偵小説にも引き継がれている。思えば、一九三〇年代における「夜」や「闇」について、萩原朔太郎はこう述懐していた。

> かつて防空演習のあった晩、すべての家々の燈火が消されて、東京市中が真の闇夜になっていた時、自分は家路をたどりながら、初めて知った月光の明るさに驚いた。そして満月に近い空の月を沁々と眺め入った。その時自分は、真に何年ぶりで月を見たという思いがした。（「月の詩情」『萩原朔太郎全集第一一巻』補訂版、一九八七年、筑摩書房（『文明評論』一九四〇年六月））。

ここでの「夜」とは、あらかじめそこに存在していたものというより、「防空演習」のために灯りが消されることではじめて浮上するものである。「深夜の市長」で描き出される「夜」も、まさに「防空」体制によって現出する、統制的な監視空間としての〈理想郷〉だったと言えよう。海野の「防空小説」での監視体制は、戦時体制下における「国民動員」へと直に通じるものだったが、「深夜の市長」の「夜」もまた、そこに連なるものであることを見逃してはならない。それは、震災という〈危機〉の転位がもたらす帰結の一つでもあった。

五　結びにかえて

「震災」や「地震」といった言葉を導きの糸として乱歩や海野の諸作品に触れてきたが、あらためて指摘しておけば、一九二〇〜三〇年代の探偵小説において震災を明示的に扱ったテクストは驚くほど少ない(6)。もちろん論者の見落としの可能性もあるのだが、そんななか例外的な作品も存在する。海野による「棺桶の花嫁」(『ぷろふいる』一九三七年一〜三月)がそれだ。

教師である杜は、ミチミという生徒と同棲しているが、震災によって離れ離れになってしまう。震災時に救助したお千という女性と焼跡で暮らし始めた杜はある日、絞殺されたお千を発見する。以前に彼女の情夫だった殿様半次という男が捕まるが、実際はミチミが杜を取り戻すため、震災後にともに暮らしていた有坂という青年にお千を殺害させたのだった。その後ミチミは杜に有坂を殺害させ、二人は再び暮らし始めるが、ほどなく肺炎で死亡したミチミの後を追って、杜は自殺する――。当時においてほとんど唯一、震災ないし震災直後の焼跡を主な舞台とした探偵小説である今作は、実のところ問題含みの作品でもあるだろう。紙幅も尽きているため、端的に二つの点を指摘しておきたい。

一つ目の特異な点として、探偵小説と銘打たれているにもかかわらず、この作品では調査や推理といった探偵的な行為がほぼ描かれない。焼跡で事件に巻き込まれる杜が、探偵的な行為をすることはほぼなく、事件自体も推理によって解決されるわけではない。真相は犯人であるミチミの告白によって明らかにされるのみだ。それは、作品冒頭に置かれた意味深長な謎に関しても同様である。冒頭、ミチミが演劇の練習中、入っていた棺から衆人環視のなか消えるという謎が示される。どうやら彼女が何らかの方法で抜け出し、杜が推理によって解明したようなのだが、その詳細は作中で示されずに終わる。いずれの現場にも奇妙な血痕が残されており、杜はその血痕に注目こそするが、そこからの推理が描かれることもない。いわば、痕跡から推理を展開しない探偵小説なのだ。そして、この推理の不在は「あれだけ立派な証拠を残して来た犯罪事件ではあったが、震災直後の手配不備のせいであったか、それから一月経っても、二月経っても、司直はミチミたちを安穏に放置しておいた」と、ミチミと杜の犯行が最後まで露見しないままに終わる結末と対応しているだろう。

もう一点は、震災時の混乱が描かれるにもかかわらず、「流言蜚語」やそれに惑わされる人々が一切、描かれないということだ。そもそも、海野は浅草の今戸で被災しているのだが、その際に「流言蜚語」やそれに由来する暴動に恐怖したことを書き残している。

> 大正十二年の関東大震災のとき、焼跡にトタンをあつめて小屋を作り、真暗な夜を寝たことがあった。疲れているが不気味で寝られない。そのとき、東の四五丁先と思われるところで、イキナリうわッーという鬨の声があがり、ドドーン、ドドーンという銃声が俄かに起った。
> (何事か?)
> と思う間もなく、人がバラ〳〵と逃げてきて、小屋の傍をすり抜けていった。
> 「いま、こっちへ、襲撃してきます。人がいることが判ると、この辺に居る者は皆殺されてしまいますから、どんなことがっ《ママ》ても声を出さないで下さい。」
> (もう駄目だ。)
> と私は思った。こんなことで殺されるのかと思うと、暗闇の中にポタ〳〵涙が流れでて、頬を下っていった。(「恐怖について」『ぷろふいる』一九三四年五月、全集未収録)

海野と同じような経験については、証言が様々に残っている。「〔2日夜、浅草公園で〕夜も9時に近き頃であった。俄然公園一帯に騒音が響いた。やがてバタバタと走る足音、怒声、叫喚相続いて起った。すは又火事かと、はね起きて耳をすました。騒ぎは益々激しくなる。やがてどこからともなく、「不逞人の襲撃だ。」と伝えられた」（西崎雅夫『関東大震災朝鮮人虐殺の記録――東京地区別1100の証言』二〇一六年、現代書館）。そして、海野が自身の「防空小説」において、「××人が、本当に暴れだしたぞォ」（「空襲葬送曲」）などと、「流言蜚語」やそこから発生する混乱や暴動を繰り返し描いていたことは、若林宣も指摘するとおりだ（『B-29の昭和史――爆撃機と空襲をめぐる日本の近現代』二〇二三年、ちくま新書）。必ずしもそれが描かれるべきというわけではないが、震災を明らかな参照項とした「防空小説」で繰り返し描いたものを、まさに震災時の混乱を記した作品では描かないという点には若干の奇妙さが残る。

震災直後の「流言蜚語」に端を発する朝鮮人（および中国人）虐殺という歴史的事実を念頭に、「大衆が抱く不合理や無意識への不安を西欧の探偵小説は、名探偵による合理性の勝利によって想像的に解消してみせたのに対して、日本では、大衆の不安が探偵小説に回収されずに、「群衆の人」（エドガー・アラン・ポー）と化した大衆が権力の手先となって、個人の痕跡を消したまま犯行に及んだ。ここでは、殺人事件が現実の世界で演じられ、解決もされ」ず、「戦前の日本のミステリは、関東大震災の経験を正面から受け止めることができなかった」と押野武志は述べる[7]。つまり、現実の虐殺事件が探偵小説的に推理され解決されることはなく、一方で探偵小説もそれをフィクションへと転位させ解決を描くことはなかった。そもそも「流言蜚語」やそれをもとにした事象が不在である一方、痕跡が残されているにもかかわらず、震災時の殺人も推理および真相が不在のまま終わる「棺桶の花嫁」は、震災時の〈危機〉を二重に回避しているとも言いうる。それはまさに、探偵小説が震災と相対することができなかったことを傍証するテクストとなってはしまいか。

一九二〇～三〇年代の探偵小説は、総じて震災という〈危機〉を回避してきた。あるいは、わずかに看取できる震災との関わりも、震災という〈危機〉を別種の〈危機〉へと転位させ、それへの対処として警察のみならず軍隊の介入を訴えたり、人々を統制的に動員したりする点で、総力戦体制という同時代状況とのかすかな共犯性を帯びていたと言える。その後、戦争という〈危機〉に、より直截に巻きこまれていく探偵小説ジャンルだが、その諸相については別稿を期したい。

注

（1）この点は、村田裕和「闇の中の蒐集家――江戸川乱歩テクストの〈触覚性〉について」（『立命館文學』二〇一七年八月）にも指摘がある。

（2）ちなみに、「地獄風景」（『探偵趣味』一九三一年五月～三二年三月）でも、犯罪者による〈理想郷〉が描かれる。その所在地こそ「帝都」ではなく「M県」という地方であるものの、結末での〈理想郷〉崩壊には、「先ず、浅草十二階を模した摩天閣が、その中程から折れちぎれて、スローモーションで、土煙りを上げながら、くずれ落た」と、震災の記憶が顔をのぞかせている。

（3）土田宏成『帝都防衛　戦争・災害・テロ』二〇一七年、吉川弘文館。土田『近代日本の「国民防空」体制』（二〇一〇年、神田外語大学出版局）も参照。

（4）本文に挙げたもの以外に、「空ゆかば」（『日の出』一九三三年九月号付録）、「敵機大襲来」（『キング』一九三八年六月）など。

（5）池田浩士「海野十三　深夜の市長」（『Et Puis』一九九一年九月）、吉川麻里「海野十三『深夜の市長』――〈深夜〉世界の光芒」（『同志社国文学』一九九五年三月）も同様。

（6）今回は取り上げられなかったが、甲賀三郎には、「琥珀のパイプ」（『新青年』一九二四年六月）や「焦げた聖書」（『新青年』一九三一年八月）、「公園の殺人」（『講談倶楽部』一九二八年四～九月）など、震災を絡めた作品をいくつか発表している。また、平林初之輔「秘密」（『新青年』一九二六年一〇月）や三上於菟吉「血闘」（『雄弁』一九二四年一一月～一九二五年九月）は、震災が発端となる探偵小説であり、一方、戸川貞雄「震災異聞」（『新青年』一九二七年二月）は、震災の焼跡を舞台にした怪奇小説と言える。

（7）押野武志「危機の時代のミステリ」『新薩摩学15　古閑章教授退職記念号』二〇二〇年、南方新社。なお同種の指摘は、菅本康之

『モダン・マルクス主義のシンクロニシティ――平林初之輔とヴァルター・ベンヤミン』（二〇〇七年、彩流社）でも行われている。

附記

江戸川乱歩の引用は『江戸川乱歩全集』（二〇〇三～〇六年、光文社文庫）に、海野十三の引用は（全集未収録のもの以外）、『海野十三全集』（一九八八～九三年、三一書房）によった。なお、本稿はＪＳＰＳ科研費 JP21K00301 の助成を受けた研究成果の一部である。

神経衰弱と〈探偵小説〉――小酒井不木「懐疑狂時代」論

鈴木優作

一　序論

探偵小説ジャンルの発生は近代社会における都市の成立を契機としているが、それは同時に精神病理を生み出す要因としても認識されてきた。東京帝国大学医科大学教授・巣鴨病院医長であった呉秀三は「文明と神経衰弱」『読売新聞』朝刊、一九一三年五月二〇日、五面)において、文明進歩・生存競争を原因として大都会で神経衰弱が激増していると述べている。

近頃は神経病、殊に神経衰弱と云ふ病気が世間一般に十五年二十年前に比して著しく多くなり、大都会に於て最も甚だしいやうである。／是れは文明が進歩すると共に社会状態が変動し、従つて神経を動揺させる根本になつてゐる生存競争の為めに、青年学生に在つては試験と云ふものに依りて地位の保安が困難になつた為めである。文明に伴ふ弊害は少くない。

神経衰弱の流行について松田方一は「神経衰弱 Neurasthenia は Beard によって1869年に始めて銘名された病名である。日本でも明治の中期から精神医学の教科書に記載され、民間にも知られてゆく。そして大正から昭和の始めにかけては、神経衰弱に関する文献が、学界にも民間にも氾濫するようになる」(「神経衰弱の運命」『医学史研究』一九六二年三月、一八頁)といい、佐藤雅浩は『精神疾患言説の歴史社会学――「心の病」はなぜ流行するのか』(二〇一三年、新曜社、一四七~一四八頁)において「二〇世紀初頭から大正、昭和初期にかけて、「神経衰弱」や「ヒステリー」に関する書籍、新聞記事が増加し、これらの言葉がある種の流行語として社会に流通していったことが確認できる」と述べている。二〇世紀初頭から昭和初期を通じて、神経衰弱という都市生活者の精神的〈危機〉が社会で共通認識されていたということだ。

本稿では、医学者かつ探偵小説作家である小酒井不木の、神経衰弱と探偵小説ジャンルの関係性について示唆を与える作品「懐疑狂時代」(『東京日日新聞』一九二八年四月一〇~二二日、『大阪毎日新聞』同~五月一七日)を論じる。不木作品の中でも広く知られたものではないため、概要を確認しておこう。舞台は京都。鹿星幣助青年は昨年夏に父を失い、神経衰弱に罹り懐疑狂に陥った。鹿星は母を殺したい衝動に駆られたため、神経病学者勝浦博士の助言により西京ホテルで静養している。カフエーで出会った怪紳士は幣助の母殺しの衝動を見抜き、殺人の実行を勧める。彼は、殺人衝動を持つ者に死にたい者を殺させる両善倶楽部の会員だった。彼の案内で鹿星はある女をモルヒネ注射で殺害するが、この女は母とみられ、そのため彼の衝動は中和された。しかし、全ては勝浦博士の計画であった。怪紳士の正体は京都のK大学精神科教授鷲山博士で、会員たちはシネマ俳優、部屋は撮影室であった。モルヒネ中毒患者の女へ注射させた後に、事前に病死していた母の死体とすり替えることで、勝浦博士の「神経衰弱の刺戟療法」を遂行したのであった。

浜田雄介編『子不語の夢——江戸川乱歩小酒井不木往復書簡集』（二〇〇四年、皓星社、二五七頁）の「昭和三年」の項には不木から江戸川乱歩へ宛てられた次のような書簡がある。

一三二　不木書簡　四月十一日　ハガキ

〔略〕

東日から中里氏の休む間をつないでくれと二十八時間前に頼みこまれ、とに角引き受けて今四苦八苦です。

とりあへず一寸。

〔昭和三、〕四月十一日

不木

本作は当時『東京日日新聞』に連載されていた中里介山「大菩薩峠」の穴埋めのため、急遽代役を依頼されて連載した作品だった。このように突然の執筆であるゆえに、不木の思想がダイレクトに反映された作品になったと考えられる。そこで、不木の医学者としての神経衰弱に関する見解と、探偵小説作家としてのジャンルに関する思想を主な視座として作品分析をしていきたい。特に、殺人衝動に囚われた神経衰弱患者に対して疑似殺人体験による治療を行うというプロットに着目し、本作が、犯罪の代替思考としての探偵小説ジャンルが都市生活者の病的心理に果たす役割について表現した作品であることを論じる。

二　時代の〈危機〉としての神経衰弱

まず、作中における神経衰弱表象を確認しておく。本作の視点人物は長髪白面の青年鹿星幣助で、彼は東京のある富豪の相続人だが一年前に父を亡くしてから「高度の神経衰弱」に罹り、大学を休学し家庭で静養していた。しかし母親を殺害したいという強迫観念に囚われたため、神経病学者勝浦博士の指導で京都のホテルで転地療養をすることになった。幣助はカフエーで、「四十を越した年輩の、片眼鏡をかけ、口髭を生やした紳士」と知り合う。彼は幣助の神経衰弱を見抜いていた。

「あなたは憂鬱ですね。」紳士は顔を近づけた。「現代人はみんな憂鬱です。快活に見えるのは快活を擬ふに過ぎないのです。欲望に富んで意志に乏しいから、実行力がありません。そこに懐疑と恐怖とが発生します。」（本文七一頁）

幣助が怪紳士について「神経衰弱者の気持を解し、近代人の神経異常を説いて極めてロジカルだつた。憂鬱な幣助はそれが無上に喜ばしかつた」（本文六九頁）と自らの理解者として遇するように、本作における神経衰弱は怪紳士の思想によって「近代人」特有の病理であると説明づけられる。

ここで、国内における神経衰弱言説の変遷を振り返っておこう。先述のように神経衰弱はビアードが提唱し二〇世紀初頭に国内に輸入された診断名であるが、佐藤雅浩は「戦前期日本における精神疾患言説の構図――逸脱と健康の系譜をめぐって」（『ソシオロゴス』二〇〇八年一〇月、二〇頁）において、次のようにこの概念の国内への移入について述べている。

神経衰弱 Neurasthenia とは、学説史的にはアメリカ人医師 G. M. Beard が19世紀後半に提唱した診断名であり、疲労や頭痛、抑鬱、性的不能などを主たる症状とし、その本態は外界からの刺激による中枢神経系エネルギーの衰弱にあるとされた(Beard 1869)。この診断名は20世紀初頭の日本でも大衆メディアを通じて人口に膾炙し、文明化の進展、産業構造の転換、頭脳労働者の増加などを背景として、近代化に直面した日本人が陥る「時代病」として語られていった。

佐藤の新聞言説研究によれば、特に国内で文明化・近代化に伴う時代病とされた契機としては、日露戦争においてロシア将兵が神経衰弱に罹患したとメディアでプロパガンダとして数多く報道され、国民国家間の戦争における神経衰弱が「日常における生存競争の激しさ」にアナロジー化され「国家間の生存競争のなかで奮闘しつつ発展する帝国日本の姿を人々に想起させつつ、その競争＝戦争のなかで斃れる人々の群れを「時代の犠牲者」と定義する、そのような効果をもった言説として戦後社会に広まっていった」(佐藤『精神疾患言説の歴史社会学』一五九頁)という。かくして、ビアードが唱えた「外界からの刺激」による神経衰弱という診断が国内で、冒頭に引用した呉秀三による解説のように文明化とその先端にある都会と関係づけられ、二〇世紀初頭以降の支配的言説となっていく。

神経衰弱がそれまでの精神疾患言説と異なる点は、何よりもこの病が外界からの刺激による脳神経の疲弊として問題化され、(欧米諸国の場合と同様に)文明化に直面する近代人を襲う〝時代病〟として語られたことである(近森1999)。それ以前の精神疾患(癲狂や精神病と総称されていた病)が、遺伝的素質や体質といった個体に内在する病因論を中心に語られていたのに対し、神経衰弱は集合的な「社会」の変化を病因とみなす言説を構成していた。(佐藤「戦前期日本における精神疾患言説の構図」一二頁)

そして、本作が連載されていた一九二〇年代は、特に神経衰弱が医学者によって治療の対象として言及されるようになった時代であった。例えば東京帝国大学助教授・東京府立松沢病院副院長を務めた杉田直樹は、『読売新聞』(夕刊、一九二六年三月二九日、一一面)紙上で「罹つたと思つたらすぐに医師へ行き相談せよ」「神経専門の権威ある医者へ行つてよく相談することが一番です」と大衆に呼びかけている。佐藤が「専門家の手による新聞記事は、読者に神経衰弱に関する知識を伝播すると同時に、こうした病が誰もが罹り得る身近な疾患であること、その治療には専門的な知識を有した医学者の援助が必要であることを啓蒙するものであった」(佐藤「戦前期日本における精神疾患言説の構図」一六頁)というように、一九二〇年代は神経衰弱が大衆の病・治療すべき病としてとりわけ認識された時代であった。

こうした一九二〇年代の医学者による神経衰弱＝文明病・都会病言説の一部を担い、大衆に医学的診断を大衆雑誌や書籍を通じて提供していたのが、他ならぬ不木であった。不木は「肉体の不安」(『婦人之友』一九二一年九月)において結核などの感染症にしばしば過剰な感染への不安と恐怖が付随すると説き、「かくの如き恐怖症は、その程度の差こそあれ、文明人の誰にも存在して居る所である。ことに二六時中喧噪な都会に住つて心身を過労するものは、多少の神経衰弱に悩んで居るものであつて、軽度の恐怖症は神経衰弱症に恒

懐疑狂時代
小酒井不木
神經衰弱を
全治した家庭療法を主婦之友で發表
自殺まで決心した神經衰弱の難症を全治した療法秘傳
肺病 全治への早道
丹毒
天氣豫報

図1　「懐疑狂時代」最終回(『東京日日新聞』夕刊、1928年4月22日)

存する症状といっても差支ない位である」(『全集』第一五巻、六二三頁)と、文明や都会の喧噪が心身の過労を招き神経衰弱をもたらすといい、季節の精神状態への影響を論じた「春の精神状態」(『婦人之友』一九二三年四月)でも「都会の地に住つて、日夜神経を苛立たせて居るものは、多少の神経衰弱的傾向を持つて居るから、温度の変化に対し一層鋭敏に反応する」(『全集』第一一巻、一〇四頁)としている。結核患者としての心構えを説いた『闘病術』(一九二六年、春陽堂)では「病的の所謂神経衰弱性の不眠で二日も三日も睡眠の出来ない人は適当な方法なり薬剤を用ゐねばならぬ」(『全集』第五巻、二三八頁)と投薬などによる治療を勧めている。

以上のように、本作で近代社会の文明化に由来する時代の病=〈危機〉として、また医学者による治療の対象として表象されている神経衰弱は、不木を含む医学者たちの中で、一九二〇年代に治療が必要な都会病・文明病として認識が共有されているものであった。図1は本作最終回(『東京日日新聞』夕刊、一九二八年四月二二日)の掲載面で、小説欄の真下の広告面に「神経衰弱を全治した家庭療法を主婦之友で発表」とあり、本作を読み終えた読者が神経衰弱の家庭療法を掲載した雑誌に誘導されていることが見て取れる。

三　「懐疑狂」について

さて、本作で幣助が罹患する神経衰弱は懐疑狂なる症状を呈している。「彼は先刻ホテルの五階の居間で、外出の用意をするため、靴をはき替ようとしたが、右の靴下を先にはくべきか、左を先にすべきか、それを決するまでに三十分ほどかかつた。漸く身支度を終へ、扉を鎖して廊下に出たが、二三歩離れると、扉が自然に開いたやうな気がしたので、また戻つて、鍵をまはした」（本文六六頁）というように、身辺の行為や出来事に頻りに不安や疑いを抱く心理状態である。この症名は作中の創作ではない。不木は『三面座談』（一九二五年、京文社、二一九頁）において、神経衰弱同様に「近代人」の心理的傾向として説明している。

何でも、自分のした事に疑を抱く精神病を、ルグランド・ヂユ・ソーユは懐疑狂と名つけ、グレーはある患者が、一度戸を閉てゝから、何遍となく戻つて来ては、果して戸が閉てゝあるかどうかを調べに行つたことを記して居るが、これなどは一種の恐怖症とも見られぬことはない。近代人の懐疑的傾向の著るしいのは、やはり神経衰弱の一症候と見ることが出来るであらう。

また、不木が『殺人論』（一九二四年、京文社）などの随筆でしばしば参照する犯罪人類学者チェザーレ・ロンブローゾも『天才論』で「懐疑狂―天才の中に吾人は屢々精神病学者が folie du doute と名付ける一種の現象を発見する。それは憂鬱症の一変態である。この精神錯乱状態に在る患者は一見健全な心的状態にあるかの如く見へる彼は常人の如く推理もすれば、物も書く、談話もする。しかし或一定の制限ある行動をとる時、そこに無数の杞憂が心の中に生じて来る」(『天才論』辻潤訳、一九二六年、春秋社、六九頁)と立項している。厨川白村も「この近代の情調を懐疑的傾向といふ点から考へると、そこには今いつた絶望よりもまた更に一段深い暗愁が見られる。言ふまでもなく、疑といふことは人の感情の上に非常な不快を与へるものである。それが甚だしくなると、心は常に tension の状態にあつて、いふべからざる苦痛と不安とを感ずるのである。〔略〕例のノルダゥ氏一流の説では、懐疑狂は確かに変質者に特有な一つの psychosis であり」(『厨川白村集』第一巻、一九二四年、厨川白村集刊行会、一四〇〜一四一頁)と退化論で知られるマックス・ノルダウによりつつ言及している。

このように、本作における懐疑狂なる症状は、「近代人」の神経衰弱における心的傾向の一種として、不木やロンブローゾ、評論言説にも散見する診断名である。本作における神経衰弱-懐疑狂という精神病理は、一九二〇年代に近代という時代認識をめぐり医学者・評論家等により構築されてきた、時代の病理表象なのである。

四　探偵小説・都市・京都

そして、作中の幣助における懐疑狂の症状は次のようにも現れる。

二三歩行くと、彼は突然立ち止まつて、高い建物を見上げた。

「あの一番上から三つ目のあかるい窓から今に自分の足許に、どさりと人間が落ちてくるかも知れない。それは西洋人だらうか、日本人だらうか。白髪の老翁であらうか、妙齢の美人であらうか。落ちた瞬間猿のやうな悲鳴をあげるだらうか、狼のやうに沈黙してゐるだらうか。即死するだらうか。負傷するだけであらうか。頭が柘榴のやうに割れるか、足が胡瓜のやうに折れるか。血が瀧のやうに流れるか、それとも出血が少しもないか。その時、自分はホテルのオフイスへ急報すべきか、或は知らぬ顔して逃げ出すべきか。逃げたゝめ告発されるやうなことはなからうか。さうして裁判の結果死刑の宣告……」（本文六五〜六六頁）

「いけないいけない。また例の癖が出たのだ。」かう呟くと、恥かしくなり、いつもはショウウインドウの硝子に、左の拇指紋を押してあるく癖が、今宵はそこに輝く窒素球から顔をかくすため、帽子の鍔を引きさげて、頻繁な人通りの間を縫ふやうに進んだ。（本文六八頁）

懐疑狂の症状である過剰な不安や疑いは、ここでは事故・事件の発生、被害者の素性、被害状況への関心と事後の捜査・裁判過程に対する想像力の肥大という特異な心理状態として現れており、また指紋・容貌といった人間の痕跡にも過剰な注意が払われている。つまり、本作における神経衰弱＝懐疑狂とは近代的・都市的精神病理であるだけでなく、犯罪的事案をめぐる一連の物語への志向、言い換えれば探偵小説的要素を想起させる。こうした病理的思考は、不木の神経衰弱と探偵小説についての持論から解釈することができる。不木は「はやり・すたり」（『現代』一九二六年五月）において神経衰弱心理の流行性を論じる中で、こう述べている。

群衆が退屈を感ずると、奇抜なもの、流行となるのである。所謂科学文明のために、現代人の頭脳は極度に刺戟され、極度に疲労させられて居るために、たえず新らしい刺戟を要求し、突飛なものが流行し出すのである。だからかやうに、いはゞ神経衰弱にかゝつた群衆の一人が、何か奇抜なことをすると、それが直ちに模倣されて、猛然な勢ひで流行する。〔略〕神経衰弱の程度が進めば進むほど、ます〳〵強い刺戟を要求することになる。だから人々はどうしても血みどろな刺戟に心を惹かされ、いはゆる、ちやん〳〵ばらりの立まはり劇が喜ばれ、又、犯罪や病的心理を取り扱つた探偵小説が好まれる訳である。（『全集』第五巻、四五六〜四五八頁）

都市生活者である「群衆」が絶えず新しい刺戟を求めるために、犯罪を扱う探偵小説が好まれるようになるのであり、これは神経衰弱心理の過程なのだという。この不木の考察に基づき、本作を読み解くことができる。つまり、事件・事故・犯罪のような非常事態を想像する傾向にある幣助の神経衰弱‐懐疑狂とは都市の病理であり、同時に「血みどろの」犯罪が描かれる探偵小説という刺戟を求める同時代人の病的心理の隠喩であるのだ。『闘病術』（前掲）に「病的恐怖をもつた現代人が、病的恐怖にあこがれることは当然であつて、いはゆる探偵小説が現代に流行する原因は、こゝにあるといつてもよいのである」（『全集』第五巻、一二〇頁）とあるように、不木によれば神経衰弱‐懐疑狂における恐怖は恐怖への憧れと表裏一体で、病は刺戟を求め探偵小説を欲するようになるということになる。

このことは、本作における都市の描き方からも論じることができる。幣助の症状は、「彼は出入口の廻転扉を通過する時、五六歳の小児のやるやうに、しかし、決して戯れではなく、三回も無意味にぐる〳〵まはつた」「二三歩行くと、彼は突然立止まつて、高い建物を見上げた」（本文六五頁）「ぶるつと身を慄はせた青年は、無意識にあらはれた疑問癖に舌打ちして、鼠色の夏外套のポケツトに両手を突こみながら、われとわが身を鞭撻するやうに喧噪な電車通りに出た」「同じ動作を四回繰返した後、やつと安心してエレヴエータで降り」（同六六頁）「いつもはシヨウウインドウの硝子に、左の拇指紋を押してあるく癖が、今宵はそこに輝く窒素球から顔をかくすため、帽子の鍔を引きさげて、頻繁な人通りの間を縫ふやうに進んだ」（同六八頁）など大都市の象徴的事物と併存するように密着して描かれており、大正期に成立した大衆社会におけるデパート・ウィンドウショッピング・群衆・繁華街を意識させ、舞台の都市性が強調されている。

この点は舞台が京都であることと本質的に関わる。昭和三年四月九日の田中早苗宛不木書簡（『全集』第一二巻、四六六頁）には「先日京阪地方を家族と共に旅行して来ました。創作をするには旅をしなければならぬとつくぐ〳〵思ひました。京都はひどく変化して居りました。その京都を題材に只今短篇を物しつゝあります。」という記述があり、また浜田『子不語の夢』（二五六頁）の「昭和三年」には「平井太郎様／廿六日に大阪へ行き、それから京都を経て今奈良に来て居ます。／遥かに御健康を祝します。／（昭和三、）三月卅日奈良ニテ／小酒井光次」との乱歩宛書簡がある。不木は、本作の連載を始める一九二八年四月一〇日の直前三月二六日〜三〇日の中で京都を訪れ、その大きな変貌ぶりに驚いている。この「京都はひどく変化して居りました」とは、京都の急速な都市化を指していると考えられる。一九二二年八月二日「京都都市計画概要」により「人口増加ノ趨勢ニ対シ適当ナル面積ヲ存セシメ以テ都市生活者ノ公共的安寧ヲ維持シ、福利ヲ増進スルノ策ヲ樹立セサルヘカラス」と人口増加を背景として京都市内の都市計画区域が決定され、整備が進行する。これは「現在京都市繁栄ノ中心タル四条烏丸ヲ中心トセル半径六哩ノ円圏内ニ包含セラルル範囲」を対象としたもので（京都市『史料　京都の歴史　第4巻　市街・生業』一九八一年、平凡社、六〇〇〜六〇一頁）、本作に登場する「カフエー・ミニヨン」のある「三条通り烏丸東」辺りを含むものだ。一九二六年七月八日には軌道路線河原町線の丸太町―四条間が開通（京都市『史料　京都の歴史　第4巻　市街・生業』六四八頁）、これも三条を通過するもので、作中の「喧噪な電車通り」は同路線をさしていると思しい。二五年には塵芥焼却場が竣工、二六年に衛生試験所の新設、二七年に中央卸売市場開設とインフラ整備も進み（京都市市政史編さん委員会編『京都市政史　第4巻　資料　市政の形成』二〇〇三年、京都市、四六〇〜四六二、四八五〜四八七頁）、市内の人口は、大正元年の四九五、二九四人から本作発表時の昭和三年には七三六、〇〇〇人に膨張していた（「京都便覧」京都市『京都の歴史　10　年表・事典』一九七六年、學藝書林、一〇五〜一〇六頁）。作中で蓄音器やカフエーが登場するが「ラジオや、蓄音器の普及につれて、昭和二年にはコロムビア・ポリドール・ビクターの三レコード会社があいついで設立され、流行歌が街にながれ」（赤松俊秀・山本四郎編著『京都府の歴史』一九六九年、山川出版、三〇二頁）、一九二九年には「三千余軒のカフエーが出来」ていた（宇高寧『女性恋愛展望』一九二九年、知命堂出版部、二八一頁）という。京都は一九二二年から本作発表年の一九二八年にかけて、ハード・ソフトの両面で都市化が急ピッチで進行していたのであり、不木は執筆直前にその趨勢をまさに目撃していたのだ。

さて、冒頭で述べたように都市化と探偵小説の発生が不可分の関係にあることは夙に知られている。ヴァルター・ベンヤミンは「探偵小説の根源的な社会的内容は、大都市の群衆のなかでは個人の痕跡が消えることである」（「ボードレールにおける第二帝政期のパリ」野村修編訳『ボードレール　他五篇』一九九四年、岩波文庫、一八三頁）と約言し、都市の群衆において犯罪の痕跡が消失することが、探偵小説発生の根源にあると唱えている。一九世紀に都市整備されたパリは「高密度に大衆化された住民のなかで」「あらゆる個人は、ほかのすべてのひとにとっていわば未知の人」となり、「非社会的人間を迫害の手からまもる避難所として、出現している」とベンヤミンは論じる。この都市に住まう大衆が帯びる個々の匿名性が、一方では犯罪が埋没し、他方では探偵が痕跡を探求し犯罪の手がかりを手繰ってゆく「探偵小説の原点」だということだ（同前、一七九頁）。こうした認識は、一九一七年末から二〇年にかけて米ニューヨーク・英ロンドン・仏パリの大都市に留学経験のある不木も同様に持ち合わせており、「科学的研究と探偵小説」（『新青年』一九二二年二月増刊）で「探偵小説には極端なる、寧ろ病的な社会状態の背景を必要とする」「私は自分の専門が衛生学である関係から欧米留学の際主として大都市に滞在した。即ち紐育、倫敦、巴里に住つた。そしてこれ等の大都市の生活が科学的であるだけ、それだけ犯罪を行ふには如何にも都合がよいと思つた。ある探偵小説の中に『紐育は世界中で最も安全な隠れ場所である』と書いてあつた」（『全集』第一一巻、一二一〜一二三頁）と、先進国の大都市では犯罪の痕跡が隠蔽されやすく、そうした「病的な社会状態」が探偵小説の「背景」にあると考えていた。

以上のように、幣助の神経衰弱‐懐疑狂とは不木がしばしば論じてきた、刺戟を求め犯罪や事件を期待する都会人の病的心理であり、同時にそうして都市が醸成する病的心理から探偵小説を求める同時代の大衆の欲望の表象なのである。またその背景には、不木自身が言及していた都市と探偵小説の原理的関係も意識されていると考えられる。

五　代理満足としての探偵小説

幣助は怪紳士と親しくなり、秘密の倶楽部に勧誘される。それは死を望む者に対し、殺人を行いたい者が殺害をすることで加害者・被害者双方が利益を得る「両善倶楽部」なるものであった。幣助が連れてこられた現場では、ある女が苦しんでいる。倶楽部の勧めで幣助がモルヒネを注射すると、彼女はぐったりとして動かなくなる。だがよく見ると、その女は幣助の母であった。

カフエ・ミニヨンの怪紳士――両善倶楽部――殺人現場の目撃――モルヒネ注射――母の死体……彼ははツとして色を失つたが、果してこれ等が現実の出来事か、或は全然夢なのか、にはかに判断がつかなかつた。けれどだん〳〵考へて行くうちに、すべてが事実なることを認めねばならなかつた。／母の死！　何たる意外な、何たる恐ろしいことであらう。然し、幣助は、それを冷静に迎へ得るだけの余裕が、心に生じたことを知つて、不思議に感じた。さういへば今までの強迫観念が影をひそめ、父の死以前の精神状態にかへつた気がする。これはまさに奇蹟的な変化といはねばならぬ。（本文九〇～九一頁）

すると幣助の症状は治まった。それは母を殺害したいという欲求が、現実に実行されたためである。ここで勝浦博士が登場し、種明かしをする。はじめに眼前に現れた女はモルヒネ中毒患者で、注射によって死んではいない。その後に母の死体とのすり替えが行われていたのだ。幣助が静養中に母がインフルエンザ肺炎で死去したため、死体を氷詰めにして京都へ移し、幣助の治療のために使われたという次第である。これを考案した勝浦博士は「神経衰弱の刺戟療法」（本文九三頁）と呼んだ。以上のように、結末において幣助はトリック・疑似殺人・謎解きという「刺戟」を体験し、それを治療として日常に帰還する。

殺人欲求を擬似的な殺人という刺戟によって中和する。このプロットは、不木が想定した探偵小説ジャンルの社会的効用に、まさしく重なるものであろう。不木は『犯罪文学研究』（一九二六年、春陽堂）において、近年探偵小説ジャンルは広義の冒険小説などを含んでいるが、探偵小説は犯罪の探偵が最も多く、これは言うまでもなく「人々が犯罪といふものに一種の魅力を感ずるためである」（『全集』第一巻、四頁）という。このような人間・犯罪・探偵小説の関係について「人間には犯罪本能があるけれど良心と法律のために圧迫されて居るから、人々はせめて、空想的犯罪によつて、その本能を満足せしめようとする。これが探偵小説の喜ばれる第一の原因である」（「探偵小説の社会的影響」初出未詳『全集』第一一巻、三七頁）と「犯罪本能」を代理満足する探偵小説の社会的効用を説いている。この持論については他の小説中でも展開されており、「疑問の黒枠」（『新青年』一九二七年一～八月）では「ね、肥後君、君は探偵小説が好きだが、君に限らず一般の人が探偵小説を好む理由は、つまり、各人に具はつて居る殺人意志を和げる為だよ。旧式な言葉で言ふならば、探偵小説によつて殺人欲を満足させようとするのだ」（『全集』第四巻、八四頁）という登場人物の主張があり、また短篇「二重人格者」（『新青年』一九二七年一一月）では二重人格の治療として第一の人格が第二の人格を殺害する芝居をするという治療が描かれる。神経衰弱患者が刺戟を求めるために探偵小説が好まれるという不木の持論に照らせば、本作は刺戟を求める神経衰弱患者が探偵小説的体験の刺戟による代理満足を通じて治療されるという、探偵小説を通じて「探偵小説の社会的影響」を暗示したメタテクストなのである。

こうした代理満足という思想については、不木のフロイト受容が関わっている。不木は神経衰弱が欲望の不満足感から生じるとし、欲望の充足により治療されると解釈していた。

　神経衰弱者、精神衰弱者が、何ゆゑに、かやうな病的な不安と恐怖を抱くかといふに、フロイド一派の学者は、これを「満たされざる欲望」に帰せしめようとして居るのである。ことに充たされざる性欲が、著るしい原因となつて居ると、彼等は主張するのである。（前掲『闘病術』、『全集』第五巻、一一三頁）

　現代人の不安と恐怖とが、かくの如く充たされたる《ママ》欲望、ことに充たされざる性欲のためであるとすれば、その恐怖と不安を除くためには、その欲望を充たせばよいわけであるが、それは誰にも可能であり得ないことであるから、そこに現代人の深い悩みが存在するのである。（同前、一一八頁）

　また、幣助の症状は「母を殺す！　何と云ふ恐ろしい観念だらう」「あの、自分を最も愛してくれる、さうして自分の最も愛する母を殺したくなるとは？」（本文六九頁）と法や倫理に違反する母殺害の願望を含むものであり、これに対して母を疑似的に殺害させることで幣助は治療されるが、この願望についてもフロイト理論が下敷きにある。不木は「現代人」の神経衰弱にある不安と恐怖の起源をフロイトにより出生の経験と考えていた。

　一たい現代人の病的な不安と恐怖とは何のために起こつたのであるかといふに、それは主として現代人の生活状態から起こつた神経過敏又は神経衰弱、精神衰弱の然らしめるところであるが、それを説明するに先つて、私は不安と恐怖の心の起源について述べて置きたいと思ふ。〔略〕フロイドの説によると、人間の不安の原型と見るべきものは、人間が母体から生み出されるときに起る各種の苦痛と危険の感覚がそれである。〔略〕分娩といふものは母親にとつては可なりに苦痛を与へるものであるが生れる児にとつては、より以上の苦痛を与へるものでなくてはならない。してみれば母親は私たちを生んでくれると同時に、私たちに恐怖の萌芽をも与へてくれたことになる。（前掲『闘病術』、『全集』第五巻、一一七〜一一九頁）

フロイトは「神経症総論」（一九一七年）において神経症症状を「欲望成就」に起因すると分析し（『フロイト全集』15、新宮一成ほか訳、二〇一二年、岩波書店、三六二頁）、「制止、症状、不安」（一九二六年）において「人間にあっては不安の原型は出生過程にあるとする考え方が妨げられるわけではない」とするオットー・ランクの「出生外傷」概念を認知している（『フロイト全集』19、加藤敏ほか訳、二〇一〇年、岩波書店、六一頁）。フロイト理論を正確に反映しているかは議論の余地があろうが、こうした不木によるフロイト解釈が、本作における母の疑似殺害による神経衰弱治療というプロットに転用されたと考えられよう。

かくして、探偵小説ジャンルによる神経衰弱への代理満足は、『学者気質』（一九二六年、春陽堂）で「探偵小説には、凄味と怪味とがある。この二つの味は物質文明の中毒を緩和するところの、清涼剤である。〔略〕そして探偵小説なるものは、その近代人の心の渇を満たしめるために生れたものと言つても決して過言ではないのである」（『全集』第六巻、三七四〜三七五頁）というように「物質文明」や「近代人」の含む毒性の緩和となり、「探偵小説管見」（『文章往来』一九二六年一月）で「探偵小説は芸術である。人間を歓ばせ向上させ、文明批評を加へて社会改造の実を挙げるものでなければ真の探偵小説とはいはれない」(『全集』第一二巻、三一～四頁)とあるように、「文明批評」へも繋がると不木は洞察していた。

六　結論

本作には、当時大都市へと変貌しつつあった京都を舞台に、殺人という刺戟を求める神経衰弱-懐疑狂の患者がトリック―疑似殺人―謎解きを体験し「刺戟療法」によって心理的安定を取り戻す過程が物語化されている。不木は医学的認識として、神経衰弱-懐疑狂を都市に生きる「近代人」の病と捉えており、フロイト受容を通じて欲望に満足を与えることで神経衰弱が治療されると考えていた。また一方で探偵小説ジャンルについて、そうした神経衰弱患者が犯罪にまつわる刺戟を求め探偵小説を好むこと、探偵小説がその刺戟を満たし病的心理の緩和に寄与すると考えていた。本作「懐疑狂時代」を通じて、不木は医学者・探偵小説作家としての両面性を発揮し、神経衰弱という時代の精神的〈危機〉への一処方箋として、探偵小説の有用性を自己言及的に表現していたのである。

附記

小酒井不木著作の引用は『小酒井不木全集』全一七巻(一九二九～一九三〇年、改造社)を底本とした場合、(『全集』第〇巻、〇頁)と示した。また、全集第九巻の「懐疑狂時代」本文については(本文〇頁)と示した。引用文中の傍点・ルビは適宜省略した。傍線は全て引用者による。

衛生とミステリ――〈浴室の死体〉というモチーフ

小松史生子

一　はじめに

一九六〇年に公開されたアルフレッド・ヒッチコック製作の映画「サイコ」は、浴室で女性が姿の見えない殺人者にナイフで襲われる冒頭のシーンのインパクトが絶大で、後にこのシーンは独立してホラー映画のアイコンと化し、様々なパロディ作品が登場するほどになった。サイコが代表するミステリ・ジャンルでの〈浴室の死体〉イメージのルーツは二〇世紀欧米の衛生世相およびその背後にあった汚穢への恐怖にあるが、日本ではそれの相似形を明治以降の近代化社会において見出すことができる。

二　浴室の死体《ボディ》――西洋の疾病と入浴をめぐる禁忌

一九五九年に発表されたロバート・ブロックの原作小説「サイコ」は、アメリカの評論家アンソニー・バウチャーによって、その年の長編ミステリ第五位に選ばれた。一九五七年にアメリカで起きたエド・ゲイン事

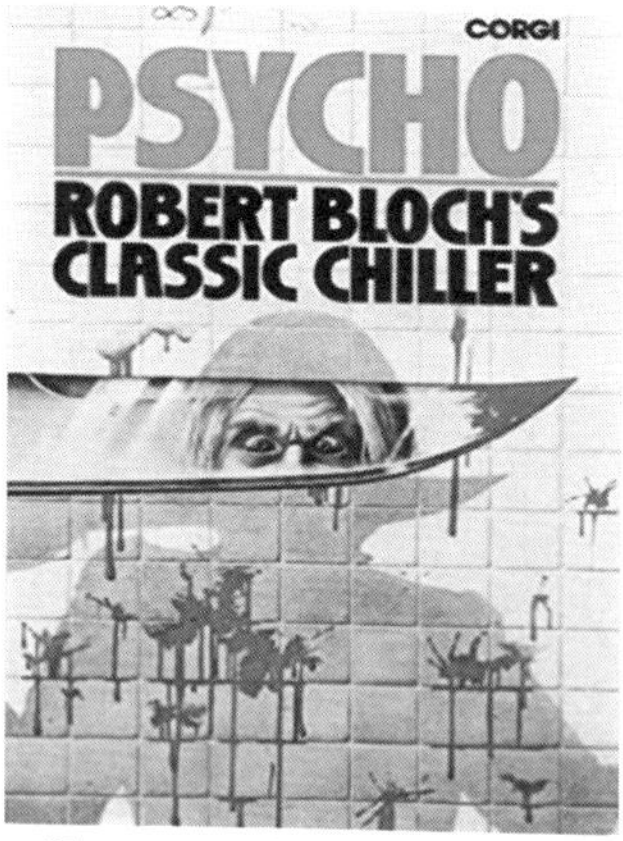

図1　CORGI社版『PSYCHO』（1977年）表紙

件をモデルとしている。(1) ヒッチコックはこの小説に感銘を受け、すぐその翌年に映画化公開をかなえた。

しかし、ヒッチコックが本作を映画化した理由は、必ずしもエド・ゲインを模した連続猟奇犯の心理構造への興味のみではなかったようだ。フランソワ・トリュフォー『映画術　ヒッチコック／トリュフォー』（山田宏一・蓮實重彦訳、一九八一年、晶文社）に引用されたインタビューで、ヒッチコックは、「ただ一ヵ所、シャワーを浴びていた女が突然殺されるというその唐突さだ。これだけで映画化に踏み切った。まったく強烈で、思いがけない、だしぬけのすごいショックだからね」（二七九頁）と述べており、彼の興味がまさに〈浴室の死体〉というモチーフにあったことが証言されている。ヒッチコックの証言を後付けするかのような図1は、コーギー出版から刊行された「サイコ」の表紙絵である。筆者が入手したのは一九七七年版なのだが、表紙絵は初版と同じである。この表紙絵では、鋭利な幅広のナイフに映りこんだ犯人の狂気を帯びた目元がキャッチーであるが、それ以上に注目すべきは、背景の白いタイルに飛び散った鮮血という描写の方だ。つまり、この表紙絵もまた、「サイコ」をこれほど大衆に印象づけた契機が冒頭の浴室シーンにあるとみとめているわけである。では、原作小説でのその印象的な場面を確認してみよう。

シャワーの水がタイルの上をちょろちょろと流れている。ほんの少量で、流れるというほどではなかったが、目にとまるには充分だった。糸のように細い流れが、白いタイルばりの床を這っている。あれは水だろうか？　水は桃色をしていない。水の中に、赤い細い流れが混じるはずがない。葉脈のような赤い細い流れが。〔中略〕

シャワー室のカーテンを手荒に引きあけて、その床の上に、むごたらしく切り刻まれ、ねじ曲がった物体が転がっているのを見下ろしたとき、ノーマンは、母さんがモーテルの鍵を使ったことを悟ったのだった。（ロバート・ブロック『サイコ』福島正実訳、一九八二年、早川文庫、六七～六八頁）

ヒッチコックに強いインパクトを与えた原作小説冒頭の殺人場面は、若い女性の裸体と白いタイルの組み合わせで構成されている。影のない皓々としたタイル張りの空間に、切り刻まれた死体《ボディ》がごろんと転がっているという構図こそが、浴室の死体というモチーフの肝心要な点である。

以上の解釈が妥当である根拠は、浴室をめぐる近代史の事実が裏付けてくれよう。

各家庭の屋内に浴室が設けられ、人が一日一回の入浴を習慣化したのは、それほど遠い昔ではなく、むしろつい最近のことであるともいえる。特に西ヨーロッパでは、ローマ帝国全盛期の公衆浴場の娯楽性と繁盛ぶりが、やがて性的快楽を罪とするキリスト教文化圏に覆われていく過程で衰退していった。また、中世ヨーロッパに吹き荒れたペストなどの疫病の問題も裸体での入浴をためらわせる理由となった。ペストは一八世紀まで西洋各地で発生し続け、ために裸体で行う日常的な全身浴は、特別な治療を目的とする温泉療法以外では、それだけ人々の生活習慣から遠いままという状態が続く。日常の生活習慣から遠い習慣は、それだけ異端視され、宗教的禁忌の象徴を帯びやすい。西ヨーロッパで入浴にまつわる禁忌と異端視が緩むのは、一八世紀に起こった産業革命が合理主義的感性を伴って浸透していく一九世紀を待ってであった。

一方、ヨーロッパ人にとっては新開拓地であったアメリカは、新開地である利点を生かして、産業革命以降いち早く上下水道を各家庭にまで整備でき、一九世紀末までに都市部の白人中流階級層の自宅にはほとんど浴室があったと、キャスリン・アシェンバーグは報告している[2]。新大陸であったがゆえに清潔の概念を推し進めて、やがて清潔という名の信仰大国ともなるアメリカにおける浴室普及と入浴習慣であるが、しかし、疾病と戦った西ヨーロッパの歴史が紡いだ長年の記憶は、そう簡単に拭い去られるものではなかろう。「サイコ」において、浴室に横たわる死体《ボディ》は、その昔、公衆浴場でペストに感染した人々の死屍累々の光景に重ね合わされ、内面の罪と身体の穢れが同一視され、象徴的な意味を帯びる。メアリが殺された現場が、モーテルの浴室という、公衆浴場と家庭内浴室の境界上にあるような場《トポス》であることも重要だろう。

そして、浴室の惨劇シーンに続いて描写されるのが、ノーマンによる浴室の掃除である。

彼はやった、ほとんど機械的にその仕事をやってのけた。オフィスには、石鹸と洗剤と、ブラシとバケツがあった。バス・ルームの床を、一インチきざみに磨いていった。バス・ルームがすむとシャワー室へ。洗い流すことに専念しているかぎり仕事はたいして辛くなかった。ただ、においが、たまらなく彼を苦しめた。（ブロック『サイコ』八〇頁）

映画でも、アンソニー・パーキンス演じるノーマンは、モップを手に浴室中を隈なく丁寧に磨き、洗い流す。ここで重要なのは、この浴室がタイル張りで、したがって掃除洗浄が非常にしやすいという点だ。血痕が染みつくこともなく、水で綺麗に洗い落とせ、惨劇の痕跡は数分ですべて拭い去れる。これこそが、アメリカが求めた清潔の究極的理想であり、伝染する病の一掃を夢見る人類の合理的精神の最大発露の表現であろう。その表現を可能にしたのが、白いタイル張りの浴室という舞台装置であったのだ。

三　江戸川乱歩「蜘蛛男」——水族館幻想に先立つ浴室幻想

ところで、図1のコーギー出版の「サイコ」表紙絵は、時空間を越えて、筆者に同種の表現が装丁に生かされた或る書籍を想起させてならない。江戸川乱歩の単行本『評判小説　蜘蛛男』（一九三〇年、大日本雄弁会講談社）である。図2にみるとおり、『評判小説　蜘蛛男』は、箱の装丁のみならず書籍本体の表紙にも、タイル張りの浴室の景が施された、非常に瀟洒な本だ。小説「蜘蛛男」は、乱歩が講談社系大衆娯楽雑誌『講談倶楽部』に一九二九年八月号〜三〇年六月号にかけて連載した長編で、乱歩と講談社がタッグを組んで大ヒットを連発した明智小五郎物の、その記念すべき第一作目に当たる。当然ながら、単行本化についても講談社の肝入りで、貼雑年譜の乱歩自身による書き込みによると、「コレハ単行本ノ形ノ私ノ著書ノ内デハ最モ大部数印刷シタモノノデアル」と

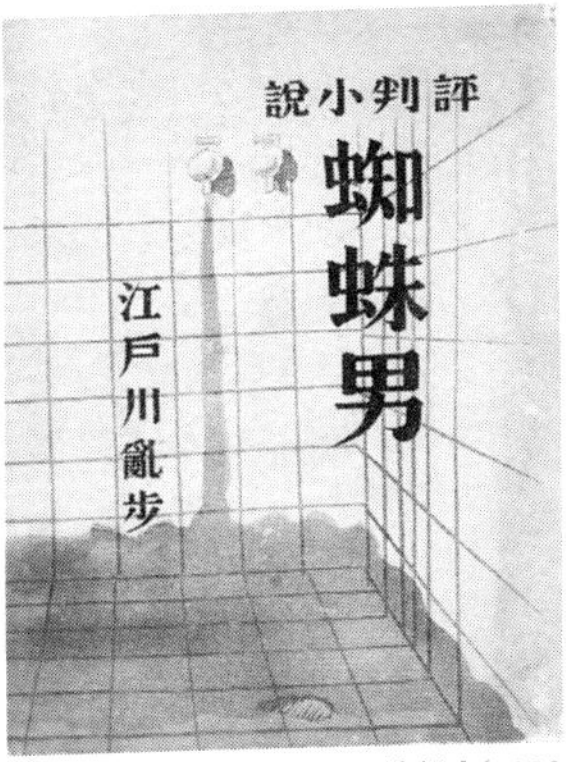

図2　『評判小説　蜘蛛男』（1930年、大日本雄弁会講談社）

あって、講談社系各誌に大々的に広告が載った。それだけに、本の装丁にも力が入っていたものと推察でき、田中比佐良による図案化されたタイル張りの浴室の光景は、モダンで垢抜けた美しいデザインである。

しかしながら、「蜘蛛男」における肝心のタイル張りの浴室での殺人事件は、あくまで冒頭で語られるのみなのである。それ以降はバリエーションに富んだ数々の猟奇事件が続出していく物語構成になっている。名探偵明智小五郎が登場するのも連載が中盤にさしかかってからで、この浴室の殺人事件の時点では、明智はまだ物語に姿を現していない。にもかかわらず、大部数を刷った初版単行本では、タイル張りの浴室の景を、箱にも書籍本体にも採用している。それだけ、冒頭の浴室での惨劇が読者にとって印象的だったからであろう。

湯殿は一坪くらいしかなかったが、その四分の一ほどを浴槽にして、あとは壁から床から全部白タイル張りの清浄な流し場になっていた。浴槽も白タイルだし、天井も白壁が塗ってあるので、湯殿全体がまっ白で、キラキラと輝くばかりであった。その中に、ひげをはやした洋服姿の紳士が、靴下をぬらして立ちはだかっていると、入り口から半身を入れて、これも洋装の美しい少女がそこを覗きこんでいる有様は、まことに異様な光景であった。〔中略〕いま彼女を驚かせたのは、ちょうどその時、浴槽の白タイルの表面に這い出してきた、不気味な模様のように見える、一匹の大蜘蛛であった。（江戸川乱歩「蜘蛛男」『江戸川乱歩全集5　押絵と旅する男』二〇〇五年、光文社文庫、一三九頁）

白いタイルの鮮やかさ、清らかさ、そしてタイルの反射がもたらす空間の明るさが、これから起こる血の惨劇とは矛盾するかのようで、それこそが不気味な予感をテクストににじませている。「蜘蛛男」の第一の殺人は、まるで後年の「サイコ」を思わせるような、しらじらと明るい白タイルの浴室で行われたのだ。

そもそも里見芳枝が連れ込まれた浴室のある家は、東京市内麹町区の静かな邸町にある一軒の中流住宅で、その家に至るには「真っ暗な洞窟へでも這入って行く様な感じ」がする横町を進んでいくのである。家の内部は、八畳ばかりの床の間付きの奥座敷があり、引き戸の玄関に土間といった、和風建築と思しい暗い描写が続く中で、座敷の外の縁側を伝った真っ暗な裏手の方にある浴室ばかりが、近代的な明るい異空間として描かれた。里見芳枝はこの異空間のような浴室で、バラバラ死体と化されるのである。全き暗闇ではなく、むしろ暗闇のさなかにある皓々とした白日光に紛える明るさによって、惨劇の予感が不気味に強調されていると言ってよいだろう。

このように浴室を異空間的に扱う描写は、看過できない問題を含んでいる。なぜなら、この空間設定がもたらす効果は、乱歩によって周到に計算されていたはずで、それはおそらく後年のブロックやヒッチコックが「サイコ」で計算した効果――清潔／汚穢をめぐる禁忌の概念への抵触――と同じものであったと思しいからだ。全世界的に有名となった「サイコ」に先立つ一九三〇年代に、乱歩作品は既にタイル張りの明るい浴室と死体の取り合わせに着目していたことになる。

しかも「蜘蛛男」では、冒頭の事件以外にもう一度、タイル張りの明るい浴室が象徴的に扱われる場面がある。明智小五郎が登場する前段階で名探偵のポジションにある畔柳博士が入浴するシーンが、それだ。畔柳博士は実は蜘蛛男の正体であったことが、明智小五郎によって暴露されるのだが、博士はこの閉じられた浴室の中で義足の変装を解き、蜘蛛男に変じて巷へ繰り出していくわけで、いわば身体のメタモルフォーゼが浴室で行われているのである。ここにおいて浴室は、シールド・ルームにしてマジック・ルームといった、実にミステリ的な装置《トリック》となる。

「蜘蛛男」で語られる猟奇殺人は、この浴室での事件の後に、水族館の水槽に美女の死体が投げ込まれるという、乱歩作品で頻発する水族館幻想が展開していく（小松史生子「水族館幻想の昭和モダニズム――江戸川乱歩『パノラマ島奇談』を中心に」『探偵小説のペルソナ――奇想と異常心理の言語態』二〇一五年、双文社出版、一〇七～一三〇頁）のだが、その水族館幻想に先立って浴室幻想とでも呼ぶべき着想があった可能性を、本稿では主張したい。乱歩の水族館幻想といえば、「蜘蛛男」に先行する「パノラマ島奇譚」（『新青年』一九二六年一〇月号～二七年四月号）が挙げられよう。たしかに「パノラマ島奇譚」には浴室と死体の直截な場面は無い。しかし、「パノラマ島奇譚」で描かれた水族館幻想は、死体ではなく生体が蠢く世界であった。しかも、人見広介が千代子殺害を決意するのは、二人でパノラマ島の擂鉢の底にたたえられた浴槽の湯の中でであったことを想起すると、やはり水族館幻想に先立つ浴室幻想が潜在しているといえそうである。乱歩は「蜘蛛男」以降も、「黄金仮面」（『キング』一九三〇年九月号～一九三一年一〇月号）、「化人幻戯」（『別冊宝石』一九五四年一一月、『宝石』一九五五年一月号～一〇月号）といった長編で、やはりタイル張りの浴室を好んで描いている。死体は出て来なくとも、タイル張りの明るい浴室内で別人にメタモルフォーゼするシーンが頻発し、身体が変容する恐怖の空間としてタイル張りの浴室を捉えていた気配がある。

問題は、この乱歩作品に顕著な浴室幻想が、後年の「サイコ」にも相通じる清潔／汚穢の入浴概念と同じ成立過程を経たものであるといえるのかどうかである。その点を追究するために、そもそもこの浴室幻想が乱歩作品独自のユニークなモチーフであるのか否かについて、同時代テクストとの比較検証を行う必要がある。

そこで想起されるのが、乱歩「蜘蛛男」とほぼ同時期に構想されたオカルト・テクストとみなすことが可能な、芥川龍之介「歯車」（『文藝春秋』一九二七年一〇月号）である。「歯車」にはさまざま現実と妄想の敷居があいまいとなる場面が登場するが、その中で本稿は帝国ホテルの場面に注目したい。原文では、以下のように描写されている。

するとと大きい鼠が一匹窓かけの下からバスの部屋へ斜めに床の上を走つて行つた。僕は一足飛びにバスの部屋へ行き、戸をあけて中を探しまわつた。が、白いタツブのかげにも鼠らしいものは見えなかつた。僕は急に無気味になり、慌ててスリッパアを靴に換えると、人気のない廊下を歩いて行つた。(『芥川龍之介全集』第一五巻、一九九七年、岩波書店、五一頁)

語り手「僕」のストレスが最高潮に達した瞬間に現れる幻のような鼠が、ところもあろうに浴室に逃げ込むという展開には、どういった解釈が適当なのか。カギとなるのは、鼠出現の直前に「僕」が読んでいたトルストイの小説「ポリクーシカ」であろう。トルストイ「ポリクーシカ」の主人公は、極度な貧民で、その家は不潔極まりなく、本人も不衛生な環境に既に麻痺している人物として描出される。「歯車」の語り手の「僕」はそうした貧しく不衛生な環境の中でみじめに自殺する主人公に、疑いなく自身の行く末を重ねている。つまり、その直後に現れる鼠は、「ポリクーシカ」が語り手の「僕」の意識に投げかけた貧と不衛生の象徴であることは疑いない。その貧と不衛生の象徴が逃げ込む先が、身体の穢れを落とす浴室であるところに、「歯車」全編を貫く不条理のテーマが透けてみえるのであり、これは作者自身が狙ったテクスト戦略であろう。

ここで、この場面のモデルとなった、帝国ホテルの間取りを確認しておこう。『ＴＯＴＯ通信』(二〇一七年新春号)には、当時の帝国ホテルの客室平面図および展開図が紹介されている。同号で浦一也は、帝国ホテルの浴室について次のように述べている。

海外から機器を輸入したのだと思いますが、バスタブや洗面器などは大きいですね。バスタブは内寸で１５００㎜くらいありますから、当時としてはかなり大きいです。日本人の平均身長は、今より10㎝くらい低いので、なおさらです。ワードローブも大きめですし、外国人の利用しかなかったことを思わせます。（浦「フランク・ロイド・ライトの帝国ホテルを読み解く」）

外国人使用だったとすると、これはタイル張りの浴室であった可能性が高い。白いタッブというテクストの言葉が生み出す効果は、この帝国ホテルの浴室の皓皓とした明るさではなかろうか。不潔の象徴の鼠（現に、中世においてペスト菌は鼠によって運ばれる伝染病であった）が、清潔で皓皓と明るい浴室で、忽然と消え去る――電気という近代文明の利器で隈無く照らされた浴室の明るさが、鼠＝疾病の存在と相矛盾するからこそ余計に恐怖を煽り高める、まさに清潔／汚穢をめぐる入浴の禁忌の空間演出となっているわけである。

さらに同時代作家およびテクストとの比較で、今少し検証を重ねてみよう。言うまでもなく、谷崎潤一郎「陰翳礼讃」との比較である。周知のとおり、「陰翳礼讃」は『経済往来』に一九三三～三四年にかけて連載された日本文化論である。この作品のかなり冒頭に近いあたりで、日本建築文化の中の浴室についての言及が見られる。

偕楽園主人は浴槽や流しにタイルを張ることを嫌がつて、お客用の風呂場を純然たる木造にしてゐるが、経済や実用の点からは、タイルの方が万々優つていることは云ふまでもない。たゞ、天井、柱、羽目板等に結構な日本材を使つた場合、一部分をあのケバケバしいタイルにしては、いかにも全体としての映りが悪い。出来立てのうちはまだいいが、追い〳〵年数が経つて、板や柱に木目の味が出て来た時分、タイルばかりが白くつるつるに光ってゐられたら、それこそ木に竹を接いだやうである。(『谷崎潤一郎全集』第一七巻、二〇一五年、中央公論新社、一八五頁)

谷崎は明確に白タイル張りの明るい浴室を嫌っているようだ。谷崎の美意識では、浴室は暗く、ぬめっとした空間であるべきなのであろう。そういう暗くて湿った浴室でこそ着想が沸くと言いたげであり、現に、彼の作品に登場する浴槽は、「陰翳礼讃」で賛美される空間に等しい情緒を持っている。たとえば、「柳湯の事件」(『中外』一九一七年)では、「流しの板や桶などがヒドクぬる〳〵した、あまり清潔な湯屋ではありませんでした。〔中略〕芋を洗ふやうにぎつしりと詰まつて居る裸体〔中略〕僕の前後に居る浴客の顔や肌は、ちやうどカリエールの絵を思ひ出させるやうにぼうッと霞んで、何だか無数の幻影が其処に漂つて居るやうな感じを僕に起こさせました。今も云つた通り、僕の割り込んだ場所は恰も湯船の真ん中だつたので、僕には濛々たる湯気より他には、殆ど何も見えませんでした。」(『谷崎潤一郎全集』第六巻、二〇一五年、中央公論新社、九二頁)とある。「清潔…ではありませんでした」「殆ど何も見えませんでした」といった描写からは、本作が銭湯怪談の白眉であると同時に、白タイル張りの帝国ホテルの浴室とは対極にある、視界の効かない翳の空間であることが伝わってくる。

一方、「痴人の愛」（『大阪朝日新聞』『女性』一九二四〜二五年）では、最初にナオミとジョージが住む家では、アトリエの隅にバスタブを据えて、その周りを衝立で囲うというスタイルだった。西洋でも、浴室が独立設置される一九世紀以前は、部屋の中に盥（タブ）をその都度運び入れて、湯を注いでの入浴が主流だったことを思い起こさせる。日本でも庶民の多くは盥かそれに類似のもので行水するのが当たり前だった。物語後半で彼等夫婦が住む本牧の西洋館では、「隣同士とは云つても、二つの部屋は直接つながつてはゐない〔中略〕その間に夫婦専用の浴室と便所が挟まつてゐる」（『谷崎潤一郎全集』第一一巻、二〇一五年、中央公論新社、四六二頁）といったように、夫婦で共同使用とはいえ独立の浴室が設置されているが、それと同時にナオミの増長は極限にまで至って、二人の生活は日本庶民の日常的慣習から大きく逸脱する展開となるのが示唆的である。独立の浴室が物語るのは、ライフスタイルにおけるプライバシーの概念の成立であり、それこそが近代化された生活を象徴するものだった。

芥川のテクストに戻ると、「歯車」の浴室の恐怖は、皓皓とした明るい浴室で一人、発狂の顕現に向き合う「僕」の孤独な心理にこそ求められる。なぜなら、鼠が浴室で消えうせたことを目撃したのは「僕」一人であるからだ。すなわち全きプライバシーが支配するべき空間に突如侵入してくる外部からの恐怖である。実は乱歩「蜘蛛男」の浴室も、本質的には「歯車」と同様で、被害者が処女であるがゆえにその本来プライバシーが守られるべき場所である浴室で、他者に襲われる恐怖が生きてくる仕掛けになっている。タイルを這う蜘蛛が、「歯車」の鼠と同じ、プライベートな衛生空間の侵略者なわけだ。「サイコ」でメアリを襲うノーマンが、テクスト構造上からみれば「歯車」の鼠や「蜘蛛男」の蜘蛛と同じ異なるものとして記号化された存在であることは、説明するまでもなかろう。〈浴室の死体〉モチーフという観点では、芥川・乱歩・ブロック・ヒッチコックは同系譜上にあって、谷崎の「陰翳礼讃」的美意識の対極に同じく位置していると捉えることができる。

四　衛生とエロティシズム

そもそもタイル張りの浴室はどのように日本の建築文化に普及していったのだろうか。

日本の住宅文化におけるタイル張りの浴室の普及は、一八三三年に社団法人・大日本私立衛生会が設立され、西洋的衛生思想の許、銭湯等大衆浴場を不衛生と批判し、浴室を木製からタイル設備へ移行することを推奨したことに端を発するが、庶民の各家庭の浴室にまで普及していくのは、一九一八年のスペイン風邪の日本上陸が大きな要因と考えられる。一九二一年三月に収束をみるこの世界的規模の流行性感冒では、日本人のおよそ四五万人が死亡した。感染を恐れる人々相手に、政府は清潔な習慣こそがもっとも予防に貢献すると訴え、マスクをつけ手と喉の洗浄を促すと同時に、穢れを簡単に、且つ徹底的に洗い落とせる衛生面に優れた浴室改良を主張し、陶磁器またはタイル張りの浴室を推薦した。一九一九年一一月三〇日～二〇年二月一日まで開催された生活改善展覧会のポスターで、タイル張りの浴室が描かれたのも、スペイン風邪という疫病への恐怖を背景に庶民に衛生観念を植え付ける戦略の一つだった。一九二〇年、「浴場及浴場営業取締規則」（東京府警視庁令）により、公共の浴場では床はコンクリート造とし、表面は陶磁器等を用いよと定められる。こうした風潮を受けて、一九二二年三月一〇日～七月三一日にかけて上野公園で開催された平和記念東京博覧会では、ついにタイル館なるモデル住宅が人々に披露された。『平和記念東京博覧会事務報告』の記述に、このタイル館の紹介箇所があるので参照しよう。

木造平屋建坪十一坪五号三勺中央塔身アリ内部ハ玄関、広間、化粧室、廊下、浴室脱衣室、便所ヲ設ケ、外部壁、天井及壁面一部漆喰壁ヲ除キタル総テハ化粧煉瓦貼付シ、館ノ内外、室ノ性質及壁面、床等ノ用途ニ依リ種々ナル異形及特種製品ノ華麗ナル「タイル」ヲ以テ貼付ケタリ。（『平和記念東京博覧会事務報告』上巻、一九二四年、一九二頁）

右に言うところの「タイル」は、おそらくは装飾タイルであろうと推測されるものの、タイル張りの浴室が設けられていたらしい気配はうかがえる。これら平和記念東京博覧会の会場建築の指導は、伊藤忠太、佐野利器、堀口捨巳、山田守、滝沢真弓が行った。このタイル館が、建築学会提案の「文化村」（実物住宅展示）の一環として特設された点は、本稿の趣旨上、看過できない。

このように日本住宅におけるタイルは住宅改良運動と足並みをそろえた衛生観念の普及から始まるが、一方で、それらタイルが推薦された場所が住宅の中でも特に水回りに多いことから、衛生という極めて近代的な観念と表裏一体に、タイルには水と身体が接する際に生まれがちな卑猥のイメージもまとわりつくようになったと、藤森照信は述べる（「タイルはどう使われてきたのか、そしてどう使っていくのか」『日本のタイル100年』二〇二一年、ＩＮＡＸライブミュージアム、一五頁）。

政府が改良をまず命じた公共浴場に遊郭のそれが含まれていた点も、そうしたエロティシズムのイメージに拍車をかけたといえよう。若山滋『遊郭の空間――中村遊郭の数奇とモダン』（一九九三年、ＩＮＡＸ出版）には、一九二三年頃に造られた中村遊郭「松岡」の浴室の写真が掲載されている。天井から壁、床、そして湯舟まで、グリーンとブラウンの細かい総タイル張りで覆われた浴室は、大正モダン建築としてのタイル貼りの浴室の例として圧巻である。また、現在でも浴室のタイルは白い角型が使用されることが多いが、この白い角型タイルを浴室に真っ先に取り入れたのが日本では遊郭だったのだ。一九二七年、大阪府議会が遊郭の便所と消毒所をタイル張りにすることを決議したことが、全国の遊郭に五寸(15㎝)角の白タイルが普及する契機となったとされる。

一九三〇年頃からは、白色トイレが流通し、白色硬質陶器タイルが水回り空間に普及。白タイルが清潔の象徴記号として社会的に認知されていくことになる。こうして日本住宅でのタイル需要が増えたこともあって、一九三一年に全国タイル製造協会が発足した。この頃には、遊郭に限らず庶民の生活空間においてもタイル張りの浴室が現れだす。一九三五年には、建築家・土浦亀城が東京品川の自邸の浴室に白い大型のタイルを使用した。

こうした傾向は当時の絵画表現でも確認できる。同時代の草津温泉の素の広告ポスターには、日本髪を結った裸体の美人が草津温泉の素を角型タイル張りの浴室の湯舟に注いでいる図が描かれているし、小倉遊亀の代表作「浴女　その一」(一九三八年)は満々と満たされた湯によって湯舟の角型タイルが歪んで見える光景を爽快に描いたモダンな構図で、前述した『評判小説　蜘蛛男』の装丁にも相通じるデザインだ。さらに特筆すべきは、一九三〇年に開発されたバスクリンの広告だろう。女性がタオル一枚の裸体姿でバスクリンを注いだ湯舟に片足から入ろうとする動作を捉えたポスター画の艶めかしさは、制汗効果を謳う夏季浴用剤の宣伝にしてはあまりに過剰なエロティシズムを醸し出している。画家は高畠華宵で、描かれた女性は断髪、そして浴室の壁にはタイルが描かれた。タイル張りの近代的浴室と近代女性の裸体《ボディ》の取り合わせは、清潔・衛生の名のもとに堂々と鑑賞できるエロスの近代的表現だったのだといえようか。

タイル張りの浴室をめぐる衛生とエロティシズムのアンビバレントな関係は、国家が海外のまなざしを取り込んで設立した衛生システムと健康美礼讃の言説からも見て取れる。小野芳朗が『清潔の近代』（一九九七年、講談社選書メチエ）で「女性の美しさの基準に、健康であることが登場したのが、衛生のメインシステムが普及していく頃と時期をほぼ等しくしている」（一九八頁）と解説しているとおり、一八八〇年代頃から陸続と刊行された衛生にまつわる雑誌――たとえば『衛生新誌』『大日本私立衛生会雑誌』等に、女子の体育についての記事が頻発し始める。一九二〇年代を過ぎる頃には、水谷次郎『世界美人行進曲』（一九二九年、日本書院）に見られるように、「日本人が好きだつた月の眉に柳の腰、風にも耐えないいやさしい美人を礼賛した時代はすでに過ぎた。現代人は何か強烈な刺激を求めてゐる。／美の要素は、第一が顔、第二が色、第三が姿勢で、臀部の豊大なること」（七頁）とまで主張されるような時代になっていった。このような、いわゆる衛生美人の称揚は、当時の万民が受容できるものではなかったわけで、大日本私立衛生会が推奨する〈衛生上完全無比ノ美人〉への反発を、二葉亭四迷、森鷗外、谷崎潤一郎といった文人連が揶揄的に吐いていることは周知のことである。しかし、一方で、まさに「月の眉に柳の腰、風にも耐えないいやさしい美人」で一世を風靡した竹久夢二の画風が人気凋落を見せ始めるのも、実はこの一九二五年頃からだった。池川玲子が『ヌードと愛国』（二〇一四年、講談社現代新書、五五～八三頁）で指摘するように、一九三〇年頃から夢二式美人はヌードを披露していくようになり、ここに近代的裸体をめぐる現象――ヌーディズムが社会に浮上してくることになる。

近代的裸体をめぐる運動、いわゆるヌーディズム運動は、まずは第一次世界大戦後ドイツで発展した。簡単に概略を述べれば、一八五五年にスイスの医師アーノルド・リクリが太陽浴による自然治癒運動を提唱。

この運動はヨーロッパで近代文明批判の思潮とも共鳴し、裸体で太陽浴をする人々がナチュラリズムへの傾倒を示して増加する。こうした世相を受けて、一八九三年になると、医師ハインリヒ・ブドールが『裸体の人間・未来の歓呼』を刊行し、評判を得る。一九二六年には、医師であり教育家でもあったアドルフ・コッホが社会主義ヌーディズムを唱え、裸体主義体育協会を設立した。ドイツのヌーディズム運動すなわち裸体主義文化（ＦＫＫ）の背景には、ドイツ国内における急激な近代化による人口過密都市の不衛生な環境の進行が、近代文明をして人間疎外をもたらす脅威と認識されていった歴史的過程がある。ここに、一九一九年に成立したヴァイマル政府発足による民主化への社会的転換が加わると、旧来の封建的価値観念が覆り、革新的な思想が受け入れられる時代となったことで、性の価値観念も旧来の生殖目的に囚われない男女平等の愛情行為として捉え直されていく。男女双方に裸体文化が受容されていく契機は、以上のような近代ドイツの庶民の感性の変化にあったと、平井昌也は論じている（「ドイツにおけるＦＫＫ（裸体主義文化）の歴史――ドイツ第二帝国からヴァイマル共和国までの時代を中心に」『西洋文学研究』二〇一三年六月）。ドイツに端を発したヌーディズム運動は、日本にも紹介された。『犯罪科学』創刊号（一九三〇年六月）に、丸木砂土が「独逸の裸体文化運動」と題した文章を寄せているのが、それだ。やがてドイツのヌーディズム運動はヨーロッパ各地域そしてアメリカにも展開していき、ウォルト・ホイットマン、Ｈ・Ｄ・ソローといった詩人が都会と自然という対立項から自然治癒思想に接近し、裸体水浴生活を推奨したりする時代になった。この頃を代表するのが社会主義思想家のエドワード・カーペンターの活動だが、カーペンターは同性愛者としても知られており、この方面から江戸川乱歩が彼に関心を持ち、「シモンズ、カーペンター、ジード」（『文体』一九三四年六月号）、「ホイットマンの話」（『新青年』一九三五年一月号）といったエッセイを書いているのも注目されよう。

こうして、プラクティカルな運動と並行して人文系の方面でもヌーディズムは普及していったわけである。江戸川乱歩に話を戻せば、「火星の運河」（『新青年』一九二六年四月号）、「パノラマ島奇譚」（『新青年』一九二六年十月号〜二七年四月号）における裸体の乱舞が、妙にあけっぴろげで健康的なのは、その言説背景に当時のヌーディズム運動の思想があるからだ。実際、ヌーディズム運動から派生したルドルフ・フォン・ラバンの舞踏理論は、身体運動によって宇宙と調和することを目指すもので、そこには自身の身体への過度なナルシシズムも潜在しているとすれば（森貴史『踊る裸体生活　ドイツ健康身体論とナチスの文化史』二〇一七年、勉誠出版一六五頁）、まさにそれは乱歩の作品世界のテーマそのものである。

乱歩作品には群れる裸体のシーンや水槽に放り込まれる女体のモチーフが夥しく描かれるが、実のところ、そこに生々しさや陰湿さはあまり感じられないという特徴がある。水槽に放り込まれもがく女体の着想には、生々しい男女の性欲に向けられるものとは別の関心の存在がそこはかとなく漂っており、それを追究するときに浮上してくるのが、乱歩自身の生活圏と近しい伊勢志摩鳥羽の海女の風俗だ。海女は日本におけるヌーディズム運動では、アイコン的存在でもあった。まさに衛生美人・健康美人の記号として、海女風俗は機能していた。飽き性で職を転々とした乱歩が珍しく約一年ほども高給取りの生活を謳歌していたのが、三重県鳥羽の鳥羽造船所であり、この地域は海女の伝統が現在でも健在な土地柄である。乱歩がそれを知らなかったはずもなく、実際、後年に乱歩自身が海女を映写したフィルムも遺されている。

日本人の近代的裸体感覚とはどういったものであったのかについては先行研究が多いので、本稿では簡便に浴室とリンクする要点のみに集約しよう。銭湯文化や行水文化が庶民生活に根付き、他者の裸体をことさらにまなざさない文化に馴染んでいた日本人の従来の裸体感覚は、明治に入り、キリスト教文化圏からきた外国人のまなざしに抑圧され、次第に裸体を恥として意識するようになっていく。一八七一年に裸体禁止令が布告されたのが、その見やすい例である。外国人の倫理観を基準にした法令の発布により、日本の庶民の裸体が次第に取り締まりの対象となるのと同時に、道路が公共空間として家屋と決然と分かたれることで庭先や路地での行水もできなくなり、裸体は私空間として閉鎖された家屋内に閉じ込めるべきものという認識が、日本の近代社会において浸透していったのだ[3]。

この状況を念頭に置いて、日本の近代建築で浴室がどのような位置に作られていたかを間取り図で確認してみると、面白いことが見えてくる。橋爪紳也『昭和レトロ間取り探訪——大大阪時代の洋風住宅デザイン』(二〇二〇年、青幻舎)に昭和初期の関西住宅の間取りが多数掲載されているが、それを見ると、浴室がたいてい土間の近くに配置されていることがわかるのだ。土間はそのまま裏庭に続いている。そういった作りの間取りが、住宅建築のほとんどを占めていたようだ。日本の庶民の近代的裸体感覚は、こうした土間続きの、屋内と屋外の境界上に浴室を作るという感性に現れているのである。その感性は、前近代から近代へゆるやかに移行するプライバシー感覚といえるのかもしれない。現に、日本の庶民生活では、戦後、一九五〇年代に至るまで、内風呂よりも銭湯に通うのが一般的な入浴スタイルであった。

してみると、一九二〇年代からフィクションの物語に登場して恐怖を演出する白いタイル張りの独立した(隔離および密室状態の)浴室という空間は、現実の生活空間というよりも入浴行為に関する潜在意識の投影——清潔/汚穢をめぐる他者のまなざしによって抑圧され隠蔽を余儀なくされた裸体＝自我《エゴ》が、暴力的契機をもって白日の下に解放される瞬間を戦慄をもって期待する空間とも措定できるのではあるまいか。

五　おわりに

白いタイル張りの浴室空間の恐怖は、清潔／汚穢そしてプライバシーをめぐる近代史の記憶を負うものとして、戦後日本のミステリでも活用され続けた。戦後ミステリを担う若手作家として文壇に登場した高木彬光のデビュー作『刺青殺人事件』（一九四八年、宝石選書）は、まさに浴室の死体モチーフを取り扱うものだった。

純白のタイル張りの浴室には切断されて間もないと思われる女の生首と、膝頭の少し上から切断された二本の白い下肢と、肘の少し上から切断された両腕とが生々しく横たわって居たのである。
水道の栓が開いて水は浴槽を満し、溢れ出てタイルの床を洗って居た。血液が殆ど残って居なかったのはその為であったろう。然し不思議な事には、胴体が何所にも残って居なかったのである。〔中略〕完全な密室の殺人である。そしてその上怪奇を一層増した事には、窓の内側の桟の上に一匹の大きな蛞蝓が蠢いて居たのであった。（『初稿・刺青殺人事件』二〇〇二年、扶桑社文庫、三〇六〜三〇七頁）(4)

蜘蛛を蛞蝓に置き換えていると解釈すれば、「刺青殺人事件」はかつての乱歩の長編「蜘蛛男」を彷彿とさせる〈浴室の死体〉モチーフそのものだ。さらに加えれば、高木の本作は、日本人の入浴文化と関係性を持つ刺青が重要なトリックになっている点も興味深い。

一方、戦後探偵小説文壇にあって高木彬光の最大のライバルであった松本清張にも、実は〈浴室の死体〉モチーフを採用した作品がある。人口に膾炙した「点と線」（『旅』一九五七年二月～五八年一月号）と同年に発表された「眼の壁」（『週刊読売』一九五七年四月一四日号～一二月二九日号）である。岐阜県瑞浪市にある架空の精神病院の地下室にある浴室がそれで、物語の末尾、追い詰められた犯人は自らその浴室の浴槽に飛び込む。

〔前略〕音が反響し、左右の鉄格子のなかの精神異常者が嵐のように騒ぎだした。白衣の看護婦たちが足をすくませた。
　舟坂英明が地下の一室に飛び込むのが眼にはいった。〔中略〕
浴室だった。白いタイル張りだ。二人くらいはいっしょにはいれそうな四角い浴槽が片隅に見えた。黒っぽい水が満々と中に張ってあった。
　詰襟服の男は、その黒い水の中に落ちて動いていた。黒い水は男の体を沈め、無数の泡と白い煙を勢いよくあげていた。泡は花火のように沈んだ男の周囲から壮烈に吹いた。〔中略〕
「濃クローム硫酸の風呂の中で、舟坂英明が溶けている！」
　燃え上がる泡は沸騰をつづけ、異様な刺激をもつ白い煙はもうもうと立ちのぼった。
　舟坂の服が燃え、肉が燃えた。人間を漬けた黒い水は、やがて一部分から少しずつ緑青色に変化しはじめた。それは舟坂英明の肉体が、少しずつ溶解していくしるしでもあった。（『松本清張全集2　眼の壁・絢爛たる流離』一九七一年、文芸春秋、一二九～一三〇頁）

まさしくこれもまた、〈浴室の死体〉モチーフの系譜上にあるテクストであろう。何より、精神病院の浴室という設定が気になるところだ。「眼の壁」が発表されたのは一九五七年。偶然とはいえ、精神病質者が営むモーテルの浴室の惨劇を描いたロバート・ブロック「サイコ」はその二年後、映画「サイコ」は三年後に登場するという時系列なのである。

注

(1)エド・ゲインは後世の猟奇犯罪小説に多くの影響を与え、一九八八年発表のトマス・ハリスの小説「羊たちの沈黙」でも殺人犯のモデルとされたが、ブロックの「サイコ」はそのゲインをモデルとした小説群の中でももっとも早い作例といえよう。

(2)キャスリン・アシェンバーグ『図説　不潔の歴史』鎌田彷月訳、二〇〇八年、原書房、四九頁。なお、本書はキリスト教による入浴のタブー視を説いているが、中世史の専門家からは、そのような中世観は虚構であるとして近年批判されている。

(3)牧原憲夫「文明開化論」(『岩波講座日本通史』第一六巻、一九九四年)、中野明『裸体はいつから恥ずかしくなったか――裸体の日本近代史』(二〇一五年、ちくま文庫)。

(4)なお、高木は本作を後に大幅に改稿しており、改稿版は『高木彬光長編推理小説全集　刺青殺人事件・羽衣の女』に収録されている。浴室の場面のみ比較すると、初稿の方が描写は細かいが、シチュエーションに目立つほどの差異は無い。

〝捏造〟された市と戦災——松本清張『砂の器』を読み直す

高橋 啓太

一 『砂の器』における危機的事象

松本清張『砂の器』は、一九六〇年五月一七日から一九六一年四月二〇日まで『読売新聞』夕刊に連載された長編小説である。連載終了後、一九六一年七月に光文社のカッパ・ノベルズとして刊行され、現在では新潮文庫(上・下、二〇〇六年改版)より刊行されている清張の代表作である。

物語は、国鉄蒲田駅の操車場で、顔を激しく殴打された身元不明の男性の遺体が発見されたところから始まる。被害者は島根県出雲地方の亀嵩で巡査をしていた三木謙一で、警視庁刑事の今西栄太郎は、三木がハンセン病患者の本浦千代吉とその息子秀夫を保護していたことを突き止める。三木は千代吉をハンセン病患者の療養所である岡山県の慈光園に入所させるが、秀夫は脱走する。その後大阪にたどり着き、戦災によって戸籍簿が焼失したのに乗じて戸籍を捏造し、和賀英良という別人になって生きる。和賀は若手の前衛芸術家集団「ヌーボー・グループ」の音楽家として活躍するようになるが、旅行中に和賀の写真を見て彼が秀夫であることに気づき会いに来た三木を殺したのであった。

和賀の犯行とその動機を軸に整理すると以上のような梗概になるが、全一七章から成る物語は錯綜している。今西は、蒲田駅近くのトリス・バーで三木と一緒にいた若い男(和賀)が、東北訛りで「カメダは今も相変わらずでしょうね」と話していたという証言を得て、秋田県の羽後亀田に行くが何の成果もなく(「第二章　カメダ」)、「第五章　紙吹雪の女」で三木の養子彰吉が警視庁を訪れるまで、被害者の身元すら判明しない。また、「ヌーボー・グループ」の評論家関川重雄と愛人三浦美恵子の関係が何度か描かれ、関川が犯人ではないかと読者のミスリードを誘うが、その後、今西の疑いの眼は和賀に向けられることになる。この展開について、藤井淑禎は、今西が当初は関川、その後和賀を犯人として疑い始める根拠が物語のどこにもないという「綻び」が生じていることを指摘している(「映画『砂の器』は小説をどう補修したか」『立教大学日本文学』第一一一号、二〇一四年一月)。

藤井の指摘は、謎解きの論理性の不十分さを問うたものとして妥当であるが、そういった問題を踏まえつつ、『砂の器』を二つの危機的事象から読み直す余地はないだろうか。二つの危機的事象とは、感染症(ハンセン病)と空襲による戦災というカタストロフィである。このうち、ハンセン病は和賀の犯行動機と関わるもので多くの先行研究でも言及されてきたが、戦災に注目した論考はほとんどない。梗概にも書いたように、和賀の戸籍捏造は戦災によって可能になったのだが、それに関わる出来事であるという以上に掘り下げようがないとみなされてきたと思われる。

本稿では、二つの危機的事象に基づいて『砂の器』を読み直す。ハンセン病に関しては、連載当時の新聞記事から当時の世間一般でのハンセン病観を浮き彫りにする。空襲による戦災に関しては、清張が相当の作為を施して物語の中に戦災を取り込み、和賀の動向がわかる証拠を徹底的に消滅させていたことを明らかにしていく。

二　過去の歴史化

清張は「推理小説の読者」（『婦人公論』一九五八年五月）の中で、「今の推理小説が、あまりに動機を軽視していることへの不満を示し、「動機を主張することが、そのまま人間描写に通じるように私は思う。〔中略〕私は、動機にさらに社会性が加わることを主張したい。そうなると、推理小説もずっと幅ができ、深みを加え、時には問題も提起できるのではなかろうか」と述べている（『松本清張全集34』一九七四年、文藝春秋、三八三頁）。『砂の器』では、本浦秀夫が父親のハンセン病という過去を隠していたことが、動機の「社会性」となるわけである。

動機の「社会性」を重視した他の清張作品に、『ゼロの焦点』（『太陽』一九五八年一月〜二月、『宝石』一九五八年三月〜一九六〇年一月）がある。犯人は金沢の煉瓦会社社長である室田儀作の妻で、自身も地元の名流婦人となっている佐知子である。佐知子には、立川で米兵相手の娼婦（パンパン）をしていた過去があった。その当時、風紀係の巡査として接点のあった鵜原憲一が、転職した広告会社で金沢出張所勤務となり、室田の会社にも出入りするようになったために殺害するのである。『砂の器』も『ゼロの焦点』も、隠していた過去が明るみに出るのを恐れた人物が殺人を犯すというプロットで構成されている。さらに、両作は犯人の自供がないという点でも共通しているのだが、動機の「社会性」という点に関して、『ゼロの焦点』が読者に与える印象は『砂の器』と大きく異なる。

この作品で事件の謎を明らかにしていくのは刑事ではなく、憲一とお見合い結婚をしたばかりの板根禎子である。物語の冒頭で、憲一は金沢から東京に転勤し、禎子との新婚生活を送るはずであったが、引継ぎのために金沢の出張所に向かったまま行方不明となる。禎子は、義兄の宗太郎や憲一の同僚である本多と協力して、憲一の行方を探す。途中で宗太郎と本多は毒殺されてしまうが、禎子は警察や憲一の関係者への聞き込みを通して、事件の謎を明らかにしていく。

笠井潔は、禎子が二六歳、憲一が三六歳という一〇歳の年齢差があることに注目し、「一九四〇年代後半と五〇年代後半とを、ようするに戦争の「過去」と平和な「現在」を、決定的に隔てる時の断層なのだ。敗戦後の混乱期を成人として通過した憲一とは違って、禎子は戦後世代に属する」(『探偵小説論Ⅰ　氾濫の形式』二〇〇一年、東京創元社、二二四頁)と指摘し、さらに、「禎子の探偵行為は、それ自体として「過去」を見出そうとする「現在」の軌跡をなしている」(前掲書、二二九頁)というように、高度経済成長期の「現在」=禎子が戦争・敗戦直後の「過去」=憲一・佐知子の「秘密」を明らかにする物語として『ゼロの焦点』を評価している。

被害者である憲一にも、禎子に隠していた過去があった。立川での巡査時代に、佐知子と同じくパンパンであった田沼久子とも知り合い、広告会社に転職して金沢に赴任した際に久子と再会し同棲していたのである。ただし、憲一は久子と結婚する意思はなく、曾根益三郎という偽名を使っていた。やがて、板根禎子と結婚することになった憲一は久子と縁を切るために、佐知子のアドバイスで曾根益三郎の偽装自殺を企てる。しかし、佐知子が偽装自殺を助言したのは憲一を殺害するためであり、憲一は曾根益三郎の自殺という形で殺される。また、久子も佐知子に殺害される。

『砂の器』との違いとして注目しておきたいのは、禎子が佐知子や憲一らの生きた戦後占領期を振り返るという構図を成立させる歴史化の作用である。ここでいう歴史化とは、現在時から距離を置いて過去が眺められる状態になること、過去が回顧される対象として表象されることを指す。禎子が犯人を推理するきっかけとなった「終戦直後の婦人の思い出」というテーマの座談会では、識者たちが、パンパンの女性たちは「あんがい、幸福な結婚をして、落ちついた生活を送っているように思いますね」、「当時の日本は、敗戦直後で、全体が悪夢のような時代ですから、その人たちにとっては気の毒なことです。でも、自分の努力で、あとの生活がつくられていたら、その幸福を、そっと守ってあげたい気がします」と語っていた。禎子はこれらの発言から、佐知子が「幸福な結婚をして、落ちついた生活を送っている」元パンパンであると推理するに至る。[1]

佐知子が自分の過去や犯行の経緯を語ることはないが、[2]「佐知子夫人の気持を察すると、禎子は、かぎりない同情が起こるのである。夫人が、自分の名誉を防衛して殺人を犯したとしても、誰が彼女のその動機を憎みきることができるであろう」というように、憐憫の情が示される。つまり、座談会で語られていた「終戦直後の婦人」のイメージが佐知子に投影され、[3]歴史化されることになる。

『砂の器』では、和賀に対してこのような憐憫の情が示されることはない。おそらくその背景には、作品連載中の時期もハンセン病政策が継続中であったことと、世間一般での差別意識が根強かったという問題があると思われる。

三　同時代のハンセン病観

古来よりハンセン病は忌み嫌われ、罹患した人々は差別の対象となってきた。近代に入り、日本では「癩予防ニ関スル件」(一九〇九年四月施行)によって、全国五カ所にハンセン病患者を隔離する公立の療養所が開設された。国策としての隔離政策の始まりである。[4]この法律は一九二九年三月に改正され、国立療養所の設置が決定する。さらに、一九三一年に大きく改正され、自宅療養中のハンセン病患者の隔離にも法的根拠が与えられる内容で、八月に「癩予防法」と名称を改めて施行されることになる。戦後、特効薬のプロミンが普及したにもかかわらず、一九五三年八月には「癩予防法」を改正した「らい予防法」が施行され、隔離政策が続けられた。同法の廃止は一九九六年三月三一日、熊本地裁で隔離政策の違憲判決が出たのは二〇〇一年五月一一日のことである。

こうした近代日本のハンセン病政策を『砂の器』と照らし合わせてみる。今西の捜査によって、三木謙一が本浦千代吉を岡山県の療養所『滋光園』に入園手続きを行ったのは「昭和十三年六月二十二日」であることが明らかになるが、今西はそのことを捜査会議の場で説明する際に、「ただちに隔離する必要を感じて、法令に基づいて」と付け加えていた。「昭和十三年」は西暦でいえば一九三八年であり、「法令」とは間違いなく「癩予防法」である。また、いうまでもなく、『砂の器』連載時の一九六〇～一九六一年は「らい予防法」の施行中である。

『砂の器』連載前後の『読売新聞』には、しばしばハンセン病に関する記事が掲載されている。特に、「人生案内」という一般読者からの相談に識者が回答するコーナーでは、当時のハンセン病観をうかがい知ることのできる相談内容がある。ここでは、ミステリ作家で医師でもある木々高太郎が回答者を担当した相談を紹介したい。[5]木々は、清張が作家として活躍するきっかけを作った人物である。清張は「『西郷札』のころ」(『週刊朝日増刊』一九七一年四月五日号)で、『週刊朝日』の懸賞「百万人の小説」に応募し、三等入選となった「西郷札」が掲載された『週刊朝日別冊・春季増刊号』(一九五一年三月)を木々に送り、「これが縁で木々氏編集の

『三田文学』に小説を二つほど書かせてもらい、あとの一つが運よく芥川賞になったのだった」(『松本清張全集34』一九七四年、文藝春秋、一三六頁)と振り返っている。清張の芥川賞受賞作「或る『小倉日記』伝」が掲載されたのは、『三田文学』一九五九年九月号である。

さて、最初に紹介する「人生案内」は、『砂の器』の連載が開始される約半年前のものである(『読売新聞』一九五九年一〇月三日朝刊)。相談者は男性で、郷里の村に帰省すると、婚約者の父親がハンセン病者であるという噂が流れており、もし噂通りだとすると、病気が婚約者に遺伝してしまうのではないかという内容である。木々は「第一に、父親がハンセン氏病だったというのは単なる村のうわさ」ではないかと疑い、「日本ではまだまだハンセン氏病を遺伝だと迷信している地方があり、他の家にケチをつけるにはハンセン氏病の家系だというのがもっともきくので、それをいまだに用いている地方があるものです」と回答している。

次に紹介するのは、『砂の器』連載中の「人生案内」(『読売新聞』一九六一年三月一一日朝刊)で、相談内容は相談者のいとこに関することである。いとこの婚約者の父系の二～三代前にハンセン病患者がいたことがわかり、親族が結婚に反対している。相談者が「ライは遺伝するものでない」と説明しても、親族は聞き入れずに困っているという。この相談に対し、木々は「医学の研究が進歩してきている現在でも、まだ「ライ病」(ハンセン氏病)が遺伝すると考えている非科学愛好者がいるということはまことに遺憾なこと」で、「日本には、ハ血統があると称して、就職の妨げとなり、結婚の妨げにもなるというにいたっては、その野蛮なのに驚くほかはありません」と述べている。先の「人生案内」と同じように、ハンセン病が遺伝するという認識を「迷信」として退けている。

どちらの相談に対する回答でも、木々は、ハンセン病は遺伝するという説を「迷信」であると否定している。

裏を返せば、そのように否定しなければならないほど、当時の日本社会ではハンセン病に対する偏見が根強かったともいえる。そして、本浦秀夫の犯行動機が、そういった偏見を取り込んで成立していることも確かである。

もっとも、当時の医学的見地にも、非科学的なハンセン病遺伝説を否定する一方、患者の隔離を当然視していたという問題がある。「婦人　遺伝や血統の問題」(『読売新聞』一九六一年四月一日朝刊)という解説記事の中では、東京医科歯科大学教授の田中克己が、「ライ菌に対して抵抗の弱い人があるのではないか、その抵抗性は遺伝するのではないか」という質問に対し、「患者の隔離が進み感染の機会のまず考えられない現在では問題外でしょう」と回答している。西貫大は、この記事や連載前後の「人生案内」に注目した「『砂の器』における新聞小説というメディア――昭和三十年代の読売新聞から見られるハンセン病についての表象を通して」(『福岡教育大学国語科研究論集』第六号、二〇一九年二月)の中で、「『砂の器』は新聞小説として併読されることが前提とし構成された作品」(一二二頁)であり、「「親切」な三木巡査の病を排除しよう、隔離しようとする姿が、当然のように受け取られている昭和三十年代の社会状況が、新聞記事と併読されることで『砂の器』の中から浮かび上がってくる」(一二三頁)と指摘している。新聞記事と『砂の器』を並行して読んだ読者はもちろんいたであろうが、清張が記事との併読を見越してハンセン病差別の批評を企図したという解釈は強引ではないか。新聞記事との関連ということでいえば、清張は犯人の隠すべき「過去」としてナイーブにハンセン病に対する差別を取り込んだ可能性の方が高い。

清張のインタビュー記事「一人の芭蕉」(『宝石』一九六三年六月)では、『砂の器』の創作動機について、「いわゆるヌーベル・バーグの波に乗って、いろいろと景気の良い若い人たちが出てきたでしょう、今までの芸術を一切否定するとか……そういう人たちをちょっとカリカチュアライズして書いた」（『松本清張推理評論集』二〇二二年、中央公論新社、九八頁）と語っている。この発言からは、「ヌーボー・グループ」を登場させた意図はわかるが、ハンセン病に関することは一言も述べられていない。清張に当時のハンセン病差別を批判する意図はなかったと理解するのが妥当であろう。

四　戸籍という痕跡

『砂の器』が当時の通俗的なハンセン病観を前提にしていることを確認したが、差別的な作品であると断罪するだけでは十分ではあるまい。例えば、寺山千紗都は「「犯人」とされる和賀の口から、自分の犯行と動機について語られることはなく、彼の生い立ちに「異常」を見出し、それを犯行動機にまで押し広げてしまうのは、今西刑事であり、そしてまた、この推理小説としての解決を望む読者でもあ」り、『砂の器』を「「差別」が構成される様子を、はっきりと可視化してくれている」作品と評価している（「『砂の器』の功罪」『北海道大学大学院文学研究科研究論集』第二一号、二〇二二年一二月、一二三頁）。

ただし、通俗的なハンセン病観を前提にして成立しているのは、和賀の三木殺害とその動機という謎解きのプロットだけではない。本浦秀夫が和賀英良という別人になったことも同様である。つまり、父親がハンセン病であるという過去は、別人となってでも逃れなければならないものであるという理屈を成立させる前提になっているということである。

犯人が別の人間として生きようとするという『砂の器』の設定は、『ゼロの焦点』との決定的な違いである。『ゼロの焦点』では、被害者である鵜原憲一が、内縁の妻である田沼久子の前で曾根益三郎という偽名を使っていた。憲一は板根禎子との結婚が決まると、久子と離れるために偽装自殺という形で曾根益三郎の存在を抹消しようとする。偽装自殺が佐知子の罠であったために憲一は殺されてしまうが、憲一は偽名の中に過去を封印し、本名で新しい人生を歩むことができるはずであった。しかし、本浦秀夫はそうではない。本浦千代吉の息子とは違う人間となるために、別人であることを証明する戸籍が必要だったのである。

和賀の戸籍捏造の動機は以上のように説明できるが、捏造が可能になった背景には戦災という危機的事象がある。具体的には、一九四五年三月一四日の大阪空襲である。この空襲によって、大阪市は「五〇万に近い被災者を出し、一三万戸を焼失倒壊せしめ、浪速区をはじめ、西・港・南・大正・東・天王寺区等ほとんど市の中枢部を焼かれ、戦災のなかったのは、わずかに都島・大淀・東淀川・旭・城東の五区に過ぎなかった」（『大阪市戦災復興史』一九五八年、大阪市、三四六頁）。今西は「第十六章　ある戸籍」で浪速区役所を訪れ、和賀英良の戸籍を確認するが、戸籍係の職員から、元の戸籍簿は焼失してしまったので、戸籍の再生は本人や関係者の申し出によって行うしかなく、申し出た内容の正誤は検証できないという説明を聞く。空襲が大阪での和賀の足跡を証明する人も事物も消滅させてしまったからこそ、和賀英良の戸籍を再生という形で捏造することができたのである。

これとは対照的に、「第七章　血痕」は、断片的な物を手がかりに捜査を進めるというミステリの常道といえる展開となっている。この章では、『砂の器』の中でも印象的な「紙吹雪の女」（和賀の愛人である成瀬リエ子）が登場する。今西は週刊誌で、汽車の中で若い女性が窓の外に紙片を撒き、それが「風に散って紙吹雪となる」のを目撃したという内容のエッセイを読む。そして、女性の撒いた紙片は三木の返り血のついた加害者の衣服を切り刻んだものではないかと考え、実際に汽車の通った線路沿いに落ちていた紙片を拾い集めると、推理した通り布片であった。

衣服を切り刻んで汽車から捨てるという証拠隠滅の方法について、今西は「やはりこれを燃して灰にすることが一番である。だが、衣服を燃すというのは、かなり人目に立つ仕事なのだ。隠れてこっそりやっても、あのキナくさい臭いは消しようもない」と考える。つまり、犯人は衣服を完全に消滅させることもできたのだが、あえてそうはしなかったということである。

一方、浪速区役所の戸籍簿は米軍の空襲によって大阪市街とともに灰になり、布片のような痕跡が残ることもなかったが、再生された戸籍の英蔵とキミ子の欄には「昭和二十年三月十四日死亡」と記載されていた。ここから今西は、空襲によって戸籍も死体も「消滅」したために、自分を世話してくれた人物を和賀英蔵・キミ子という名前の両親として和賀英良の戸籍を捏造したのだと推理する。

島根県の山奥を、業病の父親と、いっしょに歩いていた七歳の子供は、亀嵩で脱走し、大阪に出た。／彼はそこでだれかに拾われた。彼は、数年間、その人のもとで成長した。／このかたちは、たぶん、養子ではあるまい。小僧として住みこんでいたのかもしれない。その店も、当主も、戦災で消滅したと思える。とにかく、いまは跡形もない。／しかし、それがあの戸籍にある英蔵とキミ子夫婦ではあるまい。この名前は、届け人のこしらえた架空のものである。夫婦ともに本籍地がわかっていないのが、その証拠だ。

今西がこのように思い至ったきっかけは、浪速区役所の戸籍簿が、「紙が茶褐色に古び、隅などはぼろぼろになっている」という予想に反し、「まだ新しかった」ことに疑問を抱いたからである。仲正昌樹が指摘するように、「紙という「素材」の過去を感じさせない「新しさ」が、かえって過去の「痕跡」になったわけである」（「清張文学における「旅」『砂の器』の記号論」『松本清張の現実と虚構　あなたは清張の意図にどこまで気づいているか』二〇〇六年、ビジネス社、一五六頁）。戦災によって過去を証明する人や物は消滅したのだが、戸籍の捏造によって、本浦秀夫がいたという痕跡を暗示することになってしまったのである。

五　和賀英良はどこにいたのか

「第十六章　ある戸籍」で、今西は大阪にいた和賀英良がその後どこへ行ったのかも捜査している。もっとも、捜査が進展する前の「第四章　未解決」の中で、実は和賀自身が略歴を語っている場面がある。気鋭の音楽家和賀英良として活躍中の和賀はタクシー乗車中に追突事故に遭い、K病院に入院する。そこに編集者が「新しい芸術について」というテーマの談話を取りに訪れ、最後に略歴を聞くと、「本籍、大阪市浪速区恵比須町二ノ一二〇、現住所、東京都大田区田園調布六ノ八六七。昭和八年十二月二日生まる。京都府立××高等学校卒、上京後、芸大烏丸孝篤教授の指導を受く……」と答えている。この本籍は、再生された戸籍に記載された住所と同じである。「京都府立××高等学校卒」と話していることから、和賀が大阪から京都に移ったことがわかるとともに、高等学校時代に和賀英良と名乗っていたことも確実である。

ところが、「第十三章　糸」において、今西は事前に問い合わせをしていた「京都府立××高等学校」から、「和賀英良は昭和二十三年に中途退学した」という回答を得ている。また、「第十六章　ある戸籍」では、浪速区役所の次に「京都府立××高等学校」を訪れ、中退した生徒の情報を尋ねているので、和賀の経歴は同校中退で間違いない。第四章における「京都府立××高等学校卒」という和賀自身の説明とは食い違うわけだが、物語の中でこの点への言及はないことから、長期連載中に矛盾が生じてしまったと考えられる。

和賀英良が在籍していたのは旧制中学時代であったが、今西に応対した「京都府立××高等学校」の校長によると、旧制中学時代の記録は、「市の大半が灰燼に帰した」という「昭和二十年の二月十九日」の大空襲によって焼失していた。今西は「京都府立××高等学校」の後に、和賀の同級生であった「「京の花」という名前の酒の醸造元」の「二十七八の若い主人」と面会する。彼は記憶をたどり、「家が、大阪の方やから、こっちに下宿してるのや、と言いよりました」と答えるが、その下宿もやはり「昭和二十年の二月十九日」の空襲で焼けてしまったという。

要するに、彼が大阪、京都と居た事実はあるが、それを証明する証拠は何も残っていないのだった。／彼がその両親を大阪の浪速区恵比須町二ノ一二〇番地に設定したのは、賢明なやり方だった。ここは戦災のために戸籍原本の一切を焼き、同時に、もう一つの戸籍原本を所蔵している法務局も書類一切を焼いている。／京都府立××高等学校に在籍したことも同じ手法だった。この学校も旧制中学時代の記録を消失している。また、その市街も大半戦災にあっている。／痕跡はあるが、どこにも彼の履歴を証明する具体的な証拠は残っていなかった――。

引用部の叙述は今西の思考に即しているが、戸籍の捏造と旧制中学時代の記録焼失を並べて説明している点には違和感を覚えざるを得ない。浪速区役所で戸籍を捏造したのは戦災に乗じてのことであるが、「京都府立××高等学校に在籍したことも同じ手法だった」とはどういうことだろうか。たしかに旧制中学時代の記録は焼失したが、和賀は戦災を利用してこの学校に在籍していたという事実を捏造したわけではない。和賀の意図とは関係なく、彼の足跡をたどるための証拠が消えただけである。

それ以前に、実は「昭和二十年の二月十九日」の大空襲は史実として確認することができない。京都市も含めた府内の空襲被害の記録については、京都空襲を記録する会・京都府立総合資料館編『かくされていた空襲　京都空襲の体験と記録』（一九七四年、汐文社）に詳しいが、一九四五（昭和二〇）年二月一九日には京都府内のどの地域にも空襲があったという記録はない。二月四日に、久世郡久津川村（現城陽市）が空襲に遭っているが、死傷者はいなかった。三月一九日には、南桑田郡曾我部村（現亀岡市）と京都市右京区で空襲があったが、やはり死傷者はいない。「市の大半が灰燼に帰した」というほどの被害が出た大空襲ではないのである。

「京都府立××高等学校」と、この高等学校があるという「××市」のモデルも不明である。(6)「京都府立××高等学校」の場所については、「京都府立というと、京都市内に近いと思われたが、そこはむしろ大阪府の方に近い市だった」とされている。京都府教育研究所『京都府教育史　戦後の教育制度改革』（一九五六年、京都府教育研究所）の「京都府教育制度沿革史」を確認したところ、京都府立の旧制中学から新制高等学校となった学校は三六校であったが、その大半は京都市内にある。京都府北部には京都府立福知山高等学校（以下もすべて京都府立）や西舞鶴高等学校・東舞鶴高等学校などがあるが、京都市を挟んで大阪からは離れる。長岡京市や八幡市といった大阪府と隣接する市には、旧制中学の時代から続く高等学校はない。そもそも市制が施行されたのは、長岡京市が一九五二年一〇月、八幡市が一九七七年一一月からで、『砂の器』連載よりも後のことである。「大阪府の方に近い市」というには無理があるが、京都市の西に隣接する亀岡市(市制施行は一九五五年一月)には亀岡高等学校・亀岡農業高等学校がある。しかし、前者の前身は亀岡高等女学校、後者の前身は亀岡農学校であり、作中の「京都府立××高等学校」とは一致しない。

先の引用部最後の一文は、「痕跡はあるが、どこにも彼の履歴を証明する具体的な証拠は残っていなかった――」となっているが、京都府内で旧制中学を前身とした高等学校があり、「昭和二十年の三月十九日」に大空襲を受けた「大阪の方に近い市」であるという「××市」は物語の中にのみ存在する架空の市であり、和賀の旧制中学時代の「痕跡」はそのファンタジーの世界にしか存在しないのである。

六　小説『砂の器』を読むということ

『砂の器』は通俗的なハンセン病観を前提にして、和賀英良の犯行とその動機というプロットが構成されているミステリである。しかし、「はじめに」でも触れたように物語は錯綜しており、お世辞にも完成度の高いミステリとはいえない。その点、映画『砂の器』(野村芳太郎監督、一九七四年、松竹)では、物語の途中まで疑わしい人物として描かれていた関川重雄が登場せず、関川の愛人であった三浦理恵子が、和賀の愛人高木理恵子として「紙吹雪の女」の役割も果たす人物に整理されることによって、加藤剛演じる和賀英良に早い段階で焦点が当たるようになっている。(7)

亀嵩を脱走して以降の和賀の履歴も変更されている。戦災による戸籍捏造のトリックは小説と同じだが、小説では「届け人のこしらえた架空のもの」とされた和賀の両親の名前は本名となっている。(8) 丹波哲郎演じる今西が、捜査会議で和賀の亀嵩脱走後の動向を説明する場面をシナリオで確認すると、大阪にたどり着いた本浦秀夫は「和賀自転車店の小さな店員」として働き、戦後「戸籍面の創作」により和賀英良となって「以後の経路は一括書類の通り明瞭で、苦学して京都府立一中を卒業、その後は東京に出て、芸術大学の烏丸教授にその天分を見出され、今日を成した」という（橋本忍・山田洋次『砂の器』『シナリオ』第三一巻第一号、一九七五年一月、一四四頁）。旧制中学時代の書類が空襲で焼失したために、当時の詳しい動向がわからないという設定は消し去られている。

さらに、捜査会議とコンサート会場での和賀のピアノ演奏、そして本浦父子の放浪シーンが重なるクライマックスでは、(9) 和賀の過去が歴史化され、観客の情動を喚起する。映画における大胆な脚色を踏まえ、山本幸正は「『砂の器』は、映画やテレビドラマの物語を確認するために読まれているに過ぎないのではないか。既知の物語を確認するためだけに『砂の器』を消費するのではなく、既知の物語の未知なる部分を切り開いていかなければならない」（「全国紙の新聞小説への挑戦――『砂の器』のたくらみ」『松本清張が「砂の器」を書くまで――ベストセラーと新聞小説の一九五〇年代』二〇二〇年、早稲田大学出版部、二二九頁）と、「既知の物語」を投影せずに、小説『砂の器』と向き合うことを提唱している。

本稿は山本の提唱を意識して書かれたものではないが、これまで注目されてこなかった戦災という危機的事象に注目して『砂の器』を読み直し、清張が「痕跡はあるが、どこにも彼の履歴を証明する具体的な証拠は残っていなかった」という状況を作り出すために、京都府のどこにもない架空の「××市」と、「昭和二十年の二月十九日」の空襲という危機的事象を〝捏造〟していたことを明らかにした。このことは、小説『砂の器』の「既知の物語の未知なる部分」の発見といえるはずである。

注

（1）『ゼロの焦点』からの引用は、『松本清張全集3』（一九七一年、文藝春秋）に拠った。
（2）映画『ゼロの焦点』（野村芳太郎監督、一九六一年、松竹）では、佐知子（高千穂ちづる）が断崖絶壁で犯行を自供し、佐知子と久子（有馬稲子）がパンパン時代の苦労を語る場面も挿入されるなど、大きな脚色が施されている
（3）拙論「「終戦直後の婦人」の創出――松本清張『ゼロの焦点』」（押野武志・諸岡卓真編『日本探偵小説を読む――挑発と偏光のミステリ史』二〇一三年、北海道大学出版会）で、この点について考察している。
（4）近代日本のハンセン病政策に関する説明は、戦中期までについては藤野豊『日本ファシズムと医療――ハンセン病をめぐる実証的研究』（一九九三年、岩波書店）、戦後期から現代までについては田中等『ハンセン病の社会史　日本「近代」の解体のために』（二〇一七年、彩流社）を参照した。
（5）木々高太郎は一九五五年八月二四日から一九六九年五月二二日まで「人生案内」の回答者を担当していたが、同年一〇月三一日に死去した。
（6）京都府内の自治体の沿革に関しては、朝尾直弘ほか著『新版　京都府の歴史』（一九九六年、山川出版社）の「市・郡沿革表」を参照した。
（7）藤井淑禎「映画『砂の器』は小説をどう補修したか」（『立教大学日本文学』第一一一号、二〇一四年一月）参照。
（8）ただし、小説では両親の名前は和賀英蔵・キミ子であったが、映画で今西が戸籍謄本を読み上げた場面では、母親の名前は「克江」と変更されている（橋本忍・山田洋次「砂の器」『シナリオ』第三一巻第一号、一九七五年一月、参照）。
（9）このクライマックスに関する卓抜な分析を展開した論考として、横濱雄二「映画『砂の器』における異界」（『昭和文学研究』第七九集、二〇一九年九月）がある。

附記

本稿における『砂の器』の引用は、『松本清張全集5』（一九七一年、文藝春秋）に拠った。

災害／原発ミステリの諸相――関東大震災から東日本大震災まで

押野武志

一　はじめに――日本における災害／原発ミステリ

いつの時代も、災害は、天災であれ、人災であれ、多くのフィクションを生み出してきた。それでは、日本の現代ミステリは、災害に遭遇したとき、どのような想像力によって応答しようとしたのか、あるいは応答できなかったのか。とりわけ、二〇一一年三月一一日の東日本大震災は、地震と津波の自然災害に原発事故の人災が複合した甚大な災害であった。新たな災害に処しようとするミステリ的想像力のリミットと現在形、そしてその行方はどこにあるのか。このジャンルにおける災害表象の諸相を関東大震災から東日本大震災にかけて、原発をめぐる危機表象と交錯させながら通史的に明らかにして、その問いに迫りたい。

二　関東大震災と「群衆の人」

一九二三年九月一日の関東大震災直後に朝鮮人の暴徒化が報じられ、青年団・自警団による朝鮮人虐殺が行われた。そうした混乱に乗じて官憲による大杉栄らの虐殺（甘粕事件）、労働運動の指導者たちの虐殺（亀戸事件）も起こる。大衆による虐殺は隠蔽され、代わって彼らの救護活動や美談が連日報じられた。エドガー・アラン・ポーの「群衆の人」（一八四〇年）を批評するヴァルター・ベンヤミン「ボードレールにおける第二帝政期のパリ」（一九三八年）の言葉をもじれば、この虐殺事件には、探偵小説がまとっている「探偵」が欠落している。残っているのは、追跡者、群集、そして無数の被害者という骨組みだけの「レントゲン写真」のような探偵小説であった（ヴァルター・ベンヤミン『ボードレール　他五篇』野村修編訳、一九九四年、岩波文庫、一九〇頁）。探偵不在のまま、大衆は権力の手先となって、個人の痕跡を消したまま犯行に及んだ、この震災テロリズムに対して、戦前の探偵小説はそれに応答できなかった。大衆が抱く不合理や倫理的混迷を西欧の探偵小説は、名探偵による合理性の勝利によって想像的に解消してみせたのに対して、日本では、そうした大衆の不安が、探偵小説に回収されずに、震災テロリズムという形で現実化してしまう。虐殺の「犯罪者たちを「群集」のなかに消し去るという探偵小説のおそるべきグロテスクな転倒」（菅本康之「群集と探偵小説」、『モダン・マルクス主義のシンクロニシティ――平林初之輔とヴァルター・ベンヤミン』二〇〇七年、彩流社、一〇七頁）が起きたのだった。

戦前の日本において、甲賀三郎いうところの猟奇的な「変格探偵小説」は流行したものの、論理的な謎解きを特徴とする「本格探偵小説」は定着しなかったという事象とも通底している事件だった。笠井潔（『探偵小説論』ⅠⅡ、一九九八年、東京創元社）は、密室トリックなどを通して個別的で特権的な死を描く探偵小説のジャンルの形成には、そのネガとして戦争による大量死・匿名死の経験が深く関わっているという探偵小説論を展開しているが、関東大震災という大量死の経験は、大衆と官憲によるさらなる大量殺人事件へと突き進ませた。大量死の経験が探偵小説という創作に昇華されるという笠井の主張とは裏腹に、ここでは、殺人事件が現実の世界で演じられ、解決もされなかった。

大量死の経験を真に内面化した本格ミステリの登場は、戦後まで待たなければならなかった(拙稿「ミステリと戦後詩」(『武蔵野文学館紀要』六号、二〇一六年三月)。

三　「モルグ街の殺人」の系譜

ポーの世界初の探偵小説「モルグ街の殺人」(一八四一年)は、その後の探偵小説のジャンルの型を作った。オーギュスト・デュパンと一人称の語り手が、鍵のかかったアパートの部屋で惨殺された母娘の事件に乗り出す。奇矯な性格の名探偵と助手、ずさんな警察の捜査と間違った容疑者、密室殺人、手がかりの分析による推理、読者の意表をついた意外な犯人などがすべて揃っている。その中でも、密室殺人は、探偵小説の花形的なものとなる。ディクスン・カーがそれを引き継ぎ、鍵のかかった部屋だけでなく、孤島という密室、衆人環視による密室など、今日までさまざまな密室殺人が描かれることになる。

江戸川乱歩賞受賞作の長井彬『原子炉の蟹』(一九八一年、講談社／原文引用――二〇一一年、講談社文庫)は、架空の原発施設を舞台にした完全密室のミステリである。作品の発表は、スリーマイル原発事故(一九七九年)の二年後で、国内でも原発に対する不安が高まっていた頃である。登場人物の一人が言うように、「原発というのは、内部で何が起こっているのかわからない秘密の場所」(七八頁)である。本作は、そこでの連続殺人事件を通して、「原子炉自身が凄い放射能を帯びているので、鋼鉄製の巨大な容器で包み、さらにそれを厚いコンクリートの建屋の中に入れて、外部に汚染が漏れないようにしてある。それがクリーンで安全という意味なんだが、建屋の内部は閉じこめられた放射能で充満しているということなんだ」（八〇頁）という、考えてみれば当たり前の危険性を、読者に改めて喚起する。新装版は、東日本大震災から八ヶ月後の二〇一一年一一月に刊行された。

犯人は、四件の殺人を実行する。最後の一件を除いて、原発施設内での連続殺人で、ヴァン・ダインの『僧正殺人事件』（一九二九年）の「マザー・グース」のように、サルカニ合戦の昔話になぞらえた見立て殺人でもある。連続犯は、「原子炉のカニ」と呼ばれる。かなりいい加減な手続きで原発作業員になれることや、作業員の被曝可能量だけが問題にされ、被曝のリミットに達したら別の作業員に取り替えるといった人格を無視した使い捨ての実態、中間搾取業者の存在を暴露しながら、原発立地に絡む土地買収騒動が事件の背景として浮かび上がる仕掛けになっている。

事件の発端は、関東電力の九十九里浜原子力発電所の下請け企業の社長・高瀬の失踪事件である。この事件を追っていた千葉日々の記者・京林に勧められて、中央新聞の原田が、整理部の曽我の助力を得ながら、調査に乗り出す。しばらくして高瀬が青函連絡船から飛びこんだらしいというニュースが届く。しかし調べてみると高瀬は原発施設内で殺され、廃棄物と一緒にドラム缶に詰められ捨てられたらしい。関東電力の総務課長・藤平を追及すると一度は白状するが、ニュースにすると否定され中央新聞は苦境に陥る。しかしその藤平が発電所内で殺される。ついで彼らにつながる原子力推進派・種村代議士の殺人。いずれも用事にかこつけて呼び出された上での密室殺人だった。最後は、自宅に現金をばらまいてまでも警戒を強化した不動産屋の能代が、警官を騙った男に呼び出され惨殺される。

第二、第三の殺人は、見立て殺人である。現場は、原発建屋という密室で、防護服は必要だが、放射能のレベルは低いエリアで実行される。密室での犯人の出入りはいかに可能であったのか、その密室トリックが暴かれていくという意味では、オーソドックスな展開である。原子炉建設に伴い丹誠こめた農園を取られ、しかも売買料金を詐欺された男の息子による復讐劇だった。

重要なのは、第一の殺人とその死体の消去であろう。犯人の意図は、原発内で原発関係者を殺すことだった。そこで犯人は、社長の死体を原子炉の真下の高濃度放射能エリアに放置した。そのため、その死体は、「放射性物資の塊」（九三頁）となってしまう。ところが、犯人の意図に反し、ことが明るみに出ることを恐れた藤平らによって放射性廃棄物のドラム缶にコンクリートで固め密閉されて、秘密裏に廃棄されてしまう。しかも廃棄されたのは、十万本近くのドラム缶が積んである廃棄物倉庫の中なのである。こうして、第一の事件では、死体だけでなく一切の痕跡が消され、それが当然の処置だと疑われなかったのだ。事件を捜査することは、物理的に不可能となる。

四　「見えない人」と原発

ポーの「盗まれた手紙」（一八四五年）以来、〈心理の盲点〉や〈明白すぎて見えない真実〉をモチーフにしたミステリが書かれる。その傑作のひとつが、ギルバート・キース・チェスタトンの「見えない人」（『ブラウン神父の童心』一九一一年）である。アパートメントの最上階に住む男スマイスが殺され、しかもその死体が部屋から消える。近辺にいた玄関番・作業員・物売り・警官は、異口同音に誰もアパートメントに出入りしなかったと証言する。犯人は郵便配達夫で、スマイスを殺し、死体を郵便袋に隠して皆の目の前を通ったのだが、皆、郵便配達夫が通常の業務をしているものと思い、まったく注意を払わなかった。チェスタトンは、

「見えない人」（＝下層労働者や社会の周縁に位置づけられる人）が多く存在しているという、イギリスの階級社会の問題を暗に告発したともいわれている。日本においては、こうした人々を可視化しようとするプロレタリア文学なども現れたわけだが、見えなくなるのは、何も〈人〉とは限らない。

東野圭吾『天空の蜂』（一九九五年、講談社／原文引用――一九九八年、講談社文庫）は、原発襲撃のサスペンスである。錦重工業小牧工場試験飛行場の格納庫から、軍用の巨大ヘリコプター「ビッグＢ」が「天空の蜂」を名乗るテロリストに遠隔操作され制御を奪取された。「ビッグＢ」は大量の爆薬物を満載したまま、テロリストの遠隔操縦によって、福井県の高速増殖炉「新陽」の上空へ飛び去った。日本政府へ届いた脅迫状は、現在稼動中や建設中の原発の発電タービンを全て破壊せよ、さもなくば、巨大ヘリを「新陽」に墜落させるという驚くべきものであり、「ビッグＢ」が上空にホバリングしていることのできる時間は八時間ほどしかなかった。その上、奪取された「ビッグＢ」の機内には、見学に来ていた子供が取り残されているという、テロリストにとっても予想外の事態が判明する。燃料切れによる墜落というタイムリミットが迫る中、自衛隊が原子炉の真上でホバリングしたままのヘリから子供を救うという難しい任務に挑む一方、原発の安全神話を掲げてきた政府は、テロリストの要求にどう対応するか逡巡する。

犯人は、「沈黙する群集に、原子炉のことを忘れさせてはならない。常に意識させ、そして自らの道を選択させるのだ」（六二一頁）というメッセージを送った。事故が起こらない限りこの国は原発を止めることができないだろう、という東野の認識が反映されている。この意味で、原発もまた、身近にありながらその存在が意識されない、〈見えない人〉ならぬ、〈見えないもの〉だったのだ。

東野圭吾は、加賀恭一郎シリーズの集成『祈りの幕が下りる時』（二〇一三年、講談社）においても、加賀と失踪した母をめぐる主軸の物語とは直接的には関わらないものの、原発問題を取り上げている。この小説の謎を成立させている要素のひとつは、なりすましが可能な各地の原子力発電所を渡り歩く原発作業員の実態を組み込んだところにある。

五　原発ミステリの系譜

高村薫『神の火』(一九九一年、新潮社／原文引用――改訂版『神の火』上下、一九九五年、新潮文庫)も、いち早く原発テロを通して、〈原発＝見えないもの〉を主題にしたスパイ小説である。主人公の島田は、かつて若狭湾沿岸の音海原子力発電所に勤めていた技術者で、日本の原発の最新技術を密かに《北》に横流ししていた、スパイという顔もあった。その二重生活から足抜けし、ひっそりと暮らしていた。しかし、チェルノブイリ原発事故で行方不明になった技師の父を捜すため、防護服もなしで瓦礫の撤去作業に従事して被曝し、余命いくばくもないロシア系の良という青年との出会いを機に、島田は再び国家間の裏の駆け引きの世界に引き戻される。そして、拉致された良の命が尽きたことを知ると、島田は、「『侵入出来たら、この施設は安全ではない』という単純な命題の真偽を証明してくれ」(下、二四七頁)という良の悲願を引き継ぎ、幼なじみの日野と共に音海原発に侵入する。そして、臨界を迎えた原子炉圧力容器の蓋を開ける。

島田には、臨界の原子炉の蓋を開けたくらいでは甚大な放射能漏れは起こらないことはわかってはいた。それでも、「この原子炉はこれから、修理にかかる費用のほかに、稚拙な暴力一つに屈して危機に瀕したことの代価を支払わなければならない。しかし、行政や電力会社に出来ることは少なく、人間はこれからも核の時代が終わるのを戦々恐々と待つしかないのだ」(下、三九〇頁)という絶望を確認して終わる。

島田荘司『ゴーグル男の怪』（二〇一一年、新潮社）は、煙草屋の老婆が殺され金を奪われた事件、女性歌手の卵に対するストーカー事件、加虐的な性癖の量販店経営者が殺された事件、それらの現場に現れる、ゴーグルの中の両目が真っ赤に爛れた「ゴーグル男」の謎をめぐるミステリである。日本国内で初めて、事故被曝による死亡者を出した、東海村の原子力臨界事故（一九九五年）が、ミスリードの仕掛けとして有効に機能している。つまり、臨界事故の現場にいて被曝した青年と「ゴーグル男」が二重写しになり、「都市伝説化」した噂話として街中に広まっていく。その噂話は、警察の調査によって複数の事象が偶然重なり合った誤認であることがわかり、それがきっかけとなって犯人が特定される。蔓葉信博「島田荘司と社会派エンターテイメント」（限界研編『東日本大震災後文学論』二〇一七年、南雲堂）は、こうした人々の噂による臆断が事実を歪めるものとして導入されたミスリードは、福島第一原発事故後の検証を欠いた噂話と同型であるとして、本作の先見性を評価している。

中山七里『アポロンの嘲笑』（二〇一四年、集英社）は、東日本大震災による福島第一原発事故に取材したミステリである。太陽神アポロンは、弓矢の神でもあった。その矢は自分を軽視し侮辱する傲岸不遜な相手に死をもたらしたという。このギリシャ神話に基づき、「太陽の力」に代わる原子力という「神の火」を手にした人間たちを、アポロンは嘲笑するというのが、タイトルに含意されている。明白な反原発ミステリではあるのだが、その犯人像には問題がある。管内に殺人事件発生の報が飛び込んできたのは、東日本大震災から五日目のことだった。被害者は原発作業員の金城純一。被疑者の加瀬邦彦は口論の末、金城を刺したのだという。福島県石川警察署刑事課の仁科係長は加瀬の移送を担うが、余震が起きた混乱に乗じて逃げられてしまう。お互い原発作業員として働いていた金城と加瀬は、家族ぐるみで仲良くしていた中での事件で、次第に加瀬が金城を殺めた理由が明らかになる。テロリストに恫喝され原発に爆破装置を仕掛けた金城は、加瀬の正当防衛で死んだのであった。逮捕途中での逃亡目的は、自分でしかできないその装置を外すためであった。殺人犯が一転、日本をテロから救ったヒーローになる。ひとりの自己犠牲によるヒロイズム的な行為によって世界が救われるという物語は、自爆テロをも正当化してしまう。

一田和樹『原発サイバートラップ』(二〇一六年、原書房／原文引用——二〇一八年、集英社文庫)は、サイバー攻撃、ネット世論操作による暴動など、普段活用するSNSがテロの道具として使われるという、今日の時代に対応したサスペンスである。韓国の日本海沿側にある原発がハッキングされ、放射性廃棄物を吊り下げたドローンが原発上空に浮かぶ。犯人は、韓国と日本政府双方に対し、リアンクール(竹島)共和国の独立要求を突きつける。偏西風の影響で日本も多大な被害を免れないのだが、韓国国内でのテロ事件のため、日本政府にできることは限られるという設定は、かなりリアルである。このサイバーテロが、かつて自分の論文で発表したシナリオ通りだったことに疑問を抱いた防衛大学校出身の草波は、犯人の真の目的を「テロを実行させて日本への警告を行うためです。このままだと、日本は危険だ。大変なことになると思い知らせることが目的だったんではないですか」(三五六頁)と推測する。

このように、原発襲撃ミステリの特徴としては、原発へのサイバーテロも含めて、〈見えないもの〉と化した原発の危険性を告発するものとなっている。

六　死体消失の系譜

鮎川哲也賞受賞作の谺健二『未明の悪夢』(一九九七年、東京創元社／原文引用——二〇〇三年、光文社文

庫)は、阪神淡路大震災の衝撃を作品化したものである。本作においても、『原子炉の蟹』と同様の死体消去のトリックが用いられている。東日本大震災以降のミステリの傾向として、社会派ミステリのようなリアリズムに基づくミステリや、探偵役も非情な世界に巻き込まれてしまうハードボイルドによって、複合災害の悲惨さに応答しようとする作品群が登場してくる。災害ミステリにおける探偵像の変容、ミステリからハードボイルドへの転回ということでいうと、本作が分水嶺となるだろう。

一九九五年一月一七日未明、神戸を未曾有の大震災が襲った。一瞬にして崩壊した街で、私立探偵の有希真一は多くの死を目の当たりにする。ようやく彼が救出した友人の占い師探偵・雪御所圭子も精神に異常をきたす。そんな被災地で、震災のどさくさに紛れて同一犯人によると思われる、三件の猟奇的な連続殺人事件が起きる。地震で押しつぶされた四階のマンションの一室(＝密室)から神尾俊二という高校の数学教師の他殺死体が自衛隊によって発見される。次に、赤月誠一と名乗る人物が、小出菜々子という若い女性を浴室でバラバラにして殺害したこと、忘れ物に気づいて殺害現場に戻ってみると、その死体が跡形もなく消えていたこと、その後、バラバラ死体が合体して街中を歩いていたことを交番の巡査に自白する。巡査が赤月をとりあえず手錠でドアノブに繋いでから住民から要請された救出活動に向かうのであるが、戻ってみると彼は何者かに殺されていた。ついで、ビルの三階の天井部分から突き出た鉄骨に串刺しにされた、紺野卓という四一歳の男の死体が発見される。ただし、死因は、ロープによる窒息死であった。小出菜々子の死体消失トリック、神尾俊二殺しの〈見えない人〉トリック、紺野卓の〈磔殺人〉、そして犯人のアリバイトリック、これら不可解な連続殺人事件はすべて、日常ではありえない震災あってこそのトリックであって、真相はバカバカしいぐらいシンプルである。

しかし、震災の当事者である登場人物の視点からは、心理的に真相が見えにくくなっているという点が重要だろう。たとえば、事件の時点では地震の規模や建物の被害状況を客観的に捉えることは難しく、死体消失の謎にリアリティを与えている。また、被害者の最初の発見者である災害派遣の自衛隊員に対して疑いの目は向けにくく、ミスリードとはいえ、まさに〈見えない人〉の役にうってつけであった。したがって読者としては、トリックを見破ることができない状態にあった被災者の心理に寄り添うことが求められている。

二人の探偵役も例外ではなく、占い師探偵の雪御所は、避難所のテントの中でＰＴＳＤ（心的外傷後ストレス障害）に悩まされ、「一体この街で何人死んだと思ってるの？　何千人死んだと思ってるのよ！　そんな時にわずか二、三人の死にこだわって犯人探し？　馬鹿みたいだわ！　何の意味があるの、そんなことに」（三二一頁）と興奮し、推理どころではない。私立探偵の有希も、「ある朝突然、五千人もの人が死んだ街で、たった三、四人の生き死ににこだわることが、一体どれほどの意味を持つというのだろう」と同じく疑問を抱く。それでも、「不意に途中で断ち切られた一つ一つの人生が、無意識の内に胸を締めつけるからなのだろう。／こんな時だからこそ、わずか数人の生き死ににこだわる意味があるのだ」（二八四頁）と思い直し、最後に彼女と共に事件を解決することで、二人の生も回復の兆しを見せる。

それとは別の仕方で、阪神淡路大震災の衝撃を作品化したのは、清涼院流水であった。彼のメフィスト賞受賞作『コズミック――世紀末探偵神話』（一九九六年、講談社）は、一二〇〇人分の密室殺人を描く。こうした試みについて、大塚英志「神戸震災文学論」（『サブカルチャー文学論』二〇〇四年、朝日新聞社）は、過剰な数の密室を並べる探偵小説的リアリズムでしか、震災の死者に対峙できなかったのではないかと指摘している。

七　東日本大震災における遺体の消去

相場英雄『共震』（二〇一三年、小学館／原文引用――二〇一六年、小学館文庫）は、新聞報道という要素を意識的に導入したノンフィクション的ミステリである。義捐金詐欺、非営利のはずのNPOの贈賄など、被災者や復興事業を食い物にした作中のエピソードのほとんどが、震災後に実際にあった犯罪や作者の取材・体験に基づいたものである。大和新聞東京本社の新聞記者である宮沢は、東日本大震災後、志願して東北総局に復帰した。コラム「ここで生きる」を立ち上げ、沿岸被災地の取材を続ける宮沢のもとに、東松島市の仮設住宅で他殺死体が発見されたとの一報が入る。被害者の早坂は、宮城県庁震災復興企画部の特命課長で、県の枠を飛び越えて復興に尽力してきた人物だった。早坂は亡くなる直前まで、各被災地の避難所の名簿を照合していたという。彼は避難所にいる人々の小さな訴えを中央へと繋げ実に親身に対応していた。そんな中で不正を突き止める。宮沢と共に事件を追うのは、警視庁キャリアの田名部。両者の視点から真相に迫る。震災直後、宮沢のいる編集局のホワイトボードに東北三県の死者と行方不明者の数が手書きで記されていた。そして実際宮沢が現地に行ってみて、「東京で事務的にカウントしていた数字が、一瞬のうちに生身の人間の生き死にに直結する現実なのだと思い知らされる。無機質な数字の背後には、壮絶な事態に直面し、日常をあっという間に奪われた人たちがいる」（一二二頁）ということを実感する。本書の解説で石井光太は、「これまで、相場はミステリの手法をつかって社会の暗黒面を暴く作品を著してきたし、今回も大きな構造としては同じだ。だが、他の著作と大きく異なるのは、ミステリの方程式を破らんばかりに被災地の現実を描写している点だろう。一般的なミステリではあらゆるシーンを謎解きの伏線として書くことで複雑化、かつ娯楽化しながらラストに向けて一本の筋書を作り上げる。だが、本書には伏線以外の「私情」や「被災地の現状」がふんだんに盛り込まれており、まるで被災地のルポルタージュを読んでいるかのような錯覚に陥るほどだ」(三九九頁)と本作の記録性を評価している。

真山仁『雨に泣いてる』(二〇一五年、幻冬舎／原文引用――二〇一七年、幻冬舎文庫)も、ルポルタージュ風に語られる、社会派ミステリである。阪神淡路大震災を体験したベテラン記者大嶽が東日本大地震の取材のために現地の東北に赴く。現地で行方不明となった社主の孫娘で新人記者の松本を探しに行く目的もあった。そんなある日、震災時に松本を救って亡くなった地元で有名な僧侶が、一〇年以上前の判事夫婦殺害事件の逃亡犯ということが判明する。大スクープに動く大嶽であったが、記事は、社の都合で差し押さえられ掲載されなかった。後に、僧侶が真犯人のために秘密を守り、罪を被っていたことがわかる。本作には、マスメディアが倫理的な配慮から災害の映像や記録から遺体を消去しようとしたことへの批判がみられる。

作者は、本作のインタビューの中で、「あれほどの大災害が起き、2万人以上の死者・行方不明者がいるにもかかわらず、数字だけが積み重ねられるような報道では、結果として本物の死が遠ざけられているのではないか、と感じていた」という。そこで、「見渡す限り瓦礫の山と臭いと遺体がある震災の現場に入っていく記者たちが、何を見て、何を感じたのか、どう行動したのかを克明に伝えなければならない、という思い」から本作は書かれている(「『雨に泣いてる』刊行直前！　真山仁氏のロング・メッセージ(インタビュー)を公開」、幻冬舎 plus、https://www.gentosha.jp/article/3086/、二〇二四年一〇月二九日最終閲覧)。たとえば、作中でも、災害派遣された自衛隊員に、「ここで起きたことを、感情抜きで伝えて下さい。可哀想とか、頑張れではなく、泥の中から見つかる遺体、暗闇を怖がる子ども、そして大切なものを失って途方に暮れる人々の姿をありのままに伝えて下さい」（一三七〜一三八頁）と大嶽が懇願される場面がある。

柴田哲孝『漂流者たち』（二〇一三年、祥伝社／原文引用――二〇一五年、祥伝社文庫）は、東日本大震災の被災地をめぐるドキュメンタリーとハードボイルドが融合したような作品である。福島県白河の自宅で私立探偵・神山健介は、東日本大震災を経験した。そうした中、神山に政治家の事務所で同僚を殺害し、政治資金六〇〇〇万円を横領した男を探してほしいとの依頼が入る。逃亡先は震災直後の福島県。神山は愛犬・カイを連れ、自動車で福島県から被害地域を北へと縦断する。事件の背景には、原発問題が絡む。追う男と追われる男、そして、謎の女も登場しての追跡劇は、いたってシンプルなハードボイルドの構造をなぞる。その物語構造を土台に、震災直後の被災地の様子が、リアルタイムに記録されていく。本書文庫版の解説で、野崎六助が指摘しているように、被災地を描写する文体は、「無機的な報告文」であり、かえってその文体が「いやおうなく、われわれを襲った現実的なパニック体験を思い出させる」（三六八頁）のである。

このような被災地のドキュメントと並行して、事件の真相も徐々に明らかになる。そして、広島に投下された原爆のデータと比較しながら、放射性物質という「目に見えない悪魔」（六六頁）の恐怖を実感しようとする。

この物語は、容疑者として追われる坂井保邦の視点も交錯する。彼が久しぶりに手にした四月二日の新聞記事には、これまでに収容した遺体の数、死者の数、行方不明者の数が記されていた。しかし、「文字や数字の羅列を眺めていても、内容がなかなか頭に入ってこなかった。まるで心の中の別の自分が、現実を理解することを拒んでいるようでもあった」（二七六頁）と彼には実感がわかない。このように、神山とは対照的に、数字に還元された死の抽象性によって、彼は、現実から遠ざけられる。

戸梶圭太の書き下ろしハードボイルド『迷宮警視正　最後の秘境』（二〇一一年、徳間文庫）は、福島第一原発周辺の立ち入り禁止となった地域に犯罪者や社会的落伍者らが集まり、警察も近づかない無法地帯と化しているさまを描いた問題作である。「被曝から子供を守る会」の参加者が、謎の女にハンマーで殴られる。この事件に興味を抱いた星乃神警視正が長期休暇を切り上げ、捜査を開始する。ところが容疑者の女が、福島原発近くの町にさらわれてしまうと、星乃たちもそこに向かう。放射能に汚染された〈死の町〉は、全国から指名手配犯や多重債務者や食い詰めたやくざなどが自然と集まり、少なくとも数十年の間は自由に振る舞える〈あがりの町〉、〈人類最後の秘境〉と化す。

彼らと死闘を繰り広げ、この町を脱出する直前に取り囲まれた暴徒たちに星乃は、「どのような時代であっても人類には〈行ってはならない恐ろしい場所〉が必要なのだ。なぜなら畏れることを忘れ驕った人類が行き着く先には滅亡しかないからだ。私は諸君らがこの町を地球上で最も恐ろしい、あらゆる人間の常識が通用しない禁断の場所にしてくれることを切に願っている。それを作ったのが、他ならぬ原発であることを、国民を始め世界中に思い知らせ、忘れさせないために。頑張ってくれ」（四二七〜四二八頁）と拡声器を通して不謹慎にもエールを送るのであった。過激な設定ではあるが、福島原発事故を風化・忘却させてはならないというメッセージが込められている。

八　震災と日常の謎派

短編集『空飛ぶ馬』（一九八九年、東京創元社）は、〈日常の謎派〉として知られる北村薫のデビュー作である。友井羊『ボランティアバスで行こう！』（二〇一三年、宝島社文庫）は、東日本大震災を題材にしつつも、そうした殺人の起こらない日常のミステリの系譜に位置づけられる。震災の復興支援のため、災害ボランティアバスに乗り込んだ年齢も職業も動機も違う参加者たちのそれぞれ経験する別々のエピソードが、ミステリ的仕立てによって、一枚の絵になっていく様が描かれる。物語は六章とエピローグにわけられていて、それぞれの章で主人公が、小さな謎に直面し謎解きしながら交代していく。物語の舞台の山浦は、被災した東北地方の地域だが架空の場所で、この山浦という小さな街で日帰りのバスツアーを企画し、ボランティアで復興作業を手伝うのが参加者の目的である。登場する主人公は、七人。死んだ母の償いのためバスに参加した会社員の遠藤（第一章）。被災地で出会った姉弟に「恩送り」のつもりで協力する女子高生の紗月（第二章）。就活のアピールポイントを作るため災害ボランティアバスを主催した大学生の大石（第三章）。親のすねをかじってばかりの無職の潤一郎（第四章）。探偵的な役割を担う成子とその夫で定年を迎えた善治（第五章）。ワケありで急遽バスに逃げ込んだ逃亡者の陣内（第六章）。各章、ばらばらな思惑を持った彼らが、どのような経緯で繋がっていくのか、あるいは、当初は不純な参加動機であったのが、ボランティアを通して彼らがどのように成長していくのか。人物誤認や時差トリックなどを通してそれらが描かれる。合間に挿入されるコラム「災害ボラバス体験記」も、伏線のひとつで、誰が書いたのかがエピローグに至って明かされる。

震災ミステリは、何も悲惨な現状をリアルに描くものばかりではない。そうしたリアルさを徹底するのであれば、もはや、ミステリというジャンルの必然性はなくなるだろう。

九　おわりに――災害／原発ミステリの行方

かつて、三・一一以降のミステリ的想像力の行方について論じたとき、今後、〈ビフォー〉のミステリが書かれるだろうと予期したことがある（拙稿「三・一一以降のミステリ的想像力――「あとがき」に代えて」、押野武志・諸岡卓真編著『日本探偵小説を読む――偏光と挑発のミステリ史』二〇一三年、北海道大学出版会）。これまで、本格ミステリにおいては、殺人事件のように終わったところから事後的に推理するのが当たり前であった。それに対して、〈ビフォー〉のミステリとは、天災にしろ、人災にしろ、決定的な何かが起きてしまってから語り始める事後的な物語ではなく、その前に踏みとどまりながら、思考するミステリのことである。野崎六助「九・一一」から「三・一一」へ」（『ミステリで読む現代日本』二〇一一年、青弓社）は、東日本大震災をめぐる言説について触れ、〈震災後〉という、〈後〉の観念を批判する。素朴な事実として、災害はまだ続いているのであり、確かに〈後〉ではない。にもかかわらず、誰もが〈ザ・デイ・アフター〉について書き急いでいるという。こうして、野崎は、前述の長井彬『原子炉の蟹』、東野圭吾『天空の蜂』、高村薫『神の火』など、「三・一一」の原発事故が起こる前に書かれた原発ミステリをあえて取り上げる。

原発ミステリではないものの、井上真偽『探偵が早すぎる　上下』（二〇一七年、講談社タイガ）は、探偵が事件を未然に察知し、人を殺させないミステリである。父の死により莫大な遺産を相続した女子高生の一華の遺産を狙い、一族は彼女を事故死に見せかけようと完全犯罪のトリックを次から次へと仕掛けて殺害しようと試みる。従来の探偵は、「事件が起きてから解決する人」「事件の解決装置」ではあるが、「でもそれは被害者には一つもありがたいことはなくて、その切れ味鋭い推理を喜べるのは、あくまで残された遺族や事件関係者たちだけ」（上、一八頁）なのである。それに対して〈名探偵〉の千曲川光は、事件が起こる前にトリックを看破して、事件をすべて起こさせずに、一華の命を守り抜こうとする。

災害／原発ミステリは、こうでありえたかもしれない事件や探偵の推理の多様性（＝〈ビフォー〉の可能性）

と、しかし、このような事件に遭遇し応接せざるをえなかったという事後性（＝〈アフター〉の一回性）とに引き裂かれながら、来たるべきミステリを志向することになるだろう。

もうひとつ、想定したのは、〈偶然〉を大胆に導入した確率論的ミステリの登場である。天災やテロリズムの被害に遭う／遭わないは、たまたまそこに居合わせていた／いなかったという偶然性に左右されるところが大きい。本格ミステリにおいても、そのような偶然を導入した、確率論的なミステリがこれまでも書かれてきたわけだが、「三・一一」のような、数字の上では、ほとんど起こらないはずのものを経験してしまった以上、因果論的な思考や論理学的な推論とは異なる、確率論的な思考に基づくミステリがリアルに感じる時代を迎えたのかもしれない。福島原発事故による放射能被曝の恐怖は、これまでの原爆の一撃による大量死と廃墟のイメージに基づいた恐怖とは異なり、被曝によって数年後、あるいは数十年後に何パーセントかの確率で癌を発症してしまうのではないか、あるいは、発症しないまでも、傷ついた自分の遺伝子が子孫に遺伝して発症してしまうのではないかというような〈確率論的な死〉の恐怖である。先の『漂流者たち』の容疑者の犯行動機が、実は、この問題と関わっていた。容疑者は、反原発運動に熱心な弁護士で、地元の原発誘致を阻止するための訴訟や原爆症認定訴訟にも関わっていた。容疑者の妻は、被爆二世で彼女の母と同じ白血病で亡くなっていた。二人の間に出来た娘も、深刻な小児リンパ性白血病を患っていた。

癌を発症してからの生存確率もさることながら、放射能被曝と癌の因果関係が不明なまま、癌の発症に怯えるような、これまでのミステリがあまり想定していなかった〈引き伸ばされた死の経験〉を通過したミステリが現れるかもしれない。

戦前の日本のミステリは、関東大震災の経験を正面から受け止めることができなかったが、現代のミステリは、阪神淡路大震災や東日本大震災の経験などを契機として、解決困難な現実とフィクションとしての推理の娯楽性、あるいは、固有の死と数字に還元された抽象的な死との間で葛藤し引き裂かれながらも、災害と向き合おうとしたのであった。

附記

本稿は、輔仁大学日本語文学科国際シンポジウム「文化と災害」における基調講演原稿（原題「災害とミステリ」二〇一九年一一月一六日）を増補したものである。

信頼する犯人——今村昌弘『兇人邸の殺人』論

諸岡卓真

一　はじめに

今村昌弘『兇人邸の殺人』（二〇二一年、東京創元社。以下、『兇人邸』と略記）は奇妙なクローズドサークルを描いている。遊園地の敷地内にある兇人邸内部には、人を見境なく襲う巨人が実在する。屋敷に侵入した人々は次々と巨人に殺害され、さらには人間による殺人事件までが発生する。本作は閉鎖空間での二重の脅威を描く謎解き物語である。

クローズドサークルは本格ミステリジャンル定番の危機表象である。笠井潔は『探偵小説と二〇世紀精神——ミネルヴァの梟は黄昏に飛びたつか？』（二〇〇五年、東京創元社、二六頁）の中でこれを、「『そして誰もいなくなった』の孤島をはじめ、エラリー・クイーン『シャム双子の謎』の山火事、綾辻行人の『霧越邸殺人事件』の吹雪など、さまざまな自然条件のため外界と遮断された場所に複数の人物が閉じこめられ、閉鎖空間で連続殺人事件が起きるという探偵小説的な設定」と定義した。また、同じ閉鎖空間である密室と比較し、クローズドサークルの特徴として、①内部に閉じ込められる人数が複数であること、②それらの人物が物語の起点では生きていること、③空間が内部からではなく外部から閉じられていること、④探偵、犯人、被害者という本格ミステリの主要キャラクターが全員内部にいることという四点を指摘した（笠井、前掲、二七頁）。

笠井のこの定義は極めて明確である。一応のところ、「さまざまな自然条件のため」という部分は、外部への唯一の経路である橋を落とすなどして人為的に空間を孤立させるパターンや、建物や乗り物そのものが脱出不可能になっているパターンなどがあることを考えると、単に「さまざまな条件のため」とした方が適用範囲が広くなると思われるが、いずれにせよ、内部と外部を仕切る物理的な境界に注目した定義はわかりやすく、使い勝手もよい。

『兇人邸』にも概ねこの定義が適用できるが、一点だけ当てはまらないところがある。兇人邸は物理的には脱出可能なのである。登場人物たちは、出ようと思えば外に出ることができる。しかし、屋敷内には巨人と殺人犯という二種類の脅威が存在するにもかかわらず、その内部に留まることに合意する。つまり、本作は危険な空間にあえて閉じこもる、いわば開かれた閉鎖空間での事件を描いているのである。

本稿では、『兇人邸』の特殊なクローズドサークルに注目する。この空間がいかにして成立するのかを分析し、本作のクローズドサークルものとしての画期性を明確化する。それを通して、本格ミステリジャンルにおいて繰り返し描かれるクローズドサークルという危機表象の多様な姿を明らかにしてみたい。

二　『屍人荘の殺人』と『兇人邸の殺人』

『兇人邸』は、『屍人荘の殺人』（二〇一七年、東京創元社。以下、『屍人荘』と略記）からはじまる〈剣崎比留《けんざきひる》子《こ》〉シリーズの第三作である。第一作の『屍人荘』は、クローズドサークルを舞台とする特殊設定ミステリの大ヒット作であった。特殊設定ミステリとは、端的にいえば、超能力や幽霊、魔法など、超常的な要素を導入した謎解き物語である。第二七回鮎川哲也賞を受賞し刊行された本作は、ゾンビに囲まれたペンション内での事件を描いて話題となり、「週刊文春ミステリーベストテン」、「このミステリーがすごい！」、「本格ミステリ・ベスト10」という三つのミステリランキングで第一位を獲得、翌年の第一八回本格ミステリ大賞も受賞した。二〇一九年にはマンガ化（今村昌弘原作、ミヨカワ将画『屍人荘の殺人』全四巻、集英社、二〇一九年～二〇二一年）、実写映画化（木村ひさし監督『屍人荘の殺人』二〇一九年）もされ、名実ともに二〇一〇年代を代表する本格ミステリ作品となった。

『屍人荘』には探偵役として明智《あけち》恭介《きょうすけ》と剣崎比留子が、ワトソン役として葉村《はむら》譲《ゆずる》が登場する。このうち、剣崎と葉村が引き続き登場する作品が〈剣崎比留子〉シリーズであり、現在までに第二作『魔眼の匣の殺人』（二〇一九年、東京創元社）と『兇人邸』が刊行されている（なお、明智と葉村が登場する短編集として『明智恭介の奔走』（二〇二四年、東京創元社）もある）。

シリーズ三作品に共通するのは、超常的な要素が導入されていることと舞台がクローズドサークルになることである。作品世界には人知を超えた力を研究する「斑目《まだらめ》機関」という謎の組織があり、そこで研究されていた様々な力が事件の構成要素となる。探偵役の剣崎自身にも事件を引き付ける特殊な「体質」があり、定期的にクローズドサークルでの殺人事件に巻き込まれている。

『兇人邸』刊行時の評価は総じて高く、「週刊文春ミステリーベストテン」第三位、「このミステリーがすごい！」第四位、「本格ミステリ・ベスト10」第三位、「ミステリが読みたい！」第五位と、四つのランキングで五位以内に入っている。ただし、短い書評や紹介文を除くと、現時点では本作についてまとまった分量の言及を行った論文や評論は存在していない。とはいえ、『屍人荘』同様、今後もクローズドサークルの代表例として挙げられる作品になることは間違いないだろう。

本稿は『兇人邸』を主な分析対象とするが、適宜『屍人荘』を参照する（なお、『屍人荘』の分析は、拙著「待機する犯人――今村昌弘『屍人荘の殺人』論」（浅木原忍ほか『本格ミステリの本流――本格ミステリ大賞20年を読み解く』二〇二〇年、南雲堂）を下敷きにしている）。なぜなら、両作品には、ウイルス感染を原因とする怪物が描かれること、それがクローズドサークルを構成する要因となることなどの共通点があるからである[1]。しかし、両作が似たような内容になっているというわけではない。むしろ、同様のアイディアを用いながら、明確に差異化された二つの本格ミステリが生み出されていることに注目したい。

三　『兇人邸の殺人』概要

『兇人邸』のあらすじは次の通りである。

剣崎と葉村は、成島グループの子会社社長・成島陶次《なるしまとうじ》とその秘書・裏井《うらい》からある依頼を受ける。成島はかねてより斑目機関に関心を持っており、過去に二回、機関関連の事件に巻き込まれた剣崎に注目していた。成島は、剣崎の「体質」を利用してあえて渦中に飛び込み、情報を得たいという。危険な申し出だが、剣崎はいつ何が起こるかわからない状況よりも、何かが起こることが予想できる状況の方が見方によっては有利であり、また、護衛もつけてもらえることからこれを承諾する。

その後、剣崎と葉村は軍隊経験のある六人の傭兵と合流し、「廃墟」をモチーフにしたテーマパーク「馬越《うまごえ》ドリームシティ」に向かう。一行は、パークで整備士をしているという人物の協力を得て、敷地内にある兇人邸に侵入する。そこは現在のパークの所有者であり、かつては斑目機関で研究を行っていた不木玄助《ふぎげんすけ》の私邸だった。

不木を早々に拘束した一行は、彼の案内で地下へと向かい、「首塚」と呼ばれる場所に多数の頭蓋骨が散乱しているのを発見する。それと相前後して、本館に残っていた傭兵の一人・コーチマンが何者かに襲撃され、別館にある鐘楼まで追い立てられた上で殺される。「首塚」に残っていたメンバーは何が起こったかわからず混乱するが、そこにコーチマンの首を持った巨人が現れる。傭兵たちは抵抗するものの、さらに二人が殺害される。

混乱の中、生き残ったものたちはどうにか本館にある安全地帯に退避するが、途中で剣崎とはぐれてしまう。そして息つく暇もなく、事件発生の報が届く。本館の私室で、不木が首なし死体となって発見されたのである。ただしこちらは巨人ではなく、人間によって殺害されたものと思われた。

剣崎の安否を気遣いながら調査を進める葉村に朗報がもたらされる。剣崎は生きていた。彼女は偶然にも別館にある安全な部屋に逃げ込んでおり、巨人が近くにいるためそこから出られはしないものの、小窓越しに会話はできる状態だというのだ。葉村は剣崎に事件に関する情報を伝える。すると剣崎は状況を整理し、このまま屋敷に立て籠もって解決策を錬る時間を稼ぐことが最も無難な選択肢であると語る。

このあと、兇人邸では巨人による殺人のほかに、二件目の殺人事件が発生する。巨人によるもの以外の殺人事件はそれぞれの別の犯人が打ち合わせなく起こしたものであり、その推理は一筋縄ではいかない。また、殺人事件の調査・推理と並行して、クローズドサークルからの脱出と、屋敷の奥に閉じ込められてしまった剣崎救出についても検討されていく。その過程では、四〇年前に斑目機関の研究所で起きた事件の真相が徐々に明らかになっていき、それが今回の事件の遠因になっていることが判明する。『兇人邸』はこのように、屋敷内に存在する巨人と殺人犯という二種類の脅威に同時に対処しつつ、仲間の救出と閉鎖空間からの脱出を描くという複雑な構成になっている。

四　巨人とゾンビ

本作のクローズドサークルは、巨人という特殊な存在を前提として構築されている。そのため、まずは巨人の詳細を確認する。

登場人物たちが初めて遭遇したとき、巨人は次のように描写される。

　二メートルを優に超えている。ボスやアリが矮躯に見えるほどのデタラメな巨体はただ長身というだけでなく、衣服の上からでも分かるほど筋肉が発達していて、頭部がおまけのように見える。さらに恐怖を煽るのは頭部が頭陀袋に覆われ、目の位置に黒い穴が二つぽっかり開いていることだ。それだけでも異様だが、もう一点目を引く特徴があった。巨人が着ている灰色のトレーナーのような衣服の、左の肩から先の部分がなく、袖ぐりで縫い合わされている。隻腕なのだ。また、ズボンに通したベルトからは、大鉈がぶら下がっている。（七二～七三頁。以下、頁数のみを示した場合は『兇人邸の殺人』（東京創元社、二〇二一年）からの引用。ルビは適宜省略する）

引用部から窺い知れるように、巨人の身体能力は極めて高く、人間が太刀打ちできる相手ではない。この巨人は後に、特殊なウイルスに感染し、変異した人間であることが判明するが、もはや通常の意味で理性と呼べるものはなく、人間を無差別に襲う。また、自分で殺害したかどうかを問わず、死体の首を切断して「首塚」に運び込むという行動を繰り返す。

唯一の弱点は紫外線であり、日光が差し込む場所には足を踏み入れない。このことは実質的には巨人の行動範囲を限定する条件になっている。兇人邸は本館と別館に分かれており、巨人は普段、入り口から最も遠い別館にいる。本館と別館をつなぐ唯一の経路は「首塚」だけであるが、通常であればここには日中、日が差し込むようになっている。そのため、巨人は昼間は本館に行くことができない。

このような巨人の設定とその配置は、『屍人荘』のゾンビと対照的である。前述の通り、『屍人荘』は多数のゾンビを建物の外部に配置してクローズドサークルを構築した。その際に採用されたゾンビイメージは、笠井潔と藤田直哉が指摘している通り、弱くて遅い「近代ゾンビ」である（笠井潔「外傷と反復——今村昌弘『屍人荘の殺人』」および藤田直哉「ミステリとゾンビ」、ともに『ジャーロ』第六三号（二〇一八年三月））。要するに、『屍人荘』が遅くて弱い多数の怪物を屋敷の外部に配置したのに対して、『兇人邸』は速くて強い一体の怪物を屋敷の内部に配置した。そしてその一体の怪物を軸にして、クローズドサークルを構築したのである。

五　クローズドサークルの作り方

『兇人邸』のクローズドサークルの作り方は、『屍人荘』よりも複雑である。『兇人邸』の巨人は『屍人荘』のゾンビと違い、空間の内部と外部を仕切る障壁にはなっていない。また、兇人邸は窓や入り口の跳ね橋を連絡または脱出の経路として使用することができてしまう。そのため本来であれば、兇人邸はクローズドサークルにはなり得ないはずなのだ。それにもかかわらずクローズドサークルが構成されてしまうのは、登場人物たちがそれぞれに事情を抱えており、さらに、建物の配置や構造が特殊だからである。

まず、登場人物たちのほとんどは後ろ暗い事情を抱えている。銃器を持って兇人邸へ不法侵入している成島たちは当然のこと、屋敷に暮らす人々もそれぞれに秘密を持っている。そのため、外部への連絡は心理的なハードルが高い(2)。

また、建物の配置や構造も問題となる。兇人邸から外部へ繋がる経路は、通用口、ガラス窓、正面入り口の跳ね橋の三箇所である。このうち、通用口からの脱出は諦めざるを得ない。なぜなら、鍵がコーチマンの死体と共に巨人のテリトリーである別館の鐘楼にあり、回収が困難であるからだ。一方、ガラス窓と跳ね橋は使用可能ではあるが、助けを呼ぶにしても外に出るにしても、集まってきた人びとが巨人に対処できるとは思えず、かえって多くの犠牲者を出す恐れがある。

剣崎はこの状況を、ゾンビに包囲された『屍人荘』や意図的に橋を落とされた『魔眼の匣の殺人』のクローズドサークルと比較し、それらとは違った、「私たち自身が留まることを選ばざるを得ないクローズドサークル」(一三五頁)であると総括する。その上で、屋敷の本館と別館それぞれに巨人が入ってこない安全地帯があることも踏まえ、「現段階で最も無難な選択肢は、このまま立て籠もることだね。〔……〕事態が好転するわけじゃないけど、解決策を練る時間を稼げるという意味では悪くない選択だ」(一三六頁)と、閉じこもることが最も合理的な判断だと述べる。

このような、脱出可能なはずの空間にあえてとどまることで成立するクローズドサークルは、別稿で定式化を試みた「社会的クローズドサークル」として把握することができる(横濱雄二・諸岡卓真「もう一つのクローズドサークル――『八つ墓村』と『屍鬼』」一柳廣孝、吉田司雄編『幻想文学、近代の魔界へ』二〇〇六年、青弓社)。社会的クローズドサークルとは、物理的には脱出が可能であるにもかかわらず、何らかの形で閉ざされている、開かれた閉鎖空間のことである。それが成立する条件について、別稿では「①ある領域が何らかの形で「閉じている」という共同幻想が提示され、②物語が進行していくなかで、その共同幻想が構造的に反復されることによって成立する」と整理した。『兇人邸』では、邸内にいる人々が閉じこもりに合意することが①の条件に対応し、その外縁が、兇人邸という建物の境界と一致することが②の条件に対応している。そのため、本作は社会的クローズドサークルの一種として把握できるのである。

社会的クローズドサークルを描いた作例は『兇人邸』以外にも存在する。たとえば、共同体の因習や慣習が閉鎖性を演出する横溝正史『八つ墓村』(一九四九～一九五一年)や小野不由美『屍鬼』(一九九八年)はその代表例である。また、宮﨑遼河は脱出可能な島が舞台になっている西尾維新『クビキリサイクル』(二〇〇二年)も社会的クローズドサークルを描いていると指摘している(宮﨑遼河「後退する真理の保証――西尾維新『クビキリサイクル』論」『日本近代文学会北海道支部会報』二七号、二〇二四年五月)。やや変形したパターンになるが、特定の中学校の三年三組の構成員とその二親等以内の親族のみに異様な死が訪れる綾辻行人『Another』(二〇〇九年)もこの枠組みで捉えられるだろう。

『兇人邸』をそれらと比較したときに特徴的なのは、まず、閉鎖空間内に殺人犯以外の圧倒的な脅威が存在することである。また、それにもかかわらず登場人物たちが閉じこもることを自覚的に選択し明示的に合意することと、さらに、そのような合意によるクローズドサークルが、物理的に閉鎖される従来のクローズドサークルとは別種のものであることに作中で言及していることも特徴といえるだろう。『兇人邸』には既存のクローズドサークルに向ける批評的な視線が看取できる。

六　クローズドサークルとサスペンス

ところで、笠井はクローズドサークルものは、本格ミステリ形式としては例外的にサスペンスとの相性がよいと指摘している。笠井によれば、「密室ものなど典型的な本格探偵小説の場合とは異なって、クローズドサークルものでは読者の感情移入する人物が、空間的にも時間的にも事件の内部に位置し、当事者として進行中の事件に巻き込まれている」。そのため、探偵や助手など主要なキャラクターも被害者になる可能性があり、サスペンスの興味が高まるという（笠井、前掲、五三頁）。主要キャラクターを含め、閉鎖空間内のすべての人物に死の可能性が想定されるという宙吊り状態が緊張感を生み出すという笠井の指摘は的確である。

また、笠井の議論では、主要キャラクターに危機をもたらす存在を犯人に限定していないことも興味深い。笠井は山火事に囲まれた山荘が舞台になるエラリー・クイーン『シャム双子の謎』（一九三三年）について、シリーズキャラクターである探偵エラリーが被害者になることはないと予想できてしまうことから、犯人はサスペンスの源泉にはならず、山荘を取り巻く山火事がその源泉となると指摘している（笠井、前掲、五四頁）。つまり、笠井論ではクローズドサークルのサスペンスの源泉が複数ある場合も想定されている。

このような分析の枠組みは、『屍人荘』や『兇人邸』を検討する際に極めて有用である。すでに確認した通り、両作品とも、殺人犯と怪物という二つの脅威を作中に導入していた。そのため、笠井の議論を土台とすると、これらの作品がどのようにしてサスペンスを演出しているかが分析しやすくなるのである。

とりわけ、『屍人荘』には笠井の議論がストレートに適用できる。『屍人荘』はシリーズの第一作であるため、（発表順に読む限り）どの人物が被害者となるかは予想がしにくい。「明智恭介」という、日本を代表する名探偵たち（明智小五郎と神津恭介）の名前を容易に想起させる人物が早々に退場してしまうことも、読者の予想を難しくするだろう。また、建物を取り囲むゾンビは、『シャム双子』の山火事と同様、時間の経過によって閉鎖空間を縮小させ、探偵や助手を含めた内部の者たちを追い詰めていく。笠井の議論を下敷きにすると、『屍人荘』のサスペンスは、殺人犯とゾンビという二つの脅威からそれぞれに生み出されていると分析できる。

七　開放への恐怖

翻って『兇人邸』はどうか。結論めいたことを言えば、その演出方法は『屍人荘』とはかなり違っている。『兇人邸』はクローズドサークルの定石ともいえるサスペンスの演出方法を早い段階で排除してしまう。

そもそも、『兇人邸』はシリーズの第三作である。読者にとって探偵の剣崎と助手の葉村がシリーズキャラクターであることは読者にとって自明であるばかりか、作中でも剣崎たちが過去に二件の事件を解決したことが説明される。そのため、彼らが最後まで生き残ることは容易に予想できる。

これだけでもサスペンス性の演出が難しくなりそうだが、『兇人邸』はさらに、彼らの身の安全を物語の水準でも確保してしまう。

剣崎については、巨人による最初の襲撃後、兇人邸内で最も安全な場所が与えられる。巨人から逃げた彼女は、別館のある部屋に閉じこもらざるを得なくなるが、そこは巨人が足を踏み入れないばかりか、犯人を含む他の人間も入れない場所だった。というのも、建物の構造上、この部屋に入るには巨人のいるエリアを通過しなければならず、事実上、他の人間が剣崎がいる部屋に到達することは不可能だからだ。フリーライターの剛力京《ごうりきみやこ》が「巨人に守られた女王」(一七七頁)と形容するように、巨人の存在を逆手に取る形で、本作は探偵を巨人も犯人も手を出せない場所に置いてしまう。

葉村については、剣崎の機転により犯人に襲われる可能性が低減される。剣崎は、第一の殺人の犯人が剛力であることを見抜いて、真相を口外しない代わりに葉村を守ってほしいという取引を持ちかける。通常であれば口封じの動機にもなりかねない取引だが、前述の通り、剣崎は巨人に守られる形になっており、剛力には手を出せない。犯人の秘密と引き換えに、葉村の安全は確保される。

その後、『兇人邸』では別の犯人によるもう一つの事件が起きるが、それでもこの状況は変わらない。詳細は割愛するが、剣崎は二人目の被害者の周囲にある手がかりなどから、第二の犯人がこれ以上の事件を起こす意図はないと推理し、「私たちと犯人の利害は、もはや対立していない可能性がある」(二五九頁、傍点は原文)と語る。

残されているのは葉村が巨人に殺される可能性であるが、ゼロにはならないにせよ、これもかなりの程度低減されることになる。兇人邸の本館にも安全な場所が存在し、そこに閉じこもっていれば、巨人の脅威は回避可能だからである。言い換えれば、巨人が脅威となるのは意図的に接近した場合に限られる。作中では、葉村が剣崎を救出するための作戦に志願し、別館に足を踏み入れる場面もあるが、逆に言えば彼が巨人の危険に身をさらすのはこのときだけである。

以上の検討から、『兇人邸』は『屍人荘』と同じように、犯人と怪物という二つの脅威を導入しながら、それをストレートにサスペンスの源泉とはしていないということがわかる。急いで付け加えなければならないが、それは『兇人邸』がサスペンスの演出を諦めているという意味ではない。正確には、『屍人荘』と同種の要素を用いつつ、別のアイディアでそれを演出しようとしているのである。

すでに述べたように、本作では犯人が剣崎や葉村に危害を加える可能性は極めて低い。したがって、犯人によるサスペンスの演出は却下されている。しかし、これを逆手にとって、本作は最終盤で探偵と犯人たちとの一種の共闘が描かれる。作中では犯人は探偵の敵なのかという問いが発せられる場面があるが、その問いに答えるように、最後は犯人と探偵の奇妙な協力関係が展開するのだ。そこで彼らが一致して避けようとするのは、巨人を外に出し、自分たち以外の、不特定多数の人びとが犠牲になってしまうことである。『屍人荘』は、外にある脅威が内へ向かって進行し、内部にいる人びとを脅かす可能性をサスペンスの源泉の一つとしていたが、『兇人邸』は内にある脅威が外に向かって進行し、外部にいる人びとを脅かす可能性がサスペンスの源泉となっている。いうなれば、閉塞ではなく開放への恐怖が本作のサスペンスを演出する。ここにも、『屍人荘』を反転させたアイディアが見てとれる。

本稿の論旨からはややずれるが、このような対比的なクローズドサークルのあり方は、時代的な背景と関連させて捉えても興味深い。『屍人荘』と『兇人邸』のクローズドサークルは、新型コロナウイルス禍に代表される感染症対策で要請される危険回避のための閉じこもり方と類比的である。感染症が蔓延したとき、人びとはその危機から逃れるために閉じこもることを選択するが、その理由は大きく分けて二つある。一つは、外部にあるウイルスを避けるためであり、もう一つは内部にあるウイルスを外部に広げないためである。身近な場面で典型例を挙げれば、前者は家庭内に感染者がいない場合、後者は家庭内に感染者がいる場合を想定すれば理解しやすいだろう。

このような二つの閉じこもりは、それぞれ『屍人荘』と『兇人邸』の閉じこもりに大まかに対応する。『屍人荘』では危険は外部にあり、内部は安全な領域となるため人びとは内部に留まる。一方、『屍人荘』では危険は内部にあり、外部の方が安全な領域となるが、外部を危険に晒さないためにあえて内部に留まる。不特定多数の感染者が外部に存在する『屍人荘』と、特定された感染者が内部に存在する『兇人邸』と考えてもよい。また、『兇人邸』において、屋敷の内部に入れ子状に安全地帯が設けられていることも、家庭内に感染者が発生した場合、セーフゾーンの確保が求められることを想起させるだろう。

『屍人荘』の刊行年月は二〇一七年一〇月であり、新型コロナウイルス禍の前であったが、もともと、本作のゾンビはウイルス感染が原因とされるため、改めて現在の観点から本作を再評価することも可能であると思われる。一方、『兇人邸』は二〇二一年七月、コロナ禍の真っ只中で刊行されている。より具体的には、緊急事態宣言下で東京オリンピックが開催されるなど前代未聞の事態が続出していた時期である。前述の通り、本作は内部に存在する危機が外部に放たれることを回避し、自ら閉鎖空間内に留まるという選択をするものだったが、このような危機の描き方は、コロナ禍において、危機を拡散させないために閉じこもることが一般化した状況を隠喩的に描いているともいえる。現実の感染症を直接的に描いているわけではないが、本作は社会的な状況との関係性からも注目することができるだろう。

八　信頼する犯人

さて、『兇人邸』最終盤の展開は次のようなものだ。

使用人・阿波根の裏切りにより本館の安全地帯に入れなくなってしまった葉村たちは、やむを得ず正面入り口の跳ね橋を下ろし、外部に脱出してパーク内の客を避難させる。その後、葉村と裏井はそれぞれの思惑から邸内に引き返す。裏井は自分が第二の事件の犯人であることとその動機を明かすと、「これから何が起ころうとも、あなただけは剣崎さんを責めないでください」（三四一〜三四三頁）と言い残して本館と別館をつなぐ跳ね橋を下ろし、鐘楼に向かう。

鐘楼から裏井が鳴らしたと思しき鐘の音が聞こえたあと、広間に戻った葉村は、鉄格子の下りた通路の奥に剣崎が現れたのを見て驚く。剣崎は鐘楼にあったはずの鍵を持っており、葉村は鉄格子の隙間からそれを受け取る。そして、その鍵を使って鉄格子の開閉操作を行い、剣崎を脱出させ、かつ、巨人を邸内に閉じ込めることに成功する。

なぜ鍵を持ってくることができたのかと問う葉村に、剣崎は裏井が犠牲となって持ってきてくれたと答える。鐘楼に到達した裏井は、コーチマンの死体から鍵を回収し、口中に固定した上で鐘を鳴らした。その直後、彼は巨人によって殺されたが、巨人は習性にしたがって彼の首を切断し、首塚に持ち込んだ。つまり、裏井は自分の首を運搬容器にすることで巨人に鍵を運ばせたのである。跳ね橋と鐘の音を聞いて裏井の行動とその意図を把握した剣崎は、あらかじめ首塚に移動して隠れていた。巨人が首塚から出て行くのを待ち、裏井の首から鍵を回収して広間にやってきたのだ。

巨人の行動パターンを利用した仕掛けは本作の中でも特に印象的なものだ。『屍人荘』にも、ゾンビの行動パターンとエレベータの重量制限を組み合わせ、自動的に被害者を殺害してその死体を回収するトリックが使われていたが、『兇人邸』ではその発想がさらに推し進められている。『屍人荘』の仕掛けが犯人自身の生存を前提にしているのに対し、『兇人邸』のそれは犯人自身の死が前提になっており、さらには自身の身体までも道具として利用してしまう。両作品のトリックは、事前に環境を整えておけば、あとはボット的存在が勝手に動き、自動的に目的が達成されるという共通性があるが、『兇人邸』は犯人自身もその環境の一部として組みこまれているところに特徴がある。

このような裏井の計画は、剣崎が彼の考えを察し、動いてくれることを前提として組み立てられている。しかし、この計画は剣崎にあえて危険を冒すことを要求するものでもある。裏井の計画が開始された時点で、剣崎は安全地帯にいた。そして、巨人が屋敷から出るまでに間に合うかどうかはわからないが、救助隊が来ることは確定していた。そのため、剣崎にとっては、無理に巨人に近づくことなく、その場で待つことにもメリットがある。また、計画の成功のためには葉村も一部協力する必要があり、剣崎ほどではないにしろ、彼にも危険が及ぶ可能性があった。

裏井は剣崎が動かないパターンも想定はしている。「何があっても剣崎さんを責めないでください」という裏井の最後の言葉がその証拠である。この言葉について、葉村はすべてが終わったあとで「比留子さんが策を実行せず、自分の犠牲が無駄になったとしても責めないでくれという意味だった」（三五六頁、傍点は原文）と解釈する。仮に、剣崎が安全地帯に留まった場合、裏井の死が無駄になるばかりか、彼が跳ね橋を下ろしたために巨人の新たな通路が確保され、外部に出るタイミングが早まる危険性があった。言い換えれば、この時点でのキャスティングボートは剣崎が握って（握らされて）おり、本人以外でそれを知っているのは葉村だけだった。失敗すれば、葉村は剣崎が原因だと気づいてしまう。だからこそ、裏井は葉村に計画を伝えず、剣崎を責めるなとだけ言い残した。

頭部を鍵の運搬道具にするというアイディアは剣崎も事前に思いついてはいたという。しかし、この方法は剣崎以外の誰かを犠牲にすることが前提になっているため、彼女の立場では提案することが難しい。そのため、彼女はそのまま救助を待つことが現状での最適解であると判断していた。裏井の行動は、その判断の前提を覆すものだ。裏井は自らを犠牲にして鍵を首塚まで運んだ。これにより、剣崎が一度は棄却した方法が採用される可能性が再浮上する。ただし、それは剣崎が無条件で飛び付けるようなものではない。なぜなら、見方によっては、裏井の行動は剣崎にとって過酷な選択を迫るものだからだ。あえて強い言い方をすれば、裏井は計画が失敗した場合のリスクを高めた上で、その後の判断を剣崎に任せている。さらに、剣崎にとっては、すでに裏井が犠牲になっていること、そして自分が行動を起こせば、葉村を危険にさらすことも見過ごせないだろう。

しかし、これは裏井が剣崎を信頼していることの証左でもある。裏井と剣崎は事前の打ち合わせをしていない。そのため、本当に同じアイディアを共有できているか判断のしようがない。また、共有できていたとしても、自分や葉村の安全を考えて動かないという判断をする可能性もある。にもかかわらず、裏井は計画を実行する。剣崎の思考力と行動力を信頼していなければできることではない。

もう一人の犯人である剛力も、剣崎の能力を高く評価している。裏井が計画を実行したことを察したとき、剣崎は珍しく動揺するが、その彼女に声をかけて行動を後押ししたのは剛力だった(三四七～三四九頁)。剛力もまた、剣崎を信頼し、危機を回避するための行動を促すのである。考えてみれば、トリックを暴かれた犯人こそ、探偵の能力を最も的確に評価できる存在だ。本作では、剣崎によって犯行を見抜かれた犯人二人が、彼女を信頼し決定的な場面でその背中を押すのである。

九　おわりに

『兇人邸』は、『屍人荘』と共通する要素を用いながら、それらを一度解体し、改めて配置や組み合わせを変えてクローズドサークルの可能性を探った作品である。特に、怪物の性質や配置、閉鎖空間の作り方、サスペンスの演出方法などは、『屍人荘』と比較するとコントラストが際立つ。そのなかで、探偵と助手、犯人との関係性も捉え返され、一般的には対立すると捉えられがちな両者が協力関係を取り結ぶ姿を描いた。閉鎖空間内の疑心暗鬼が読みどころにもなり得るクローズドサークルもので、あえてこのような試みを行っていることは、見逃されるべきではないだろう。

探偵たちと犯人との協力関係は、事件が終わってからも続くことになる。兇人邸内で発生する殺人事件の真相は、剣崎、葉村、剛力、裏井の四人しか知らない。そもそも、アウルが「正直に言うと、誰が不木を殺したとしても別に構わんのさ。〔……〕俺たちになんの影響があるって言うんだ」（一四九頁）と語るように、その他の邸内の人びとにとっては、殺人事件の真相など二の次であった。また、剣崎は真相を口外しないことを剛力との取引材料に使ってもいた。そのため、本作には関係者全員を集めて推理を披露するというお決まりの場面が存在しない。真相は四人の間での秘密であり、事件後もそれは外部に広まらない情報となる。兇人邸は物理的に開放されたあとも、社会的クローズドサークルとしての閉鎖性を維持し続けるのである。

注

（1）『魔眼の匣の殺人』は予知能力がテーマとなっており、怪物は登場しない。
（2）ただし、最終的には、剣崎が斑目機関についての事情をよく知っており、一定の情報統制ができる探偵・カイドウに連絡し、救助隊を送ってもらうことになる。

II　世界のエッジ

——危機表象のフロンティア

ビデオゲームにおける（危機の）表象――『ダークソウル』を例として

榊　祐一

一　はじめに

本書はミステリを中心としたポピュラーカルチャー諸ジャンルにおける危機表象(1)をテーマとする論集だが、本稿ではビデオゲーム（以下ゲームと略）における危機表象に焦点を当てる。なお本稿では現実世界上の危機がいかに表象されているのかといった考察は行わない。現実世界の危機の表象はゲームでも可能だが、本稿で注目したい娯楽系のゲームで通常見られるのは虚構世界の危機の表象だからだ。本稿ではゲームならではの危機の表象の機能は何かといったことを明らかにしてみたい。またもう一つ断っておけば、虚構の危機に関する考察は本稿の一部に過ぎず、本稿ではそれを出発点としてゲームにおける表象全般に関わる考察へと論を展開させていく。何故このようなことを試みるかと言えば、危機表象のみに焦点を当てた考察だけであれば、ゲームにおける表象総体の考察にはならないと考えるからだ。本書のメインテーマと直接は関係ない実践となってしまうが、本稿ではゲーム研究の理論的な試みとして、ジャンルの固有性をふまえたゲームの

表象に関わる分析とはどのようなものかに関する考察と実践も同時に行なってみたい。(2)

二　ゲームにおける危機の表象　その一

ゲームならではの危機の表象の機能を考察する前に押さえておくべき事実は、危機の表象というものがゲーム以外の諸ジャンルの（特に娯楽系の）作品でもありふれた形で見られるということだろう。個人的な危機から世界の危機に至るまで、その大きさには違いはあれど、最初に何らかの危機が表象され、最後にその危機の解決が表象されて終わるという作品はジャンルを問わず生産され続けている。この水準で見るならば、危機の表象は危機の解決の表象とのセットでとらえるべきものであり、危機の表象は、それ自体が表象の一形態としての、物語という枠組みでとらえるべきものだと言える。A・ダンダス（『民話の構造――アメリカ・インディアンの民話の形態論』池上嘉彦他訳、大修館書店、一九八〇年、九八～九九頁）の物語論をふまえるならば、物語を物語たらしめる最小の意味構造は〈欠如→欠如の解消〉となるが、危機もまた欠如の一つの形（＝安寧の欠如）とみなしうるからである。従って、ゲームも含む諸ジャンルの（特に娯楽系の）作品における危機の表象は、その作品を物語たらしめる機能の一部を担っていると言えるだろう。

では、物語という枠組みでとらえられた危機の表象という側面において、ゲームの固有性はあるのだろうか。すぐに指摘できるのは、ゲームの場合、発端における危機の表象に対応する末尾の危機の解決の表象を必ずしも一つの固定した形にする必要はなく、複数化することが可能だということだろう。一般的に物語がリニアかつ固定された形で展開される小説や映画、漫画などの場合、危機の表象→危機の解決の表象は基本的に一つの固定された形になるわけだが、受容行為に応じて作品の「美的構造」（松永伸司『ビデオゲームの美学』二〇一八年、慶應義塾大学出版会、八八〜八九頁）を変化させうるゲームの場合、物語の展開を複数化したり、結末を複数化したりすることが可能である。これにより、複数のパターンの危機の解決の表象を用意することが可能になるし、場合によっては、発端で表象された危機が解決されないまま作品を終わらせるという、構造的には破綻した物語を提示することも可能になるのである。

もっとも、今指摘した点はゲームというジャンルを知っている者ならば誰でもすぐに思いつくようなことであるし、また、ゲームは単に物語としてのみ受容されるものでもない。物語という枠組みでとらえられた危機の表象を、ゲームの受容経験の総体の中でとらえた場合、そこにゲームならではのどのような固有性が見えてくるのだろうか。

三　理論的考察　その一——ゲームにおける非物語的水準に注目して

遠回りになるが、このことを考えるために、以前拙稿（「ゲーム／物語／テレプレゼンス」『層——映像と表現』二〇〇八年八月（以下、榊二〇〇八年と略）／「物語としてのゲーム／テレプレゼンスとしてのゲーム——『バイオハザード』を例として」押野武志編著『日本サブカルチャーを読む』二〇一五年、北海道大学出版会（以下、榊二〇一五年と略））で提示したゲームの享受経験における物語的な位相と非物語的な位相に関する主張を紹介しつつ、それに理論的な修正を加える作業を行なってみたい。

かつての拙稿では、ゲーム（経験）を物語としてとらえようとした時に原理的に見えなくなってしまう経験の水準があることを指摘した。それは、今まさにゲームをプレイしている最中でプレイヤーにもたらされる、ゲームが提示する世界内での様々な経験の水準——以下これを「プレイ経験」の水準と称する——である。

ゲームの享受経験を物語としてとらえる行為は、このプレイ経験を過去の出来事としてとらえ直すという行為に他ならず、故に、ゲームの享受経験を物語という観点から見た時にとらえ得るのは、あくまでも過去化されたゲームの享受経験の水準に過ぎないということになる（榊二〇〇八年、六三〜六四頁／榊二〇一五年、二五六〜二五七頁）。さらに拙稿では、このプレイ経験を「テレプレゼンス」経験としてとらえ直しつつ、考察を進めていったのだが（榊二〇〇八年、六九〜七三頁／榊二〇一五年、二五八〜二六一頁）、本稿では、この方向をいったん保留にし[3]、K・ウォルトンのメイクビリーブ理論（『フィクションとは何か——ごっこ遊びと芸術』田村均訳、二〇一六年、名古屋大学出版会、原書一九九〇年）を援用する形でプレイ経験をとらえ直すという、理論的修正作業を行なうことにする。

通常、ゲームには、非インタラクティブな享受部分（カットシーンなど）とインタラクティブな享受部分が存在しており、前者の場合、プレイヤーが物語の享受経験しかできないという点を利用して、ゲームにおける物語の提示という機能を担うことが多い（先に述べた危機の表象↓危機の解決の表象も通常はオープニングとエンディングのカットシーンを通して行われる）。そして後者が、先に述べたプレイ経験の領域であり、そこでプレイヤーはプレイを行ないながら、ゲームが提示する世界内で現在進行的に様々な経験をすることになる。例えば、〈私はアノールロンドの城で女王から、今、王の器を受け取った〉あるいは〈アノールロンドの城である人物（＝プレイヤーキャラに相当する虚構世界内人物）が女王から、今、王の器を受け取るのを私は見た〉と記述されうるような経験である。

プレイヤーは文字通り現実にこのような経験をしているわけではなく、またこの記述の経験そのものではないが実質上同じと言えるような経験（＝バーチャルな経験）をしているとも言い難い。ではゲームが表象する虚構世界上で現在進行的になされているように見えるプレイヤーのこのような経験をどのようにとらえたらよいのか。本稿ではこのようなプレイ経験の内実をウォルトンのメイクビリーブ論を援用しつつとらえてみようと思う。

　ウォルトンのメイクビリーブ論は、単純化して言えば、いわゆるフィクション作品の受容をごっこ遊びのような想像活動[4]としてとらえようとするものである[5]。例えば、切り株をクマに見立てるごっこ遊びにおいて、参加者たちは命題の想像の指定に関する規則（例「そこに切り株があったらそこにクマがいると想像すべし」）を共有しており、その規則によって現実に存在する特定の事物をクマに見立てる想像活動を行なうことになる。規則とあわさることによって特定の命題の想像を指定する現実の事物のことをウォルトンは「小道具（props）」と呼ぶが、ごっこ遊びでは、小道具自体が想像の対象となる場合——このような小道具は「反射的小道具」と呼ばれる——もあるし（例「切り株自体をクマとして想像すべし」）、また通常、参加者自体も（反射的）小道具となる（例「切り株を見ている自分を「クマを見ている自分」として想像すべし」）。ウォルトンは小説、絵画、映画といったジャンルのフィクション作品もまた上記のような意味での小道具として機能するものとみなし、フィクション作品の受容者もまた、ごっこ遊びをする子供たちと同じく、小道具と規則によって特定の命題を想像する活動をしていると考えるのである（以上、ウォルトン『フィクションとは何か』序章）。ウォルトン自身はゲームを事例とはしていないのだが、彼のメイクビリーブ論をゲームの受容に適用するのは不自然なことではない。ゲームの受容者もまた、小道具としてのゲーム作品が提示する現実の図像や音声、及び、それに適用される規則によって特定の命題を想像する活動をしていると言えるからだ（例えば、ディスプレイ上のある特定の部分の色と形の集まりを「マリオ」とみなし、その集まりのある種の変化を「マリオがジャンプした」とみなす等)。

すでに述べたように、ゲームには非インタラクティブな部分とインタラクティブな部分が存在し、前者については、映画のようなジャンルのフィクション作品の受容と同じようなものとしてとらえうるが、問題となるのは後者(=プレイ経験の領域)だ。映画や漫画、小説といったその他のジャンルのフィクション作品と異なり、ゲームのインタラクティブな部分においては、受容行為に応じて作品の虚構内容自体が変化するという特徴があるからである。

このようなあり方の想像活動に近いものをウォルトンの挙げている事例の中に探すならば、子供たちの人形遊びになるだろう。例えば、ウルトラマン人形(A)と怪獣人形(B)を使って、ウルトラマンが怪獣を倒すという設定の遊びをしているとする。この遊びにおいて子供が例えば物体Aを手に持って物体Bにぶつけた場合、〈ウルトラマンが怪獣に体当たりをした〉という命題の想像が指定され、その後、物体Bを手に持ってその近くにある物体C(例えば家の形をしたレゴ)にぶつけ、それがばらばらになった場合、〈よろけた怪獣がぶつかって家が破壊された〉という命題の想像が指定される。ここで重要なのは、この種の想像活動において物体ABCは単なる小道具ではなく反射的小道具になっているということだ(例「怪獣の形をしたプラスチックの物体そのものを怪獣として想像すべし」)。このことにより、この種の想像活動において、参加者が現実の事物を用いて現在進行形的に実現していく現実の出来事たちは、想像されるべき特定の命題内容へと現在進行形的に変換されていくことになる。先の事例を使って言えば、この想像活動の参加者は、〈Aを手に持ってBにぶつける→BをCにぶつけ、Cがばらばらになる→Bを手に持ってAにぶつける〉という現実の出来事を現在進行形的に実現させていくわけだが、同時にそれらは参加者の想像活動において、〈ウルトラマンが怪獣に体当たりする→体当たりされた怪獣がよろけて家を壊す→怪獣が体勢を立て直しウルトラマンに体当たりする〉という現在進行的な出来事の継起として受け取られることになるのである。

ゲームの場合はどうか。ゲームのプレイ経験の領域では、ディスプレイの二次元平面上の図像たちが、先の人形遊びで反射的小道具として機能していた現実の事物（人形やレゴの家等）に相当するものとなる。ゲームのプレイヤーはプレイ経験の領域において、ディスプレイの二次元平面上の図像の変化――例えば、〈プレイヤーキャラクター（以下PCと略）と認識されている図像を橋に見える図像まで移動させる→その図像が真っ赤になって大きい音が鳴る→PCの図像が消滅する〉といった変化――という現実の出来事を、コントローラーによる入力操作を通じて現在進行形的に実現させていくわけだが、それらは同時にプレイヤーの想像活動において、〈（そのゲームの虚構世界の）ある人物が橋を渡り始める→急に橋が爆発する→その人物が死ぬ〉という現在進行的な出来事の継起として受けとられることになる。ちなみに、今記述した形の想像活動は、虚構世界上の人物に関する出来事の継起を私が見る、といういわば三人称的な経験としてあるわけだが、ゲームのプレイ経験における想像活動は、〈私が橋を渡り始める→急に橋が爆発する→私が死ぬ〉というように一人称的な経験として成立する場合もある。この場合、〈PCと見なされているディスプレイの二次元平面上の図像（「小道具」）を、虚構世界上の特定の人物としてだけではなく、私（＝プレイヤー）自身としても想像すべし〉という規則が付加されていることになる。(6)

先にプレイ経験とは、今まさにゲームをプレイしている最中でプレイヤーにもたらされる、ゲームが提示する世界内での様々な経験であり、それは、出来事を過去化されたものとしてとらえる物語の受容経験とは異なるものだと述べたが、ウォルトンのメイクビリーブ論を援用する形で再解釈された以上のようなプレイ経験のありようは、想像活動の中で虚構世界上の出来事を現在進行形的に受け取る経験となっているという点において、かつての拙稿におけるプレイ経験の定義とも整合していると言ってよいだろう[7]。

さて、以上の理論的考察をふまえ、物語という枠組みでとらえられた危機の表象が持つゲームならではの機能をあらためて考えてみよう。

四　ゲームにおける危機の表象　その二

危機の表象は物語において危機の解決の表象と対になる形で存在しており、抽象化すれば欠如の表象↓欠如の解消の表象という形でとらえられるそれらは物語を物語たらしめる機能を持つ、ということを先に指摘したが、このことを物語の受容のレベルでとらえ直すならば、物語の冒頭における危機の表象はその物語が危機の解決の表象によって閉じられることを予告する機能を持つということになる。加えて一般的に（娯楽的フィクション）物語では冒頭で表象された危機（欠如）はすぐに解消されることはなく、その解消に至るのをむしろ遅延させるような出来事たちが挿入されることになる（J・オーモン他『映画理論講義』二〇〇〇年、勁草書房、一四三～一四九頁、参照）。これにより、物語の受容者は物語が危機の解決で終わること（＝この物語世界において危機の解消はすでに終わった出来事としてあるということ）を予想しつつ、その結末を知らないふりをしながら、そこに至るまでの過程を様々な情動を抱えつつ見守っていく形になるわけである。

ゲームの場合はどうか。例えば、『ダークソウル』（フロム・ソフトウェア、二〇一一年、PS3）[8]ではオープニングのカットシーンで、「火に惹かれ、王のソウルを見出した」者たちによって始められた「火の時代」が、火が失われつつあることで、危機的状態にあること（具体的には、火が人の世に届かず、呪われたダークリングを持つ不死者が現れ始めたことなど）が語られ、その後、ゲーム開始直後のカットシーンで、不死者たちが北の不死院で死ぬまで隔離されることがボイスオーバーで語られつつ、そのような不死者の一人が映像で示される。冒頭における火の時代の危機という表象により、この作品の享受者は物語の結末で表象されるのが火の時代の危機の解消であることを予想することになるわけだが、かつての拙稿でも指摘したように、ゲームにおいて、冒頭部のカットシーンで予想されたものという位相で示される物語の結末は、その後に始まるプレイ経験の領域では、質的に変化することになる。『ダークソウル』では、冒頭の二つのカットシーンの後、二つ目のカットシーンに登場した不死者をPCとして操作していくことになるのだが、ここからプレイヤーは、想像活動の中で虚構世界の出来事を現在進行形的に経験し始めることになる。具体的に言えば、ディスプレイ上のPCに相当する図像をコントローラーなどの操作による入力を通して変化させていくことにより、虚構世界上の特定の人物（「不死者」）が現在進行形的に実現していく出来事を三人称的に見守っていく、あるいは、その人物＝自分自身として現在進行形的に出来事を一人称的に経験していく想像活動を行なっていくということだ。このようなプレイ経験の領域において、冒頭のカットシーンで示された物語の結末（＝すでに終わった出来事としての火の時代の危機の解消）は、これから達成すべき未来の目標という位相へと質的に変化することになる。[9] これにより『ダークソウル』の享受者は、想像活動の中で現在進行形的になされていくだろうこれからの経験を方向づけられていく――すなわち、火の時代の危機の解決を目標とする形で、現在進行形的に想像活動を進めることが方向づけられる――ことになるのである。危機の表象が――それとセットになる危機の解消の表象の予想を蝶番とすることで質的な変化を被り――危機の解消という未来の目標として機能するようになること。これはゲームならでは危機の表象の機能の仕方ということが出来るだろう。

五　理論的考察　その二——ゲームメカニクスの表象という側面に注目して

さて、危機の表象に焦点を当てることを出発点として行なってきた以上の考察は、全て虚構世界の表象という側面に関わるものになっているのだが、ここで考えてみたいのは、ゲームの表象に関わる分析は虚構世界の表象という側面だけに注目すれば事足りるのだろうかということだ。『ハーフリアル』においてJ・ユールは、ゲームには「フィクション」と「ルール」という二つの側面があり、ゲームのプレイは「現実のルールとやりとりすることであると同時に、虚構世界を想像すること」であると主張した(『ハーフリアル』松永伸司訳、二〇一六年、ニューゲームズオーダー、九頁、原書二〇〇五年)。このようなゲームの二面性については、『ハーフリアル』の刊行以前から現在に至るまで、ユールのみならず、複数の論者たちが各自の概念を用いて同様な指摘を行なっているのだが[10]、松永が指摘するように、それらの論において表象という観点はフィクションの側面にのみ適用される傾向が強かったと言える。松永は、そのような状況を批判しつつ、表象という観点をゲームのルールの側面にも適用することで、ゲームの二面性とその相互作用を総合的な形でとらえうる理論枠組みを提示しようとしているのだが(以上、松永『ビデオゲームの美学』一〇二〜一〇三頁)、表象という観点はゲームのルールの側面にも適用すべきという松永の主張を受け入れるならば、ゲームの表象に関わる分析を、虚構世界の表象という側面のみに限定してしまうのは不十分ということになるだろう。

ここからは松永に従い、ユールがルールと述べたものをゲームメカニクスと呼び直すことにするが、松永によれば、ゲームメカニクスとは、プレイヤーが「ゲームプレイのなかで実際に相互作用する相手」であると同時に「その相互作用を可能にし、そのあり方を左右する」ような「入力、処理、出力の機能を備えたある種のシステム」である（松永『ビデオゲームの美学』一五〇頁）。プレイヤーは、ディスプレイの二次元平面上の記号という統語論的要素と相互作用するが、それだけでなく、その記号によって表象される――それ自体は直接に知覚できないブラックボックスとしての――ゲームメカニクスとも相互作用している（同前、九五頁）。松永の理論的枠組みに従えば、ゲームでは、主に視覚的な形でディスプレイの二次元平面上に示される記号が存在し、その記号が二つの意味論的領域――「ゲームメカニクス」と「虚構世界」――を表象する形になっているわけだが（同前、第五章）、第四節までに焦点を当ててきた危機の表象というのはあくまでも虚構世界の表象の水準のみにおいて観察しうるものである。だとすれば、危機の表象ということをメインテーマとしている本稿において、ゲームメカニクスの表象という側面に注目する意味はあるのか。言い換えれば、ゲームメカニクスの表象という側面をも考慮に入れる形で、ゲームにおける（虚構世界上の）危機の表象というものをとらえ直すことは可能なのだろうか。再び遠回りをすることになるが、このことを考えるために、ゲームにおける虚構世界の表象とゲームメカニクスの表象のある種の相互作用のありようを、再びウォルトンのメイクビリーブ理論を援用しつつ明らかにする理論的作業をおこなってみることにしたい。

ウォルトンのメイクビリーブ論がフィクション作品の受容を子供たちのごっこ遊びと同じような想像活動としてとらえるものであることは第三節で述べたが、ここで注目したいのは、想像活動の“vividness”（邦訳では「生気」、一四頁）という考え方だ。ウォルトンは特定の条件の下では想像活動の“vividness”が強化されると考える。ウォルトンが雑多な形で言及しているこの論点を整理した松永伸司によれば、想像活動の“vividness”はその発生のメカニズムによって「①自然発生的な想像のなまなましさ、②「想像のオブジェクト」のなまなましさ、③自分事の想像のなまなましさ」の三つに分類出来るとのことなのだが(「フィクションがなまなましくなるとき」ワークショップ「フィクションの中へ――没入の美学」二〇二四年二月一〇日、researchmap、https://researchmap.jp/zmz/presentations/45585825、二〇二四年一〇月三〇日最終閲覧)、本稿で注目したいのは②だ。ウォルトンの言う「想像のオブジェクト」をここでは〈想像活動の中で、文字通りの意味で現実に存在する何らかの事物(X)についての想像が行われる場合、そのXが想像のオブジェクトである〉という形で理解しておくことにするが、第三節で言及した反射的小道具はまさに想像のオブジェクトとしての性格をもつものだと言える(切り株をクマに見立てるごっこ遊びの中では、小道具としての切り株自体をクマとして想像すべしという指定が行われているが、そこでは現実の事物である切り株が想像のオブジェクトになっている)。ウォルトンによれば、このような想像のオブジェクトは、想像されているモノゴトに「言わば「実体」を与える」ことを可能にする。そしてそのことにより「想像する経験」は、そのような実体を欠いた想像をしている時に比べ、「いっそう「いきいき」としたものに」なる――松永の言い方を借りれば「想像」が「強度」(intensity)のある経験になる(松永「フィクションがなまなましくなるとき」)――とウォルトンは考えるのである(ウォルトン『フィクションとは何か』二六頁)。

本稿では、ゲームでも、ある種の反射的小道具(=想像のオブジェクト)が、想像活動を強度のあるものにすることを可能にしていると考える。第三節で述べたように、ゲームではディスプレイの二次元平面上の図像たちが反射的小道具として機能しているわけだが、ゲームにおいて想像を強度のある経験にすることを可能にしているのは、それらではなく、ゲームメカニクスと相互作用するプレイヤーの行為――松永『ビデオゲームの美学』(一六二頁)に従って、以下、「ゲーム行為」と称する――であるというのが本稿の考えだ。

ウォルトンの言う小道具は規則とあわさることによって特定の命題の想像を指定する現実の事物のことだと前に述べたが、この概念は事物（モノ）だけではなく、行為（コト）にも適用されるものとしてある。[11]

第三節で考察したゲームのプレイ経験――ディスプレイの二次元平面上の画像たちを反射的小道具とする形でなされる想像活動――は現実の経験ではなく、「Xという行為をした／Xという出来事が起きた（かのようなふりをする）」という make believe の位相での経験だったわけだが、同じくゲームのプレイ経験の水準でなされるゲーム行為の場合は、ユールや松永が指摘するように（ユール『ハーフリアル』九頁／松永『ビデオゲームの美学』二〇五～二一二頁）、文字通りの意味での現実の経験として享受されるものとしてある。例えば、サッカーにおける「シュートをする」という行為が、「～かのようなふりをする」という形の経験としてではなく、文字通りの意味での現実の経験としてあるように。

ゲームのプレイ経験の水準においては、①ディスプレイの二次元平面上の図像たちを反射的小道具とする形での想像活動（＝虚構世界の受容）と②（ディスプレイの二次元平面上の図像の操作を通して）ゲームメカニクスと相互作用することによって成立する文字通りの現実の経験としてのゲーム行為の二つが同時並行的に行われているのだが、②のゲーム行為は①の想像活動に関わる反射的小道具として機能することも可能であり――例えば、②のゲーム行為を①でなされているような特定の命題の想像の指定につなげるような規則をプレイヤーが受け入れることによって――、その場合、ゲーム行為は、①で行われているような想像活動を、より vivid な強度のあるものにすることになるのである。[12]

六　ゲームにおける危機の表象　その三

では、以上の理論的考察を、第四節までに行ってきたゲームにおける危機の表象に関する考察に接続してみるならばどうなるか。引き続き『ダークソウル』を例に考察を行なってみよう。カットシーンで提示される『ダークソウル』に内在する物語は――かつての拙稿(榊二〇一五年)で分析した『バイオハザード』と同じく――極めて単純であり、プロップ系列の物語論で言われる意味での構造そのものといってよいあり方をしている。プロップの概念を借りて言えば、それは、①「欠如」(火の時代の危機)→②「出立」(不死院から危機解決の舞台となるロードランへの移動)→③「呪具の贈与・獲得」(王女グウィネヴィアによる「王の器」の贈与)→④「二つの国の空間移動」(欠如の解消につながる「闘い」の舞台となる「最初の火の炉」への移動)→「欠如の解消」(火の時代の危機の解消)という要素のみで構成されているような物語だからである。もっとも、『ダークソウル』の享受経験の大部分は、物語の享受経験ではなく、先にプレイ経験と呼んだものとしてあり、そこで『ダークソウル』の享受者は、冒頭のカットシーンによって与えられた未来の最終目標(火の時代の危機の解決)の達成を目指しつつ、現在進行形的に想像活動を進めていくことになる。かつての拙稿で『バイオハザード』のプレイ経験のうちに見出した複数の行為系――具体的に言えば、①最終目的地への接近という行為系、②行為可能な空間の探索・拡大という行為系、③敵との戦闘という行為系、④その世界に関する知識を深めていくという知的な行為系――は『ダークソウル』のプレイ経験の水準にも同じく見出すことが出来るのだが(以上の行為系の詳細については榊二〇一五年、二七二〜二七七頁を参照)、ここで注目したいのは③だ。

『ダークソウル』は、ゲーム内での行動を基本的にリアルタイムで行なうアクションRPGであり、主に戦闘部分の難易度の高さより、「死にゲー」(何度も「死亡」しリトライされることを要求されるタイプの作品)の典型としても知られているが、本作のプレイ経験の中心をなしているのはまさにこの戦闘部分と言えるからだ。本作冒頭でプレイヤーが与えられる〈火の時代の危機の解決〉という最終目標の内実は〈火の時代を始めた大王グウィンを継ぐこと〉すなわち〈王を継ぎ再び火を起こして、世界の闇をはらい、不死の徴をはらう〉ことであり(このことは中盤のカットシーンで知らされる)、それが実は〈大王グウィンを倒す〉ことによって実現されるものであることを、最終的にプレイヤーは知ることになる。冒頭で知らされた〈火の時代の危機〉を最終的に解決するに至るまでプレイヤーは、『ダークソウル』の虚構世界の中で様々な経験を(想像活動というあり方で)していくことになるが、それは実質的に言えば、最終目標の達成に近づくことの障害となるその世界の様々な存在たちと戦い、倒していくという経験の連続という形になっている(〈火の時代の危機〉の解決に至るパターンのプレイの場合、ボス戦と称される必須戦闘が一八、その間にも必須ではないが通常は行なうことになる戦闘が無数にある)。

第四節までで述べてきたのは、プレイ経験の水準における①ディスプレイ上の図像たちを反射的小道具とする形での想像活動(＝虚構世界の受容)だったのだが、第五節で述べたように、プレイ経験の水準では②(ディスプレイ上の図像の操作を通して)ゲームメカニクスと相互作用することによって成立する文字通りの現実の経験としてのゲーム行為も行われている。すなわち、『ダークソウル』のプレイ経験の水準で経験される多くの戦闘は、想像という形で経験されるだけでなく、同時に、(将棋やスポーツの試合と同じく)文字通り現実に行われるゲーム行為としても経験されているということだ。

虚構世界上での敵との戦闘という想像活動上の行為に対応するゲーム行為をそれ自体として記述するならば、《NPCとの間で互いのHPを0にしあい、0にした方が勝つという活動》といった形になるが、『ダークソウル』におけるゲーム行為としての戦闘は全般的に難易度が高めに設定されており、特にゲーム進行上必須とされる戦闘であるボス戦の難易度はかなり高い。それは、一定以上の操作スキルや戦略が要求されるものであり、カジュアルゲーマーを基準にして言えば、初見あるいは一、二度のリトライでクリアできるようなものではなく、クリアまでに数十回、場合によっては数百回以上のリトライを要求される（さらに言えば、必ずクリアできるという保証もない）、文字通りの意味で現実的に達成するのが困難な行為としてある。作品冒頭で〈火の時代の危機〉という目標を与えられた『ダークソウル』のプレイヤーは障害となる敵との戦闘を繰り返すことでその解決に近づいていくという経験を想像活動の形でしていくのだが、すでに述べたように、この想像活動は、①ディスプレイ上の図像たちを反射的小道具とする形で行なわれているだけではなく、②ゲーム行為を反射的小道具とする形でも行われている。『ダークソウル』においてゲーム行為として行われている戦闘は文字通りの意味で現実のものとして行なわれているきわめて強度の高い行為であり、このような現実の行為が反射的小道具として機能し、想像内容にいわば「実体」を与えることによって、〈火の時代の危機〉からその解決に至るまでの『ダークソウル』における——戦闘の連続という、ある意味では単調な——想像活動は、より vivid な強度のあるものになっていると考えられるのである。

七　終わりに

以上、本稿では、『ダークソウル』を分析の事例としつつ、まずは前半でゲームにおける虚構の危機の表象に関わる考察を行ない、後半では「危機の表象」といった問題設定では取りこぼされてしまう表象の領域（＝ゲームメカニクス上の出来事の表象）がゲームには存在することを先行論の助けを借りて指摘、その上で、そのような表象の領域と前半で分析した表象の領域（＝虚構世界の表象）のある種の相互作用的な受容のありようを分析／記述するための理論枠組みをウォルトンのメイクビリーブ論を援用しつつ提示した。

本稿で行なった実践は未だ不十分であり、サーヴェイ不足や紙幅の都合により、本来やるべきであるにもかかわらず、出来なかったことがいくつかあるのだが（例えば、ウォルトンのメイクビリーブ論を援用したビデオゲーム論をより広範な形で紹介しつつ、その中に本稿の実践を位置づけていく作業や、榊二〇〇八年、二〇一五年で提示した理論的枠組みと本稿で提示した理論的枠組みがどのように接続するのか／しないのかを明示する作業など）、それらは今後の課題として、今回はこれで稿を閉じることにする。

注

（1）本稿では、表象という語を①何か（X）を別の何か（Y）が表すという働き、または②表象という働き（＝①）において出現する「表すもの（Y）／表されるもの（X）」という二項のうちの前者、のいずれかを指す形で用いる。松永『ビデオゲームの美学』七一頁、参照。

（2）管見の範囲では、ゲームにおける危機の表象というテーマに対応する先行研究は見当たらなかった。それ故、手作りで論を開始することになるが、この後の論の展開上、先行研究への言及が必要になった場合は、適宜行なっていく。

（3）保留にするのは以下で指摘された問題点（プレイヤーがゲーム世界にプレゼンスしていると言えるのかという問題点）をまだクリアできていないことによる。松永伸司「「物語としてのゲーム／テレプレゼンスとしてのゲーム」について」『9bit Game Studies & Aesthetics』二〇一五年六月八日、https://9bit.99ing.net/Entry/61/／同前「榊「物語としてのゲーム／テレプレゼンスとしてのゲーム　その後②」への応答」同前、二〇二〇年一〇月一日、https://9bit.99ing.net/Entry/102/、以上、二〇二四年一〇月三〇日最終閲覧。

（4）ここで言う「想像」は「心の中に一定の像（絵）を思い描く」ことではなく、「一定の命題的な内容が成り立つ（真である）かのように考える」態度――信念（belief）と対比的に位置づけられる態度――のことを指す。清塚邦彦『フィクションの哲学』二〇〇九年、勁草書房、一四〇頁、参照。

(5)ウォルトンのメイクビリーブ論でも"representation"(邦訳では「表象体」)は重要な概念として用いられているが、「ごっこ遊びの小道具として働くという社会的な機能を備えた物体」(七〇頁)という独特な意味において用いられており、本稿が採用した「表象」の定義とは異なる(注1参照)。よって本稿ではウォルトンの"representation"に関わる論述には言及していない。

(6)本稿の言うプレイ経験をウォルトンのメイクビリーブ論(特にその中の反射的小道具という考え方)でとらえようとする試みはすでに行われている(Rune Klevjer, "Virtuality and Depiction in Video Game Representation," *Games and Culture*, 14(7-8), 2017)。ただ同論はプレイ経験の領域における出来事を最終的に文字通りの現実の出来事として受容されるものととらえようとしており、その点で本稿とは立場が異なる。

(7)なお、プレイ経験の水準において想像を指定される命題の全てをゲームの虚構世界上で生じた出来事とみなしてよいのかについては議論がある。以下を参照。倉根啓「ゲームプレイはいかにして物語になるのか」『REPLAYING JAPAN』二〇二三年三月。

(8)その後に発売されたDLCを含むリマスタード版(二〇一八年、PS4等)でプレイ。なお本作には、二つのエンディングが存在するが、本稿ではそのうちの「火を継ぐ者」エンド(冒頭で表象された危機が解消されるパターン)に至るプレイの標準的なケースを想定し、分析を行なっている(DLC部分は分析対象外)。なお、この作品を選んだのは、①危機の表象→危機の解消の表象が分かりやすく見られる、②ゲーム史に残る有名な作品である、③(第五節以降の論述に関わることだが)虚構的な内容の表象という側面にのみに注目した分析ではその固有性を掴みづらい作品であるといった理由による。

(9)この指摘自体は拙稿(榊二〇一五年、二七〇〜二七二頁)の繰り返しだが、このような質的な転換が行われるプレイ経験の領域をプレイヤーにとっての文字通りの現実の経験としての「テレプレゼンス経験」ではなく、想像活動(現在進行的になされる虚構世界の受容)としてとらえ直しているところが、かつての拙稿との違いということになる。

(10)ユールが「ルール」/「フィクション」という形で述べたゲームの二面性については、松永が事例に挙げているG・タヴィナーやF・マウラの他(松永『ビデオゲームの美学』二〇一八、一〇〇〜一〇二頁)、G・フラスカ("Simulation versus Narrative: Introduction to Ludology," M. J. P. Wolf & B. Perron eds., *The Video Game Theory Reader*. Routledge, 2003)や松本健太郎(「コンピュータ・ゲームにおけるリアリティの多元性に関する研究」『二松学舎大学論集』二〇一三年三月)、吉田寛(『デジタルゲーム研究』二〇二三年、東京大学出版会、第三章。初出二〇一三年)などもそれぞれの独自概念を用いて言及を行なっている。

(11)以下の発言を参照。「切り株に出くわすこと、お人形を何かに浸す動作をすること、棒に跨って「早足で駆ける」こと、これら自体がそのごっこ遊びの反射的小道具であり、参加者の想像活動のオブジェクトなのである。参加者は……自分がお人形を何かに浸す動作をすることについて、こうするときに自分が赤ちゃんをお風呂に入れていると想像する。」(ウォルトン『フィクションとは何か』二一二頁)

(12)松永によれば、ゲームには、A「虚構的内容」とB「ゲーム的内容」の二つが存在し、ディスプレイの二次元平面上の視覚的要素がそれらを表象する「記号」として機能するが、その際、①Aだけを持つ記号、②AとB両方を持つ記号、③Bだけを持つ記号の三種類が存在し、ある特定のAとBがディスプレイ上のある一つの要素を自らの記号として共有している②のようなあり方を松永はAとBの「重ね合わせ」と呼んでいる(松永『ビデオゲームの美学』第五章)。これをふまえて言えば、本稿が注目したのは、重ね合わせの状態における虚構的内容の受容とゲーム的内容の受容のある種の関連付けのありよう――前者における"vividness"を強化させるような形で後者が機能しているということ――ということになる。

「決定」をやりなおす――黒沢清『回路』について

川崎　公平

一　「見る」ことの危機

ホラーは、当然のことながら様々な「危機」を描くジャンルである。ドラキュラが、ゾンビが、殺人鬼が、主人公たちを襲い、その生を脅かす。それは確かに恐ろしい。しかし、一九九〇年代に勃興した現代日本のホラー映画――いわゆる「Jホラー」――が、幽霊という存在を改めて特権化しながら目指したのは、そうしたものとは異なる恐怖だった。それを確認することからはじめよう。

たとえば黒沢清は、「全ての映画はつまりホラー映画なのだ」という言葉でよく知られる短いエッセイのなかで、克服可能な恐怖とそうでない恐怖とを分ける。怪獣が街を襲ったり殺人鬼がひとを殺すといった恐怖は、その怪獣や犯人を打倒すれば克服することができるし、もし打倒することに失敗するとしても、それに向かって行動を起こすことができる。黒沢は、このような怖さはホラー映画の恐怖ではないという。一方、幽霊がそこに立っているのを見たという恐怖を克服する術はない。私たちは何もできず、その恐怖に一生まとわりつかれるしかない。「あなたの人生はこの時をもって大きく変質してしまった」。黒沢がここで「ホラー映画」と呼ぼうとするのは、このような「人生にかかわるこわさ」を主題とする映画である（黒沢清「ホラー映画とは何か」『映画はおそろしい』二〇〇一年、青土社、二二一〜二四頁）。つまりここでの「ホラー映画」の恐怖は、それに対して「戦う」というような行動に結びつかない。幽霊のような存在を「見る」という体験こそがどうすることもできない決定的な恐怖を生み出す。なぜか。たとえば次のようにいうことができるだろう。それは、幽霊が私たちとは異なる水準（異なる世界）の存在だからである。幽霊は、「アクションーリアクション」という同水準の（同じ行動レベルでの）関係を人間と取り結びうるような存在ではない。しかし、そこにただ現れることによって、そのようなものがまぎれもなく実在することは顕示してくる。黒沢の例でも、まずもって幽霊自身が何もしてこない。幽霊は、ただそこに（しかし間違いなくそこに）いる。起こっているのがそれだけであるならば、私たちにできるのはそれを「見る」ことだけである。しかしそれゆえにこそ、幽霊が存在するという事実それ自体によって、私たちの常識的な世界認識は崩壊し、決定的な変容をこうむることになるだろう。

黒沢と同様に、『女優霊』（中田秀夫監督、一九九六年）や『リング』（中田秀夫監督、一九九八年）の脚本を手がけ、現在に至るまで理論・実践の両面でJホラーを牽引し続けている高橋洋もまた、「幽霊が怖いのは襲いかかって来るからではない。〔略〕幽霊が怖いのはそれがこの世のモノではないから、その一点につきる」（高橋洋「地獄は実在する　『リング』」『映画の魔』二〇〇四年、青土社、三五〜三六頁）と述べている。幽霊の真の恐怖とは、その存在それ自体によって私たちの知る世界とは別の世界、別の存在様態が（すぐそこに）実在するということを示すという点に存するのであり、そしてそれは、幽霊がいるのを見てしまった以上、もはやどうすることもできない。「見る」ということが人生を決定してしまう。「襲ってくるから怖い」「恨みをもっているから怖い」という行動のレベル、心理のレベルの恐怖ではなく、「いてはならないものがいる」という認識と存在のレベルにおける恐怖。つまりJホラーが追求したのは、いわば「絶対的な〈外〉の実在」とでも呼べるようなものの感触である。だから、とりわけ初期のJホラーは「人間ならざるものがいる」というただそのことを表現するための手法を先鋭化させていくことになるのだし、人間の知覚や認識では捉えきれないものを写しとってしまう可能性をもつ「映像」がそこで重要なメディウムになるのである。こうしてJホラーは、「心霊写真」をモデルとし、「映像内映像」のモチーフを多用し、「ファウンド・フッテージ」や「フェイク・ドキュメンタリー」といった形式を様々に利用していったのだった。

とはいえ、多くのJホラー作品において最終的に幽霊は襲ってくるし、人間を死に至らしめる。そしてその行動を駆動するのも結局非業の死を遂げた者の恨みや怨念であったりする。実際そうでなければ、とくに長篇の商業映画として恐怖の物語を構築することは困難であるだろう。しかしそうした場合でも、Jホラーは「絶対的な〈外〉」の手触りを恐怖の中核に残そうとしてきた。それはこのようにしてなされる。すなわち、幽霊が現れ、人間が死ぬという出来事の起源に怨念のような個人の人間的な意志や感情がたとえあったとしても、そこに非-人間的な「論理」、あるいは「原理」や「構造」のようなものが発動する感覚をまとわせること。たとえば「四谷怪談」に代表されるような古典的な怪談であれば、死者の幽霊は自分に死をもたらしたものにきちんと取り憑く。「わたしが死んだのはお前のせいだ。だからお前が恨めしい。呪ってやる」という因果的かつ人間的な復讐の論理である。それに対して、『叫』（黒沢清監督、二〇〇六年）の幽霊は、こういう。「わたしは死んだ。だからみんなも死んでください」。このような狂った論理によって、ひとりの幽霊の問題は人類全体（とその〈外〉の論理と）の問題となる。怨念が、それを生み出した個人間の因果を超え、もはや止めることのできない異様な運動となってすべての人間を巻き込む。『リング』における、ビデオの複製と噂話の伝播による呪いの自動拡散運動。『呪怨』シリーズ（清水崇監督、二〇〇〇年〜）における、非-線形的な物語形式と時空の狂いによる無限反復運動の感覚。ここにあるのはつまり、「自分の外側で動いているある構造、論理と言ってもいいんですけれども、そういうものが働いていて、それが脅威的に迫ってくる、という世界観」（高橋洋「「呪い」と「反復」について　『太平洋の亡霊』」『映画の魔』九九頁）である。そのとき幽霊の恐怖は、単に恨みや攻撃によるものではなく、私たちとは無関係に自動運動する「〈外〉の絶対性」のようなものに巻き込まれる理不尽さをともなうものとなるだろう。それに対して、人間はどのような行動も起こすことはできないし、「戦う」ことなど想定することすらできない。

以上のようなＪホラーが探究してきた恐怖のひとつの臨界点を示している作品が、『回路』（黒沢清監督、二〇〇〇年）である。以下、本稿では、この作品を取り上げ、そこでどのように幽霊の恐怖が思考され、描かれているのか、そしてそれに対峙する人間の生の可能性がいかに提示されているかについて記述していきたい。

二　『回路』の幽霊システム

『回路』は、幽霊が次々と現れ、人間がどんどん消えていき、世界が崩壊していくという、ただその過程のみを描いたといえるような映画である。そしてその過程は、きわめて奇妙なかたちではあるが、明確にシステム化されている。まずはそれを確認していこう。『回路』における「システム」とはどのようなものか、そしてそのとき幽霊とはどのような存在なのか。

作中で武田真治演ずる大学院生によっていかがわしい説明がなされるこの幽霊発生のシステムを、常石史子はこう簡潔に要約する。「『回路』における「システム」とは要するに、異界に収まりきらないほどに増殖しすぎた霊たちが押すな押すなと行き場を求めているときに、どこかのだれかが何の気なしにふと赤いガムテープで扉か窓を目張りして「開かずの間」を作り、別のだれかがまた何の気なしにふとそのテープを剥がしてしまったとしたら、赤いテープによる封印とその破戒とが、霊たちとの間に「回路」を開通させるシステムとして一人歩きをはじめてしまうという話」(常石史子「黒沢清、平面論——『勝手にしやがれ!』から『回路』まで」藤崎康ほか『ブックレット8　黒沢清・誘惑するシネマ』二〇〇一年、慶應義塾大学アート・センター、六頁)である。そしてそれは、作中の武田真治がいうように、「どんなに馬鹿げた単純な装置であっても、いったんシステムが完成してしまえば、いやでもそれは動き出す」ものとしてある。システムは、インターネットを使って伝達される。一方的につながってくるサイト。そこには無為な反復運動を繰り返す消尽しきった人々の映像が映し出される。その映像に魅入られた者は「あかずの間」を作ることになる。そこに幽霊が出現する。そしてその「あかずの間」を開き、幽霊と出会った者は、配信されてきた映像の人々と同じように消尽し、しかるのちに「壁の染み」になって消えてしまう。つまりこのシステムは、こちら側の世界に幽霊を侵入させ、その代わりに人間を消失させる。幽霊を増やし、人間を減らす。

幽霊がこのようなシステムによって出現するということが、まず『回路』を一般的な幽霊映画や怪談映画から逸脱させるだろう。何しろそこで示されているのは、幽霊の出現が怨恨のような個人的・心理的な動機によるのではなく、「幽霊の人口問題」とでもいえるようななかば社会的な要因によるということなのである。

そしてこのことは端的に、「あちら側」の「幽霊の世界」が「ある」ということを示唆する。あるいは、幽霊の世界が少なくとも幽霊の容量に限界があるという程度には秩序性をもっているということを示唆する。この映画において想定される幽霊の意図や目的は、あくまでそうした点に準拠して導き出されるだろう。物語の後半で唐沢春江（小雪）はこう話す。「幽霊は人を殺さない。そしたら幽霊が増えるだけ。そうでしょ？　彼らは逆に人を永遠に生かそうとする。ひっそりと、孤独のなかに閉じ込めて……」。つまり、あの世の容量が満杯なのだとすれば、これ以上幽霊が増えてしまっては困るわけである。そこで人間を「永遠に生かす」という戦略が生まれることになる。

ではそのために、幽霊は具体的に何をするのか。『回路』には、「あかずの間」を開いた人物がそこで幽霊と出会ってしまう場面が三回あるのだが、そこで幽霊がおこなうのは、端的に人間と見つめあうことである。幽霊は、相手の顔を見ると同時に、自分の顔を相手に見せる（とくにその眼の物質性が強調されている）。主人公ミチ（麻生久美子）の友人である順子（有坂来瞳）が幽霊と出会う場面では、幽霊は自分の顔にかかる長い髪の毛を手で上げてまで顔を見せようとしている。なぜ顔を見せるのか。あるいは、顔によって何を見せようとしているのか。短絡的に臆断しておこう。黒沢清は『回路』についてのインタビューのなかで、「幽霊というのは僕は、そこにぽっと存在している死そのものだと思います」「僕の扱う幽霊っていうのは永遠の象徴かもしれない」と述べている（「的確さ」以降の世界を生きる」『カイエ・デュ・シネマ・ジャポン』第三〇号、二〇〇〇年七月、一一八〜一一九頁）。また映画の後半で亮介（加藤晴彦）が出会う幽霊は、「死は、永遠の孤独だった」という科白を吐いた上で、顔の圧倒的な現前を示す。つまり、幽霊たちはそこで「死という永遠」を見せているということになるのだろう。黒沢は、死んだ人間も幽霊になるとしたら両者は結局同じ存在になるのだから、幽霊が人間を殺すことには「原理のすり替えがある」とし、そこから「幽霊を見た人は死ななないどころか永遠に生きるはめになる」「永遠に固定される」という恐怖をこの作品で導入したという（同前、一一二頁、一二〇頁）。実際この映画において「永遠」という言葉が大きな主題となっていることは間違いなく、幽霊を見てしまった者は、先の唐沢春江のように「永遠」や「ずっとこのまま」といった言葉を繰り返し発するようになる。人間たちは、幽霊を見ることによって、「死は永遠である」という恐怖にとらわれ、「壁の染み」になるというかたちで、黒沢の言葉にしたがえば「永遠に固定化」されてしまう。まさに「見る」ことによって人生が決定的に変質する。つまり、「永遠に生かす」という幽霊の戦略は、自らの存在を実体として提示することによって「死＝永遠＝幽霊」がまぎれもなく存在することを示し、人間を死とはまた別の「永遠」に追い込むことだ、ととりあえずは理解することができる。

ここで確認しておきたいのは、以上のような要素によって明確になる、人間の世界と幽霊の世界との対立関係である。ある種の秩序性をもち、しかも声を出して話し、触れることもできるというかたちで人間に近い実在性が強調されもする匿名の幽霊が、いわば領土拡大のために続々と現れるというのだから、この幽霊は『ボディ・スナッチャー／恐怖の街』（ドン・シーゲル監督、一九五六年）から『宇宙戦争』（スティーヴン・スピルバーグ監督、二〇〇五年）に至る数々の映画で地球を侵略しにやってくる宇宙人たちのような、人間秩序と幽霊秩序との闘争関係を想定できるようなものとして現れているといえる(1)。

しかし対立関係にあるとはいっても、それはどこまでも非対称な、不可逆的な関係である。人間が幽霊に対して何かができるわけではない。人間は侵略に対するリアクションを起こすことができず、できることがあるとすればミチのようにただ逃げることだけである。映画がはじまったとき、登場人物はすでに〈外〉の論理のただなかにおり、ほぼ全員が自分の意志とは無関係に「永遠の固定」へと進んでいくことになる。「システム」が外側から人間たちを囲い込み、人間たちが機械の一部と化して、主体的な行動の方向性を失うこと。そのことが映画のなかでいかに描出されているか、「あかずの間」が最初に開かれる場面を例に確認しておこう。

ミチの仕事仲間である矢部（松尾政寿）が、自殺した同僚の部屋を訪れ、そこで「壁の染み」を発見したあと、マンション前の道路を歩いている。矢部はふと、赤いテープで目張りされたドアを発見するが、とくに何の反応も見せずに振り返り、逆の方向に歩きはじめる。しかし次のショットで、彼はもうそのテープを剝がしはじめている。つまり矢部はいつのまにか「あかずの間」に吸い寄せられてしまったかのようである。この動きの方向の変動を実現しているのは何か。端的に、編集である。「あかずの間」とは別の方向に歩きはじめた人物のショットが、その人物が「あかずの間」にいるショットへと接続される。いわばモンタージュが人物の意図を裏切り、その行動を強制的に方向づけているわけである。このある種のジャンプ・カット、あるいは「つなぎ間違い」に近い操作によって、人物の動きの一貫性や意志性が失われ、逆に彼の動きを操るシステムの強制力が際立つことになる。物語内のシステムの強制力と、映画のつなぎがもつ強制力が折り重なる。あるショットが終わり、そこに断絶が介入すること（可逆性が介入すること）。しかし次のショットが現れたとき、何らかのかたちでつながりが実現されて（強制されて）しまうこと。このショット間の「断続」が、ここで本人の意図しない「瞬間移動」を呼び込んでいるのである。

あるいはここで、「バス」に注意を向けることもできるかもしれない。たびたび指摘されてきたように、黒沢の作品における自動車の車内ショットでは、窓外の光景がいつも矛盾を孕んだいかがわしいかたちで組みあわされ、それはときに自動車が空を飛んでいるかのような印象すら与える。そしていま見た場面における矢部も、「あかずの間」にたどり着く直前、奇妙に背景がくすんだバス車内のショットを介して自殺した同僚の部屋へとやってきていた。人物はこのとき、ただ移動していることのみを表象するかのような、本当に走っているのかわからないようなこのバスに乗ることによって、方向性を欠いたままただ運ばれる存在と化しているように見える。しかしその上でこそ、次のショットである場所には否応なく到着してしまうのである。このバスは、運動の方向性を欠くがゆえに、到着することの恣意的な強制性の感覚を同時にもたらすだろう。可逆性の時空を開きつつ、しかし到着するバス。乗せた人物を浮遊させるが、しかし運ぶ。「断」を前提として、「続」を実現する。『回路』の「システム」はこのように、人物の運動の方向性を脱臼させた上である場所に至りつかせるショットとショットの「断続」においてこそ現れている。このあと「あかずの間」で見事なコレオグラフィを見せる幽霊と向かいあった矢部は、しばらく虚脱状態の日々を過ごしたあと、ミチの目の前で「壁の染み」となって消えることになるだろう。この映画の人間たちは、ある動機をもっていたはずの行動がいつのまにかその意志とは無関係な場所に接合されることによって、そこで恐怖に出会い、「非-人間」と化すのである。

『回路』において人間が消えていく以上のような過程を、高橋洋のいう人間の外側にある異質な「論理」の発動によって人間が動かされてしまうような事態だと解することはできる。しかしこの映画において、その〈外〉はあくまで物語のなかに折りたたまれている。述べたように、それは「幽霊の世界」(あの世)として物語内部で明確に示されているのであり、その論理も「システム」として作中で明示されている。そしてそのように〈外〉の論理があくまで物語世界に内在するかたちで作動するからこそ、この作品はその内部に幽霊と人間という対立を前提として残し続けるのである。そしてそのことを前提とした上で、このようにいうことができるだろう。『回路』が描くのは、その対立が解消される過程である。もちろんこれは第一義的には、幽霊が増えて人間がいなくなり、「こちら側」の世界が「死の世界」に侵蝕されてしまうということ、この世があの世に覆われてしまうということを指してもいる。しかしそれだけではない。このシステムには、一方が他方を消滅させるということと同時に、両者が同じものになる（あるいは同じ属性をもつ）という次元がある。つまり「永遠」である。幽霊が象徴している「死という永遠」と、人間が追い込まれる「永遠に生きる」という事態とのあいだに、いかなる違いがあるというのか。もちろん幽霊側の論理としては、容量が満杯であるあの世に人間が来なければいいわけだからそれでかまわないのだろうが、しかしこのシステムは、「永遠」であることを介して人間と幽霊を奇妙に同じものにしてしまう。しかも「あかずの間」に現れる幽霊は、人間に近い輪郭と物質性をもつのだから、両者は身体的・視覚的にもきわめて似た存在になるのである。ならばそこには、「生」と「死」の違いだけがあるということになるのだろうか。しかし両者がともに「永遠」であるのならば、その違いも結局のところ、住む「世界」の違いでしかなくなるのではないか。「生」と「死」の関係はここで、いわば単純に空間的な境界の問題となるのである（だからこの映画は、幽霊もかつては生きた人間だったという時間的な問題をほとんど捨象する）。よって最終的に残るのは、一方が「移動」（越境）し、もう一方は「固定化」（隔離）されるという違いしかない。つまりこのシステムは、人間と幽霊との存在論的な対立を解消しながら（人間を幽霊と同じものにしながら）、そうすることによって地政学的な対立や権力関係を生みだそうとする。ある種の植民地政策（あるいは同化隔離政策）といってもいい。『回路』とはいわば移民の映画であり、あるいは植民の映画なのであって、システムが実現しようとしているのは、世界Ａから世界Ｂへと人口を流入させるとともに、世界Bから世界Aへの逆流を防ぐことに他ならない。「永遠」の名において世界Aの住人であった植民者たちはそのために、世界Bの原住民たちにも「永遠」の属性を与えながら、そのことによって彼らをその居住区に(あるいは収容所に)隔離(固定化)する。越境者たる幽霊がもつ「永遠」というその同じことが、人間を固定化へと方向づけるのである。よってここでは、この世があの世に覆われるというよりも、この世はこの世として保持されたままになるといわなければならない。その上で住民の移動や隔離が問題となっているのであり、したがって『回路』に描かれるシステムは、確かに人間の「外側」から襲いかかってくるものではあるが、あくまで対立する二つの世界の「あいだ」で機能するものとして理解されなければならないだろう。そこに開かれる「回路」は、幽霊と人間を通底させつつ(同じものにしつつ)、その「あいだ」の方向づけを強制的に決定する。しかしこのことは、強調点を変えれば次のように言い換えることもできるはずである。幽霊と人間の対立を前提とし、前者が後者を侵略する過程を描くこの映画は、しかしその存在様態のレベルにおいては、幽霊と人間との違いをなくしてしまっている。つまりこれは、二項対立が「永遠」の名のもとに溶け崩れてしまう物語なのだ、と。

三　映像化システムと「非-決定」

いずれにせよ、ここまで述べてきたことは、登場人物の科白や監督の言葉、あるいは物語展開の再構成によって見出される『回路』の基本的な世界観の確認にすぎない。これをもう少し画面に即して捉えなおしていくならば、このシステムの別の側面が見えてくるだろう。ただしその「画面」とは、この映画それ自体を構成する画面というだけでなく、作品内に現れる「画面」を指してもいる。というのも端的に、このシステムは

「映像」として配信されるからである。『回路』のシステムがおこなうことはまず何よりも、消尽しきった人間たちの部屋を撮影し、それを世界中に送り届けることであり、その映像に観客を没入させることである。やはり幽霊は「見る」ことと「見せる」ことを同時に実践しているわけだが、これはほとんど映画の製作・配給・上映に近いことを実践しているといってもいい。以下では、その「映像」とシステムとの関係を見ていこう。

システムが配信する映像は映画のなかで何度もコンピュータのスクリーンに映し出されるが、幽霊はそれをいかに「撮影」しているのか。映画の後半で、その一端が明らかになる。唐沢春江の自宅の部屋の場面である。シーンがはじまったとき、春江はすでにコンピュータの画面に映る映像に魅入られている。画面には例によって虚脱状態の人々や誰もいない部屋がいくつか映し出されるが、春江がクリックすると、映像はソファに座るひとりの男（頭部に黒い袋を被っている）の部屋へと切り替わる。見入っていた春江がキーボードの「Enter」ボタンを押す。すると、「あかずの間の作り方」と記された紙がプリントアウトされる。その間、映像のなかの男はこちら（カメラ）のほうへと近づき、被っていた袋を取ると、カメラを（こちらを）見つめたまま、拳銃で自分の首元を撃ち抜く。春江はもう一度キーボードのボタンを押す。その直後、彼女の「撮影」がはじまる。コンピュータのスクリーンに、春江の姿がリアルタイムで映し出されるのである。いわばそれは、彼女がシステムに組み入れられた合図であるだろう。春江はこの瞬間、「観客」から「被写体」になる。自分が見ているコンピュータにいまの自分が映っていることに気づいた彼女は、うしろを振り返り、「カメラ」のほうへと歩いていくが、そこには何もない。つまり「撮影」は、カメラも何もないところからなされている。不可視の撮影者による定点観測という究極の監視装置。おそらく、これがあらゆる部屋に配備されていき、そこで撮影された映像もまた配信され、そして上映された場所で新たな監視ポイントが作り出されるという、撮影と上映が無限に連鎖・増殖するようなシステムがあるということなのだろう。この映画の幽霊は、見ると同時に見せる。映像に魅入られた者は、見ることによって、見られていることを内面化する(というより、実際に見られ、撮影されはじめる)。そしてその監視状況のもとで、人間たちは映像のなかの人々と同じように無為状態に入り込み、「永遠に生かされる」ことになる。ただ生きているということだけが永遠に続く。いわば彼らは、生きながらにして死に、人間でありながら「非-人間」と化している(春江は先行する場面で、映像のなかの人々を見ながらこう問いかけている。「この人たち本当に生きてるっていうの? 幽霊とどう違うの?-」)。『回路』のシステムは、いわば生と死を連続させるのであり、両者を同じものにするのである。死は、単なる「もうひとつの世界」への移動にすぎない。「人間的なもの」と「非-人間的なもの」との区別はもはやまったく問題とはならず、死んでも同じような生が続く(春江はこうもいっている。「死んでも何も変わらなくて、いまのままが永久に続くのよ?-」)。よって問題は、「こちら側」に固定化されるかどうかしかない。

だから春江は、多くの人々が固定化されたのであろう「永遠の生」とは異なる方向へと進む。「カメラ」がある場所へと近づいた春江は、その何もない空間を抱きしめ、なかば嬉しそうに「わたし、ひとりじゃない」と呟くのである。彼女は「撮影」する側の存在に気づき、「死の世界」が「ある」ことを知るわけだが、すでに生きることとの孤独に絶望を感じている彼女にとって、それは恐怖ではなく喜びとなる。死ねば「あちら側」に行けるからである。黒沢清はいう、「奇妙な理屈かもしれませんが、幽霊の存在が科学的にはっきりと確認されて、人間は死ねば幽霊になれると分かったら、多くの人が自殺するのではないか」(黒沢清『黒沢清の映画術』二〇〇六年、新潮社、二四〇頁)。「回路」が開かれることは、「あちら側」の世界が「ある」ということを、つまりそちらに行けるということを明らかにしてしまうことでもある。だからこそ春江はその後、「永遠に固定化」されるのを避けるかのようにピストルによる自死を遂げるだろう。いわばそれは、システムによる方向づけからの逸脱であり、あるいは「永遠に生かそうとする」ことに対する「死」による抵抗である。撮影されること（見られること）によって、彼女は「こちら側」への「固定化」ではなく「あちら側」への「移動」の可能性を見出す。方向を変えるわけである。ただし、注意しておかねばならない。そのピストルによる自死もまた、彼女がここで見ていた映像においてすでに示されていたことなのである。この男性の「抵抗」の映像は、幽霊の目的から鑑みれば本来見せてはいけないもののはずであり、自動システムのなかにまぎれ込んだ少数の例外、バグとでもいうべきものなのかもしれないが、システムはそれをも自動的に配信してしまっている。よってこのシステムは、人間の「固定化」の連鎖をもたらすだけでなく、それへの「抵抗」の細い線をも連鎖させているということもできるだろう。しかしここで重要なのは、いずれにせよそこでもたらされるのが「映像」の反復にすぎないということである。確かに春江の拳銃自殺は、システムが規定する方向から逸れる行動ではある。しかし、見せられた映像と同じことをするという点では、システムに完全にしたがっているのである。まるで「抵抗」それ自体がシステムに組み込まれているかのように、それは映像の単なる模倣と化し、紋切型的に繰り返される（そもそも死を選んだところで二つの世界のあいだの「永遠」の循環が待っているだけではないのか）。この人口調整システムの「生権力」は、「生かす」ことも「死ぬがままにしておく」こともその枠内に収めているのであって、(2)ここでそれは、何より「映像」の反復として方向づけられている。春江は、映像と同じように「助けて」という文字を壁に書き、映像と同じように黒い袋を被り、映像と同じようにそれを取り外して自殺する。そしてその春江自身の姿が、すでに「撮影」されはじめており、「映像」のなかにいるのである。

要するに、システムに組み込まれた人間たちは映像に、想像的にばかりでなく、物理的にも「同一化」する。単に映像に魅入られ、それを模倣するだけではなく、人間たちは実際に「撮影」されはじめるのであり、映像に「なる」のである。人間たちが、この世が、そのまますべて「映像化」される。実際、映像に魅入られた人物たちは、その映像内の人物と同じように、黒い人影と化して部屋のなかで動きまわることになる。ならば、人物たちが「壁の染み」になってしまうという出来事もまた、その延長線上で考えることができるだろう。そもそも、まるで原爆投下時の人影のようなこの「壁の染み」は、「映像」を強く喚起させる形象である。例えば常石史子は、「『回路』最大の暴力は、封印を破ったものを黒いシミへと、すなわち二次元の存在へと帰してしまうことである。それは三次元のものを二次元に押し潰すという映画の根源的な暴力性にそのまま通じているだろう」と述べ、そこに黒沢作品に頻出するビニール・シートや半透明の幕なども関連させつつ、黒沢の映画がもつ「映画がどこまでも平面であることを鋭く宣言する瞬間」や「画面を純粋な光と影の交錯に帰してしまう」要素について指摘している（常石「黒沢清、平面論」九〜一一頁）。『回路』の幽霊システムは、実際に人間を「撮影」するのだから、そのような「映画の根源的な暴力性」をまさに実践しているのである。

こうして見ると、『回路』における世界崩壊は、端的に世界が映像になっていく過程だと捉えなおすことができるだろう。人間たちは、匿名的な黒い人影として、映像のなかに収容されるわけである。しかしここでも、人間と幽霊が通底する次元が現れてくる。なぜなら、「あかずの間」では物質的な身体をもっていたはずの幽霊もまた、その外では真っ黒なただの人影になってしまうからである。大学の図書館でも、ゲームセンターでも、「こちら側」の世界に出た幽霊は「二次元に押し潰される」のであり、両者はまたもや視覚的にほとんど変わらなくなるのである。重要なのは、この映画が人間と幽霊とを様々なレベルでひたすら同じものにしようとするその強靭な一貫性である。春江は、「結局、人間も幽霊も同じ。生きてようが死んでようが」といっていた。それは単に両者が「永遠」だからではない。両者は視覚的にも「同じ」になり、識別不可能になるのである。そしてそれが実現されるのは、映像（としての世界）においてである。つまりここにあるのは、いわば撮影・配給側（幽霊）も観客（人間）もともに映像のなかに折りたたまれるような事態であり、それが両者の身体の染みや人影への変容として視覚化されているのだということになる。

『回路』はその点で、Jホラーにおける特異な実践になっているといえるだろう。単に〈外〉からの論理が人間を覆うというだけでなく、中間的なものへの生成変化によって人間と幽霊が同じものになり、対立が溶け崩れるさまが描かれているからである。確かにそこに現れる「システム」は人間の行動を「決定」するし、人間が「永遠に固定」されていくことも間違いない。しかし逆にそのことによって、この「〈外〉の論理」は二つの世界を通底させるのであり、むしろ幽霊と人間との判別が困難になる「非-決定」の状態へと世界を変化させ、固定化された関係を流動化してしまうのである。そして『回路』は、そこにおいてこそ、別種の「固定化」を導入する。いわばそれは、流動状態への固定化である。『回路』において、世界はその流動状態において閉じられる。人間が人間ではなくなり、幽霊も幽霊とはいえなくなり、しかしその流動的な識別不可能状態において皆が「同じ」になってしまうということ。対立をなし崩しにする中間的な「非-人間」という不確定状態が、永遠に続くこと。この世とあの世という二つの世界の区別は残るが、死んであの世へ移動したとしても、何も変わらないということ。無限の循環によって閉じられる二つの世界。「結局、人間も幽霊も同じ」。ここには、二つの世界の対立を内在化したうえでそれを流動化させることによってこそ生じる、「外側」から襲いかかるものとは異なる「どうしようもなさ」の手触りがある。つまりそれが「永遠」に他ならないわけだが、ここでそれは、二つの世界のあいだの循環状態に固定化されること、二つの存在のあいだで「非-決定」に固定化されることとして現れるのである。

では結局のところ、そうした世界のなかでひとはどうすることもできないのだろうか。この映画は、そのように閉じたままで終わっているのか。どこまで行っても「同じこと」が待ち受けているということを提示するだけの映画なのか。もちろんそうではない。『回路』には、いくつかの別の可能性が示されているはずである。それを見なければならない。

四　二つの断言

四-一　「未来」

システムの強制的な取り囲みから逃れる可能性、その方向を変える契機は、この映画のなかで、とりわけ物語の最終局面において、わかりやすく示されている。つまり、主人公たちの言動において明瞭に示されている。このことについて、二つの点から見ておこう。彼らは、〈外〉からの絶対的なシステムによって決定されたかに見えるこの世界において、何をするのか。映画はそこに、何を見出しているのか。

まず主人公たちがおこなうのは、「行動」である。映画の終盤に至ってはじめてミチと亮介が出会い、二人が何の目算もなくただ進むことを選択するとき、映画は明らかにその「行動」の可能性に寄り添いはじめる。何の根拠もなく、たどり着くべき目的地も知らず、ただ「行く」こと。二人は自動車に乗り、巨大な廃工場で春江の自死を見届け、そこで亮介が幽霊に出会ってしまったあとも、自動車で海へと向かい、ボートに乗り換え、さらに役所広司を船長とする大きな旅客船に乗り込む。この一連の場面において、亮介とミチと役所広司は、ひとつの同じ言葉を共有している。つまり、「行けるところまで行く」。世界が崩壊し、どこまで行っても同じであるかもしれないが、そんなことなど知らないかのようにとにかく「行く」。黒沢清自身が強調し、いくつかの論考でも重要視されてきたこの映画の「前向き」な側面。[3] それをもっとも体現するのは、ミチとともに自動車に乗り込んだ亮介が突如として発する「未来」という言葉であるだろう。「これで最後にする。それから、行けるところまで行く。なんか、見えてきた、未来が」。世界の状況が絶望的であるにもかかわらず、亮介はそこに「未来」を見る。「未来が見える」と断言する。何において見出されているのか。それは、自らで無根拠に方向を決めてしまうこと、そのこと自体においてではないか。世界の状況から見れば同じ絶望しか待っておらず、システムがそのように方向を「決定」しているなかで、どこに行くべきかわからないまま、つまり客観的な根拠のないまま、しかし自ら方向を定めて「行けるところまで行く」こと。それが絶望的な結果しかもたらさないとしても、「行動の方向を決める」「行動することを決める」というその力能を個人がもつというそのことに、そしてそれを実際にやってしまうというそのことに、「未来」が見出されている。いわば彼らはここで、「決定」を自らのもとに、主観的なものとして取り戻しているのである。

そしてそのことはここで、何より「乗り物」において現れているだろう。亮介が「未来」という言葉を発するとき、二人は走行する自動車のなかにいる。窓外の風景はほとんど真っ白である。あのバスのように、外の世界との関係は抽象化し、乗り物は運動の明確な方向性を失っているように見える。しかし、単純だが決定的な違いがある。つまりいま、この乗り物を亮介が運転しているということである。あのバスは、運動性と方向性を欠き、どこに行くのかわからないが、しかしどこかに人物を到着させてしまうものだった。可逆性の時空を開き、乗せた人物を浮遊させながら、しかし強制的に運ぶものとしてのバス。いまミチと亮介が乗る自動車も、同じように浮遊し、どこに向かっているのかまるでわからない。しかしそれを動かしているのは、まぎれもなく亮介自身である。つまり、「どこに行くのかわからない」というその同じ可逆性の場において、自ら運動の方向を導いているのである。「どこに行くのかわからないが、どこかに運ばれる」のではなく、「どこに行くのかわからないが、とにかく行く」。「断」の可逆性を前提として「続」が実現されるとき、その「続」をともかくも自らで方向づけ、実現すること。「行けるところまで行く」ことを宣言する三人の人物によって運転される自動車、ボート、旅客船において明確に具現されているのは、このミクロな(個人の)運動の水準で方向の「決定」をやりなおす可能性に他ならない。もちろん同時に、世界のほうは閉じてしまっているのであって、その方向は「外側」で勝手に「決定」されてもいる。いくら主体的に行動しようと、それは大きなシステムの手のなかで右往左往することでしかないのではないか。しかしこの映画が実際に示すメッセージは、端的に「そんなことはわからない」というものである。そこで映画が終わるからだ。つまり『回路』は、二つの「決定」を「戦わせる」ことによって終わるのである。システムの「決定」と、人物たちの無根拠な「行く」という「決定」がせめぎあい、そのあいだで「非-決定」となる。映画の最後に提示される、海上の旅客船を真上から捉えた超ロング・ショット。広大な海にぽつりと浮かぶ旅客船はここで、ほとんど動いていない。それをはるか上から見下ろすこの視点は、システムの強力な「取り囲み」を示しているようにも見える。しかしそれを運転しているのは、「行くところまで行く」べく自らを方向づけようとする人物たちである。この動かない船、どこに向かうかわからない船において、二つの「決定」が拮抗している。このラスト・ショットが指し示しているのは、まさしく「戦い」の場であるだろう。『回路』は、「未来が見える」「行けるところまで行く」という客観的に見れば無意味ともいえる断言を世界にぶつけさせ、「決定」をそのように「戦い」へと差し戻した上で、つまりその主観的な断言がこの世界に変化をもたらす可能性を残した上で、終わるのである。

四-二 「いっしょ」

映画の最終局面で発せられる断言は、それだけではない。世界の状況から考えればまるで意味があるとは思えない断言は、もうひとつある。それはミチによって発せられるものであり、システムがもたらそうとする固定化の別の側面に関わっている。その断言とは、このようなものである。「わたしはいま、最後の友だちといっしょにいます」。

『回路』が主要なテーマとして採用している「孤独」というものについて考えてみよう。システムは、人間を「永遠に生かす」だけでなく、そこに「孤独」ということをもつけ加えるのだった。この物語において「永遠」と「孤独」はつねにセットになっており、幽霊は「死は、永遠の孤独だった」と呟き、春江は「彼らは逆に人を永遠に生かそうとする。ひっそりと、孤独のなかに閉じ込めて」という。システムによって人間と幽霊は、「永遠」であることにおいてのみならず、「孤独」であることにおいても「同じ」になるわけである。そして同時にこの作品は、この「孤独」がそもそも「この世」における人間関係の問題としてあることも強く押し出している。それはとりわけ春江の厭世的な言動においてあからさまに表出され、また武田真治の大学院生が作成したコンピュータ画面上の不気味なイメージ――複数の点が近づいたり離れたりを繰り返す――によってもわかりやすく表象されるだろう。そこにインターネットといういかにも徴候的な要素が組みあわされて、この映画は「現代日本の若者の孤独とディスコミュニケーション」といったことを主題とした作品として把握されることになる。実際この映画がそのようなことを描いているのは確かであるだろうが、ここでの関心はそうした社会的な人間関係における「孤独」と「つながり」の問題にはない。問題は、「孤独」なるものが映画のなかでいかに現れているかということである。それは「わかりあえなさ」や「無関心」による心理的な孤立状態（これは菅田俊が演ずるミチの上司の科白によって示されるものである）のことを意味するだけではない。この映画における「孤独」とは、何より端的に、ある空間のなかにひとりでいることである。より具体的にいえば、ある部屋のなかでひとりになることである。「映像」のなかの人間たちの「永遠の孤独」とは、撮影される部屋にひとりでい続けることに他ならない。「壁の染み」を「固定化」とみなすならば、やはり部屋の壁にひとりでとどまり続けることが「永遠の孤独」ということになるだろう。「永遠の孤独」を体現する幽霊たちも、やはり「あかずの間」という部屋にひとりで現れる。つまりこういうことである。『回路』のシステムは、ひとりにひとつの部屋をあてがう。ひとりの幽霊にひとつの部屋を与え、ひとりの人間をひとつの部屋に閉じ込める。それぞれがそれぞれの部屋でひとりになる。これがこの映画の「永遠の孤独」である。言い換えると、ひとつの部屋に二人がいてはならないということになる。一方が現れれば、一方は消えなければならない（幽霊が増えて人間が減る）。幽霊はこのことを、一度二人になることによって実現しているということができるだろう。つまり人間が「あかずの間」を開けてそのなかに入ったとき、そこには二人がいることになるが、そこで幽霊は限りなく人間に接近し、顔を見あわせ、圧倒的な恐怖を与えることによってそのあと人間を永遠にひとりにする。一度二人が接近することが、その反動としての「孤独」をもたらす（武田真治が作成したイメージ）。二人にした上で、ひとりにする。よって、「壁の染み」への「固定化」も、この視点から捉えなおすことができるかもしれない。それはきわめて残酷な捉えなおしである。作中で生きた人間が「壁の染み」になるとき、そこにはいつもミチがいる。つまりそこには二人がいる。彼らが「壁の染み」になるのは、だからではないのか。部屋に二人がいるから、彼らは消えなければならなかったのではないか。ミチがいるから、消えたのではないか。このシステムにおいては、二人になると、ひとりが消える。だから主人公たちにとっての最大の問題は、いかにして二人になるか、二人でい続けることは可能か、ということになるのである。

ミチと亮介という二人の主人公は、終始一貫して、とにかく「二人」でいようとする人物たちである。ミチは同僚たちを気にかけ、そのそばに寄り添おうとし、亮介は逃げる春江を追いかける。結局誰もが消えてしまうのだが、その上でミチと亮介は出会い、新たな「二人」を形成するだろう。そのとき発せられる断言が亮介による「未来が見えてきた」というものなのだが、しかしその亮介も最後には、船室の壁に「染み」を残して消えてしまうことになる。システムは、二人をひとりにする。「二」から「一」を引く。あらゆる同伴者を次々に失ったミチは、ついに船室にひとり取り残されたように見える。しかし、ミチのヴォイスオーヴァーが断言をおこなうのはこのときである。「わたしはいま、最後の友だちといっしょにいます」。つまり「二人」だといっているのである。誰と「いっしょ」にいるというのか。もちろん亮介であり、亮介の「壁の染み」である。

ここでミチは、亮介が絶望的な世界に「未来」を見、行動の「決定」をやりなおそうとしたように、主観的な断言によって世界に錯誤を導入しようとしている。いまこの船室には、「人間」はミチしかいない。画面右側の椅子に座る彼女が見つめる先、画面左側の壁には、「染み」しかない。しかしミチと「染み」は、同じ部屋にあり、同じショットにおさまっている。このこと自体を、彼女は「いっしょにいる」ことだと宣言するのである。「いっしょにいる」ことの根拠は、同じ空間にいること、同じショットのなかにともにいること、それしかない。つまり彼女は、客観的に見れば違いがあるとしか思えない存在様態の水準を、完全に無視する。「人間」か「非-人間」か、「三次元」か「二次元」かを問題とせず、ただ同じ空間にいることを「いっしょ」だとみなすこと。亮介は消えてしまったのに、そこにあるのはもはやまるで亮介には見えない匿名的な「染み」でしかないのに、「友だちといっしょ」だと「決定」してしまうこと。この断言がもたらすのも、やはりシステムによる強制的な取り囲みに対する「戦い」であるはずだ。システムは、二人をひとりにする。実際客観的に見ればミチはひとりである。しかしミチは、その世界の見方を変えてしまう（亮介が「未来」を見たように）。そのことによって、「ひとり」を「二人」にするのである。システムの強制的な「決定」と、ミチによる主観的な「決定」が拮抗する。

ここでミチがおこなっていることを、「同じ」であることの捉えなおしだということもできる。システムは、人間と幽霊を、「同じ」にした上で隔離する。「永遠」であることにおいて、そして視覚的にも、両者は「同じ」になり、しかし空間的には隔絶させられる。これが、二者間の「流動状態への固定化」として捉えられたものだった。つまりこのシステム自体が、存在様態の差異を無化しようとしていたわけである。ミチはいわば、この「同じ」であるというその同じことを再利用する。いま彼女は、いわば「通常の生」（死にうる生）を生きている。亮介のほうは「染み」であり、あるいは「永遠の生」に入り込んでしまった。外在的に見れば、二人のあいだには存在論的な差異があるはずである。しかしミチは、主観的に、それらを「同じ」だと見なすのである。システムがもたらす「同じ」をいわば先取りし、「同じ」ではない状態で「同じ」だといってしまうこと。システムがおこなうその同じことを、先に勝手にやってしまうこと。あるいは、そうして存在様態の違いを無視し、空間的な「同じ」を導入すること（「いっしょ」を可能にすること）。ミチは、同じ「同じ」を、システムとは別のしかたで用いる。このような「同じ」であることの流用・私物化によって、ミチと亮介は「二人」になるのである。

よってこれは、春江による似たような捉えなおしとは異なる方向性をもつことになる。春江もまた、このミチと同様の断言をすでにおこなっていたのだった。つまり、「わたし、ひとりじゃない」。そのとき、何もないところを見つめ、それを抱きしめさえする春江もまた、やはり外在的に見ればひとりでしかない場に「二人」を見ている。しかしそこでの春江にとっての「同じ」や「いっしょ」は、あくまで存在様態の水準での「同じ」を基盤とし、あるいはそれを目指すものだったはずである。死ねば「いっしょ」になれるということ、「永遠の孤独」において「同じ」になれるということ、これが春江を「ひとりじゃない」という認識に導いているものに他ならない。だから「あの世」という空間で「いっしょ」になるためには春江は死ななければならないのだし、そこにもたらされるのは結局、二つの空間のあいだの無限の循環でしかない。春江は「ひとり」ではなくなるために幽霊と同じ存在様態を獲得しようとし、そのことによって（死ぬことによって）「移動」する。しかしそれはすべて、システムが規定する二者間の関係の枠内にあるのである。ミチは、そうではなく、存在様態の違いがあるものをそのまま「いっしょ」だとする。つまり、差異を孕んだまま「いっしょ」であることを、「この世」において勝手に実現してしまうのである。ある空間に（あるショットに）共存してしまえば、それは何であれ「いっしょ」である。システムがもたらす人間と幽霊、生と死の識別不可能状態ではなく、存在様態の断絶による単なる孤独でもなく、断絶を抱えたまま、その同じものの見方を変え、「いっしょ」だと「決定」する。われわれはここにこそ、「断続」を見なければならないだろう。ミチは断言によって、この世界のただなかに「断続」を見出し、それをシステムに取り囲まれた世界にぶつけ、この世界の見方を二重化している。同じ世界に、別の関係を見出しているのである。

亮介とミチの断言によって映画が最後に示しているのは、端的にいって「関係」の可逆性であるだろう。システムによって「決定」された世界で、彼らは独断的に「決定」をやりなおす。その同じ「関係」を使いなおすことによって、同じ世界を別様に見てしまう。もちろんその主観的な「決定」がシステムの強制的な方向づけを変えうるのかはわからない。しかしその断言は、少なくとも「わからない」状態に、「非-決定」の状態に世界を引き戻す。「戦い」の場に引き戻すのである。そのように可逆性を開いたまま終わるこの映画は明らかに、その結果などではなく、同じ世界に別の「関係」を見出す彼らの振る舞いそれ自体をこそ見せようとしている。『回路』が最終的に提示しているのは、「戦い」の場、というより「戦い」のやり方である。その点で、この映画はJホラー的なもののひとつの臨界点を示しているとともに、どうすることもできないかに見える「危機」における、ありうべきひとつの生のあり方を描いているといえるだろう。

注

(1)そもそも、一九九五年に脚本家・小中千昭とのあいだで『回路』の原案が話しあわれた時点で、この企画の出発点は「幽霊侵略物」というモチーフだった。黒沢『黒沢清の映画術』二三一～二四〇頁を参照。

(2)ミシェル・フーコーは「生権力」を、「生き」「させる」、そして死ぬに「任せる」権力」として記述する。ミシェル・フーコー『社会は防衛しなければならない――コレージュ・ド・フランス講義一九七五―七六年度』石田英敬・小野正嗣訳、二〇〇七年、筑摩書房、二四一頁。

(3)「どう考えたって死んだ方がいいに決まっている状況だと考える人が多い中、死なずに逃げ延びていく人は、やっぱり相当前向きな人になりますね」(黒沢『黒沢清の映画術』二四〇頁)。また、この映画におけるそうしたオプティミスティックな面を重視するものとして、たとえば以下を参照。Jay McRoy, *Nightmare Japan: Contemporary Japanese Horror Cinema*, Amsterdam-New York: Rodopi, 2008, p. 168.

附記

本稿は、川崎公平「「決定」をやりなおす」(川崎公平『黒沢清と〈断続〉の映画』二〇一四年、水声社所収)の一部を修正の上、再録したものである。

描かれる他者、描かれない他者――「火垂るの墓」論

横濱雄二

一　はじめに

野坂昭如「火垂るの墓」（一九六八年）は、第二次世界大戦末期の阪神間を舞台に、神戸大空襲による家族の離散と死という直接的な危機を描いた短編小説である。その映像化としては、高畑勲によるアニメーション映画（一九八八年、新潮社）がよく知られているが、二一世紀になって日向寺太郎によって実写映画（二〇〇八年、「火垂るの墓」パートナーズ）が公開されている。

本稿では、この『火垂るの墓』実写版のなかで注目すべきいくつかの点をとりあげ、小説やアニメ版、実際の歴史などと対照する。それによって、何が表象され、また何が表象されないか、さらに表象の在／不在が何を生んでいるかを明らかにしたい。

二　清太の生存

まず、日向寺太郎監督の言説から、実写版の方向性を確認しよう。日向寺は映画のパンフレットに寄せたエッセイや映画公開時に応じたインタビューのなかで、映画化を引き受けるに至った経緯を明かしている。それらによると、日向寺は戦争体験を受け止める側を中心とすべきという加藤典洋の発言を受け[1]、「野坂さんの小説から僕自身が何を受け取ったかというふうに発想を変えればいい」と捉えたという[2]。

小説とアニメ版は清太の死を詳細に描いてから時間を空襲の日に戻して語り直すという円環的な時間構造を持つが、実写版では空襲から始まる直線的な時間構造をとっている。これと関連して、清太の生死が異なっているのは、両者の大きな相異である。小説での清太は三ノ宮駅で野垂れ死に、これはアニメ版でも踏襲される。しかし、実写版のラストシーンで、道端に倒れていた清太はゆっくりと身を起こし、いずこかへと歩き去る(一:三四:四八、一〇七)[3]。この清太の生存について日向寺は「今、生きている私たちも、実はそういう戦争で死んだ人たちの上に生きている。背負っているとまでは言えないまでも、ラストの清太が今の我々にダブればいいと思いました。」と語っている[4]。つまり、小説は清太の死へ言及して終わるが、アニメ版では現在の市街地を映すことで現在との連続性を指し示している。実写版では現在との連続性を清太の生存という改変によって示しているといえるだろう。

日向寺はそれに続け小説と実写版とのあいだの時間差について、以下のように指摘する。

　原作が書かれたときは、まだ人々のなかに戦争の記憶が生々しく残っていましたから、死んで終わったとしても、物語として終わらせる人はいなかったと思うんです。でも今は、清太が死んで終わってしまうと、お話はこれで終わりました、というふうになってしまう。今『火垂るの墓』を作るのにそれでい

いのかな、と思ったんですね。(5)

小説の書かれた一九六八年は戦後二〇年あまりだが、実写版の公開はその四〇年後である。清太が生存するという結末の変更は、直接的には清太というひとりの人物の「戦争孤児」(6)としての生が戦後も続いていくことを予見させるが、同時に、清太を取り囲む人々の人生が続いていき、先に挙げた加藤典洋のように、やがて世代の交代とともに、戦争を経験しない側へと受け継がれていくという時間の流れを示すものでもある。

三　三つの死

母親の死をめぐる描写の違いについて触れておこう。小説では「母は上半身をほうたいでくるみ、両手はバットの如く顔もぐるぐるまきに巻いて眼と鼻、口の部分だけ黒い穴があけられ、鼻の先は天婦羅の衣そっくり、わずかに見覚えのあるもんぺのいたるところ焼け焦げできていて、その下のラクダ色のパッチがのぞく」(六六〜六七頁)とある母親の姿は、アニメ版、実写版とも仰臥する身体として映し出される。

異なるのはその後である。小説では校庭に戻った清太と節子は近所の娘から皆のいる教室へ誘われるが「両親そろっている家族に立ちまじれば、節子がかわいそうで、というより清太自身泣き出すかも知れず」(六七頁)、砂場の鉄棒で前回りを始める。アニメ版は小説を忠実に映像化しており、そこに短調の音楽が重ねられるが、このとき校庭には他に人影はなく、焼け出された兄妹の孤独感が強調されている。(7)実写版では母親の身体が脚部から頭部にかけてアップで映されるが、その傷ついた脚部には包帯が巻かれず、頭部も目元と口元は見える。意識のある母親が視線を清太に向け名を呼ぶと、衝撃を受けた清太は教室から駆け出し、校庭へ出て嘔吐する。清太のいる校庭の木陰の一角を捉える画面は周囲の状況を見せないが、かわりに地面の蟻の行列を大写しする（〇：四：五〇、五～六）。

翌朝、母親は他の死者とともに穴に放り込まれて燃やされるが、その傍らには名札が貼られた木箱が数多く野積みにされている（〇：一〇：四二、一〇）。シナリオには「骨壺代わりの粗末な木箱」とあるが、ロングショットの画面から個々の名前を読みとることはできない。小説では「かたわらの白布をかけた机の上に、粗末な木箱が数百あって、これに骨を収めるのだった。」「夜になって配給うけとるように消炭で名前しるした木箱の骨渡され、標識がどれほど役に立ったものやら、黒煙のわりには真白な指の骨が入っていた。」（六九頁）とあり、これを忠実に映像化したものといえる。アニメ版の火葬の描写は同様だが、清太が阪急電車のなかで木箱を抱えているカットが続き、そのまま西宮の親戚宅へと移動していく（〇：一九：四七、二一八九）。

蟻の行列は、この木箱の群れと対応する。多数の死者が同時に火葬され、標識が役に立たない事態が示すのは、人間としての個別性、固有の名前を失った死の様相である。名前のない蟻たちと、名前の読み取れない木箱は、ともに戦争による大量の死者たちを指し示している。これと対照的なのは、実写版の節子が捕まえた蛍の墓を作るシーンである。小さな穴にひとつずつ蛍の死骸を埋め、墓標として小さな木切れを立て、その墓標ひとつひとつに異なる名前を記す。清太が「蛍に名前なんかあるんか？」と尋ねると、節子は「ある。みんな、あんねん」と応じる（一：〇七：〇五、七四）。

蛍の墓について、小説では「朝になると、螢の半分は死んで落ち、節子はその死骸を壕の入口に埋めた」（七九頁）と埋めた様態については言及がなく、アニメ版では蛍をまとめてひとつの小さな塚としており、そこに両手で掬った死骸を投げ込む描写に「死体の山の中に、母とおぼしき遺体がドサッと投げこまれる」カットが挿入されている(〇：五六：五二、五一六六)。ここでは節子が母の死を身を寄せた先の未亡人から聞かされていたことが明らかにされ、母の死に焦点が置かれていることが見て取れる。アニメ版で追加された「なんで螢、すぐ死んでしまうん?」という節子のセリフは、インサートのカットを踏まえると母の死を含め空襲の死者全体を指しているように思われる。小説、アニメ版とも、蛍の死と母の死を重ね、ともに戦争における大量死を暗示している。一方、実写版は母の死に触れず、蛍に名付けを行うことで、その死の個別性に着目している。

節子の死も同様である。小説では清太が節子を荼毘に付し、その骨を拾ってそのまま壕を離れる(八五頁)。アニメ版は節子が荼毘に付されている丘の上から眼下に広がる現代の市街地を映して終わる(一：二五：三四、六一一六〇)。実写版は蛍の墓の群れの一角に節子は土葬される(一：二九：四五、一〇四)。小説では母と同じように、小さな骨が名札のない箱(ドロップ缶)に収められる節子が、実写版では蛍の墓標と並んで葬られる。

先と同じインタビューの中で、日向寺は実写版には母親の死、蛍の死、節子の死があるとしたうえで、母親の死を「焼かれるときも誰の骨だか分からない」大量死、蛍の墓を「数に還元されない」「一人ひとりに名前がある」死として対比している(8)。清太の嘔吐は、母親が大量死のひとつとして数に還元されることを予感したことによるものだろう。

日向寺に見られるのは、一貫して『火垂るの墓』を戦争体験と見なし、その継受に自覚的な姿勢である。このことは、「ラストも死者を背負っている、というふうにしたかった。この映画をつくるなかで、今、自分が生きているこの下には大量の死者が埋まっているのではないか、と気づいたんです。」という言葉に端的に現れている。しかし、小説は必ずしも戦争体験の物語ではない。野坂昭如と高畑勲は、アニメ版の公開にあわせた対談のなかで『火垂るの墓』を心中物として捉える見解を示している。(10) 越前谷宏が指摘するように、アニメ版は、小説に含まれるノイズを除去することで、戦争犠牲者の悲劇となった。(11) 図式的に述べるならば、小説にはメロドラマ的要素とメロドラマに抗する要素の双方があるが、アニメ版は前者に特化し、実写版は後者に近い要素もある。

実写版でメロドラマに抗するもののひとつに、撮影方法があるだろう。日向寺によると、撮影の際のカメラは一台で、節子の子役は一回目の演技の良さを活かすため、等身大パネルを用いてテストをした。そのためアップのショットは最初に撮り、「本当は切り返しにしたいところも、どうしてもマスター的なところから撮ることになり」「2人のマスターショットが良ければそれで良しとしていった結果、長廻しが多く」なったという。(12) このように生み出されたロングショットで長回しの映像は、容易な感情移入を拒んでいる。(13)

もうひとつには、小説にない人物を配置し、戦時下の市民生活を描いていることが挙げられるだろう。日本史家山田朗は「戦時における価値観(戦争に役だたない人間は〈非国民〉として徹底的に排斥される)・人間関係を幅広く再現することに成功している。」と実写版の新たな演出を評価しつつ「本作品は、新たに登場人物・人間関係を設定して、1945年の〈時代性〉をより深く描いている。」と主張している。(14) 山田が挙げたのは、節子の遺骨をドロップの空き缶に入れて持ちはこばないことと清太の死を描かないこと、中学校長一家の死、徴兵逃れと思しき学生への集団リンチと殺害である。これらは清太と節子兄妹の周囲へと視野を広げ、節子の死へと物語が収斂するメロドラマ化を阻むものである。

このように、アニメ版と実写版はともに小説に含まれる要素をもとにしているが、前者はメロドラマに傾斜し、後者は戦争体験を描く方向に進んだ。野坂は実写版のパンフレットに寄せた短文を「この映画は、戦争を知らない人たちがつくっている。小説では伝えきれないものを伝えている。少しでも戦争の実態に触れてもらえたら有り難い」と結んでおり[15]、この映画を戦争体験の具現化と位置づけている。小説の刊行された一九六八年は戦後二〇年、アニメ版の公開された一九八八年は戦後四〇年を過ぎている。アニメ版でも戦争を直接体験した世代が作り手や受け手の中心とは言えないが、戦後六〇年を過ぎた実写版では、監督の日向寺を含め、多くの人々が戦争を体験していない。小説、アニメ版、実写版のあいだの差異には、その作られた時代と第二次世界大戦との距離が大きく係わっている。

四　戦争孤児として生きる

実写版における清太の生存は、戦争と現在との連続性をもたらすものだったが、彼の続くべき生は、戦争孤児としてのそれを指し示す。映画のなかでも身を寄せた親戚宅の未亡人からの差別的な扱いが描かれる。たとえば、清太から母親の死を節子に伏せておくよう頼まれて安請け合いした未亡人は、町会の皆の前で母の死に言及しつつ兄妹の世話を引き受けたと高らかに謳い、町会長の賞賛を受ける(〇：三〇：〇〇、一二六)。また、あらかじめ預けておいた母の着物などを未亡人は隠匿しており、それを咎めた清太と激しい口論となる(一：〇〇：〇〇、六四)。未亡人は戦争孤児として兄妹を追い込み、その立場を弱めるように描かれている。

このように、父の不在と母の死をうけて、清太・節子の兄妹は戦争孤児として描かれている。その境遇について、海軍軍人の家族としては不自然であるという指摘もあり[16]、また野坂昭如自身は養母・祖母が生存しているなど戦争孤児としての清太とは必ずしも重ならないが[17]、ここではその詳細をたどることはしない。むしろ見るべきは、この作品を受けとめた側である。

神戸の戦争孤児の聞き書きをまとめた著作では、一九四五年六月五日の空襲の例として、小説の清太の母の死、野坂昭如の養母の生存と回復について簡潔な紹介があり、それに続いて、同日の空襲で焼け出され自宅跡にバラックを建てて母、妹と暮らしたが、両者とも死に別れた戦争孤児の実体験が述べられる[18]。ここには清太を戦争孤児と見なし、小説『火垂るの墓』と実在の戦争孤児の経験と類比する視座が見られる。

土屋敦は戦争孤児一〇名に聞き取り調査した著作の「まえがき」で、アニメ版に特権的な地位を認めている。土屋は「「自分の生活は、そのまま『火垂るの墓』のようだった」という言葉を私は何度となく聞いた。その意味でこの作品のストーリーはフィクションではあるものの、「戦争孤児」たちの生活実態に近い場面が多く描かれた映画である。」と述べる[19]。加えて「清太と節子は親戚宅での生活を継続できずに、そこから逃げ出して浮浪児になるが、実際にそのような生活を送った「戦争孤児」たちが多かっただろうことが容易に想像できるはずである。」という記述からは、清太と節子を戦争孤児の代表例と見なす認識を読み取ることができる。

戦争孤児の生活史について、土屋は、浮浪経験と施設経験については当事者それぞれの温度差がある一方、里親・親戚宅での生活は「一件の例外もなく、「つらく凄惨な経験」として語られる」と指摘している[20]。ある当事者は、「親戚宅での苦悩の経験が、「親戚がそんなひどいことをするわけない」という社会通念のもとに軽視されたり、ほかの人々に比して相対的に「ましな生活」だったという誤解を受けたりしやすいと語る」[21]。くわえて、引取先で労働力として扱われ学業の継続が不可能だったことや、社会的信用がないため就職先がきわめて限定されるうえ、その就職先を追い出されることもあるなど、学業の継続や進学、就業についても、孤児にとって多くの障壁があった[22]。

戦争孤児たちが語る際に言及したのはアニメ版であるが、このように戦争孤児たちの生活史と重ね合わせると、実写版の生き延びた清太が今後たどるだろう生の軌跡がほの見えてくる。別の機会に述べたが、ひとつの作品の下には、原作から派生したさまざまなアダプテーションのみならず、その作品と関連する歴史的あるいは社会的な事象が地層のようにいくつも重なっており、私たちはそれを上から透かし見るようにして受容するのではないだろうか[23]。そのとき、歴史的事実は、それが正確であることはもちろん重要であるのだが、事実そのものを実証的に捉えるのではなく、「事実」あるいは「史実」という層のひとつとして、いわば「事実性」に属する層として作品受容の要素に繰り込まれると思われる。『火垂るの墓』に引きつけて言うならば、具体的な戦争孤児たちの実際の生という事実ではなく、清太と節子という小説の登場人物として表象される戦争孤児たちの人生のあり方としての事実性を、観客は受容していることになる。

土屋は、孤児経験者たちが口を開き始めるのが一九八〇年代、多くの当事者が発言し始めるのが一九九〇年代後半であり、そこに「沈黙の半世紀」があり、また、二一世紀に入ると、二〇〇七年に東京大空襲集団訴訟を契機に当事者が孤児体験を語り始め、二〇一五年の戦後七〇年を契機に、戦争孤児たちの証言は広く社会に知られるようになったと整理している[24]。このメディアをめぐる状況を考えると、戦争孤児たちが自らの語りの準拠枠として、一九八八年公開のアニメ版を援用した可能性があるだろう。容易に語り得ない経験を語るときに、先行する枠組みがあれば語りやすい。その意味で、半世紀前の戦争孤児の姿が映像化されたアニメ版は、それを参照することで沈黙を突破する一助となっているのではないだろうか[25]。本稿ではこれ以上踏み込む用意がないが、戦争孤児あるいは戦争そのものをめぐる言説空間のなかに『火垂るの墓』のアダプテーション作品それぞれを置いて、より詳しく検討する必要がある。

五　ユーハイムとユダヤ人の回想

次に、映像化の際に描かれなかったことを取りあげよう。小説には以下の記述がある。

最後までケーキを出していたのは三宮のユーハイム、半年前にこれで店閉まいだからと、デコレーションケーキをつくり、母が一つ買って来た、あすこの主人はユダヤ人で、ユダヤ人といえば昭和十五年頃、清太が算術なろうとった篠原の近くの赤屋敷に、ようけユダヤの難民が来て、みな若いのに鬚を生やし、午後四時になると風呂屋へ行列つくって行く、夏やいうのに厚いオーバー着て、靴かて両方左のんをはいて、びっこひいとんのがおった、あれどないしてんやろ、やっぱり捕虜で工場へ入っとんやろか（七二頁）

アニメ版でこの記述に対応する描写はない。実写版では清太と節子の会話のなかでこれに限らず小説内で言及されるさまざまな食物が列挙されるが（一：一六：〇八、八五）、そのなかにユーハイムのケーキはあるものの、ユダヤ人についての言及はない。

洋菓子店ユーハイムについて確認しよう。ドイツ人カール・ユーハイムは当時植民地だった中国大陸の青島に喫茶店を営むが、第一次世界大戦で捕虜となり日本に送られる。その後、横浜で夫人エリーゼの名を冠した「E・ユーハイム」という店を構えたものの関東大震災で被災、神戸に移り元町一丁目に「ユーハイム」として店を再建する。一九六四年刊行の社史をひもとくと、第二次世界大戦末期の様子として、「店の方では配給切符による一人二個のナップケーキのようなものを作って、辛じて、営業している程度だった」が、一九四四年には店舗を家主に返し工場のみの操業となったとある。(26) 陳舜臣によると、当時は闇に流すものが多かったが、「洋菓子のユーハイムでは、ありったけの品物を、ぜんぶ店頭で売った」という。(27) 社史では、六甲山上のホテルにおけるカールの死を物語風に描写している。長く療養中だった彼は、妻の見守るなか、「私は死にます…けれど平和は、すぐ来ます…」と言い残し逝去する。明けて一九四五年八月一五日、帆布の袋に収められた遺骸は火葬場まで担ぎ下ろされ、荼毘に付された。残された一家は戦後、一九四七年二月一〇日、ドイツへ強制送還となった。(28)

これらの内容を踏まえると、ケーキを買ったという小説の記述は、ユーハイムの社史と符合する。ユダヤ人という小説の記述が何を出典としたものかはわからないが、第一次世界大戦時に捕虜として来日したカールの経歴と、ユダヤ人難民を「やっぱり捕虜で」と誤解する清太の記述は、弱いながら符合すると見ることもできるだろう。

そのユダヤ人難民の神戸滞在について、神戸市史に記述がある。(29) それによれば、ドイツ占領下のポーランドなどからのユダヤ系難民が一九四〇年七月末から杉原千畝の発給した日本の通過ビザを取得し、シベリア鉄道経由で日本にたどり着いた。一九四〇年七月から四一年一一月までのあいだに神戸に来たユダヤ人は、少なくとも四千名を超えると推定される。神戸ではユダヤ人協会が衣食住や金銭面で難民の生活を支えたこともあり、その所在した北野・山本地域に多くのユダヤ人が居住した。これは離日した英米系外国人の空き家となった洋館を同協会が借り受けたものであった。しかしそれだけでは足りず、「遠くは阪急六甲の北側、灘区青谷、水道筋にも大勢のユダヤ難民が滞在」したとも記されている。なお、小説本文にある「篠原」は阪急六甲駅の西側一帯を指す町名である。

神戸外国人居留地研究会の理事を務めた岩田隆義は、『神戸市史紀要』に綿密な調査に基づく論文を掲げている。[30] 同号には当時の新聞資料、外交史料館所蔵の兵庫県知事報告にもとづき作成した「ユダヤ難民――神戸での滞在状況」として住所と人数の一覧とそれをもとに作成された地図があわせて掲載されている。[31] ここで小説本文の「篠原」と関連する住所として、「③灘区篠原本町一丁目」に三〇名、「④灘区篠原本町一丁目八四」に一〇名のユダヤ人が滞在していたこと、[32] 備考欄にそれぞれ「地図上場所を特定できず」「旧ランバス邸」と記載があることに注目したい。

このうち「旧ランバス邸」とは、関西学院創始者のW・R・ランバスの邸宅、通称山二番館のことであろう。もともとは現在のJR元町駅すぐ北側にあったが、「阪急六甲北の五差路にあるバス停六甲登山口の西に移築」された。[33] 昭和四、五年にそれまであった三宮の北側から篠原に移築され、外国人向けの貸家となっており、そこにユダヤ人難民が居住したと思われる。[34]

一方で小説本文の「篠原の近くの赤屋敷」が旧ランバス邸を指すとは限らない。というのも、地図③の備考には「地図上場所を特定できず」とあるためである。これについて北出明が、神戸出身の歌人山形裕子から、以下のような証言を得ている。

私が住んでいたのは阪急六甲駅の近くで、この地区にもたくさんの洋館建ての家があり、かなり以前から外国人が住んでいました。〔中略〕大勢のユダヤ人がやって来たのは、私の小学校1年の夏だったと記憶しています。数軒の洋館建ての家に分宿していたようでした。そんなに長く滞在していなかったように思います。いくつかのグループが入れ代わり立ち代わり来ていたようでした。[35]

神戸市は二〇一五年にユダヤ難民に関する情報提供を呼びかけ、このとき寄せられた情報をもとに、岩田は神戸市民とユダヤ人との交流の事例をいくつか紹介している。そのなかで、当時篠原南町に住んでいた市民は、「今の灘警察の東の川向こう」にユダヤ人二〇名ほどが滞在していた民家があり、母親が差し入れをしていたと語っている。[36]

山形の証言に出てくる阪急六甲駅は宮山町にある。前述の地図では駅のすぐ東に「⑦灘区宮山町二丁目一一‐一」（二一名）が見える。また、駅西側に篠原が、その南側には水道筋、将軍通が、東側には宮山町がある。そうすると地図の③④のほか「⑤灘区水道筋一丁目一〇‐二八〇」（四五名）「⑥将軍通四丁目一三」（七二名）をこの証言の指す範囲に含まれると考えることもできるだろう。また、岩田の挙げた例はおそらく⑥を指すと思われる。このように「赤屋敷」の候補となり得る滞在地は複数あり確定することは難しいが、当時「篠原の近く」に「ようけユダヤの難民が来」たのは明らかである。

先述の岩田は、このユダヤ難民と神戸市民との交流について、以下のように考察している。

市民から寄せられた情報にふれる度に、当時の神戸の人々が、外国人（ユダヤ難民）に対して、庶民的で健全な国際感覚をもって接し、近所付き合い的な温かい手を差し伸べていたことを改めて感じる。このような普段着の豊かな国際感覚は、今日明日にできるものではなく、神戸開港の一五〇年の歴史が育んできたレガシー(遺産)ともいうべきものである。[37]

これと関連して、政治学者の遠藤正敬が興味深い指摘をしている。遠藤は、神戸空襲の甚大な被害を挙げたうえで、「無差別爆撃のなかで被災した外国人も当然あったはずである。高畑のアニメでは、せっかく原作で描かれている多文化社会としての神戸をめぐるエピソードは捨象されているため、日本人ばかりが神戸大空襲に蹂躙された被害者であるかのような「一国史」の様相を呈しているのが勿体ないと感じたのである。」とアニメ版を批判する。[38]

いま、ユーハイムやユダヤ人難民について述べてきたのは、「普段着の豊かな国際感覚」あるいは「多文化社会としての神戸」を具体的に見るためでもあった。洋菓子店ユーハイムも被災し、カールは戦争中に病死した。六月の空襲でシナゴーグは失われ、多くのユダヤ人が神戸を去った。[39]遠藤の指摘を裏付けるように、ユダヤ人コミュニティは第二次世界大戦によって深く傷ついたのである。

二〇一五年にユダヤ難民の調査が進められたのは、神戸市長から「ユダヤ難民に関する情報は時間の経過とともに失われてしまうので、至急情報を収集するように」との指示を受けてのことだったという。[40]先述の岩田は、ユダヤ難民の話が神戸にあまり残存していない理由のひとつとして「外国人に慣れている神戸の人々にとって、外国人と近所付き合いをするそのような交流は、日常的であり、取り立てたことだという意識がなかった」ことを挙げている。[41]ユダヤ人協会の支援のもと数多くのユダヤ人難民を受け入れた神戸の市民の記憶は徐々に消えつつあり、それと歩調を合わせるかのように、一九六八年の小説で言及のあったユダヤ人の姿は、一九八八年、二〇〇八年の映画のなかには見出されなくなったのである。

六　むすびにかえて

本稿では、野坂昭如の小説「火垂るの墓」と、日向寺太郎監督の実写版映画、さらには高畑勲監督のアニメ版映画という三つの作品を題材に、歴史的事実を適宜参照しつつ、主として実写版の位相を検討してきた。

もともと、いくつかのエッセイや小説で類似しているがそれぞれ異なる母親(養母)像を描き出している野坂昭如の諸テクストは、確定的な事実を明らかにしない方略をとっている。野坂はさまざまな自伝的作品、エッセイのなかでさまざまな歴史を生きたともいえよう。それは、何かの事実として認められたものが、そのほかの可能性、潜勢力を覆い隠してしまうのを恐れているかのようである。その意味で野坂のテクストは、支配的な歴史叙述に対抗して「歴史を逆なでする」[42]実践だった。

日向寺太郎の実写版は、野坂のテクストをさらに、生きている自分たちの継受する戦争体験として引き受けた。これもまた、野坂のテクストを逆なでし、新たな歴史を描き出す試みに他ならない。高畑勲のアニメ版も同様に、野坂のテクストに含まれる一方の細部を読み込んで押し広げた実践といえる。今回取りあげた『火垂るの墓』のアダプテーションは、先行する作品の支配的言説の背後に押しやられた細部を読み、新たな言説を描き出すことで、先行する作品の潜勢力を解き放ったのではないだろうか。同じ事象をもととしつつも、表象される事象のあり方は異なる。本稿の範囲で言えば、主人公の死から生への変更は、戦争孤児としてのその先の生を表象しているといえる。一方で、小説にあったユダヤ人の表象が映像化作品に不在であることは、国際都市神戸のあり方を捨象すると同時に、空襲の被害を主人公兄妹に代表される日本人へ限定することになるだろう。

実写版で追加あるいは掘り下げられた事象は数多く、人物では中学校長一家や徴兵逃れの学生、楽曲では『めんこい仔馬』と安来節があるが、これらについて本稿では充分に触れることができなかった。また、別に発売されたメイキングDVDのなかでは、あるインタビュイーが従軍体験について語っている（清太の家ロケーション管理者、二六：一〇、四八：三五）[43]。これらを手がかりに、今後さらに作品を逆なでする必要があるだろう。

注

（1）加藤典洋「石の前に立つこと」『この時代の生き方』一九九五年、講談社、一九四〜一九八頁。
（2）日向寺太郎「日向寺太郎監督、自作を語る」『シネ・フロント』三六二（二〇〇八年六月／七月）九頁。同様の記述は他のインタビューにもみられる。同「映画化にあたって」『火垂るの墓』パンフレット（二〇〇八年七月、岩波ホール）、五頁。同「ぼくが「受けとった」もの」『母の友』六六三（二〇〇八年八月）、六二頁。
（3）DVDの経過時間とシナリオのシーン番号を付す。アニメ版も同様に時間と絵コンテのカット番号を付す。
（4）日向寺「日向寺太郎監督、自作を語る」一〇頁。
（5）同前。
（6）土屋敦によれば、「「戦災孤児」は、主に敗戦直後の日本社会で、児童福祉の専門家や新聞メディアなどで使用された第三者の定義による名称であるのに対し、「戦争孤児」という名称は当事者定義によるものであり、戦争によって孤児になった子どもたち全般を広く指し示す言葉として使用されるのが常である。」（土屋敦『「戦争孤児」を生きる　ライフストーリー／沈黙／語りの歴史社会学』（二〇二一年、青弓社、一七頁）。本稿ではこの定義に従い、戦争孤児の表記を用いる。
（7）これについては、横濱雄二「焼跡と池――高畑勲『火垂るの墓』の地域表象」米村みゆき・須川亜紀子編著『ジブリ・アニメーションの文化学』二〇二二年、七月社、九五〜一二六頁を参照。
（8）日向寺「日向寺太郎監督、自作を語る」一一頁。日向寺太郎・川上皓市・渡辺浩「鼎談　火垂るの墓」『キネマ旬報』一五一一（二〇〇八年七月下）一三〇頁にも同趣旨の発言がある。

(9)日向寺「日向寺太郎監督、自作を語る」一一頁。
(10)野坂昭如・高畑勲「清太と節子の見た〝八月十五日〟の空と海はこの上なくきれいだった」高畑勲『映画をつくりながら考えたこと』(一九九九年、徳間書店。初出『アニメージュ』一九八七年六月、四二二頁。横濱「焼跡と池」九七頁も参照。
(11)越前谷宏「野坂昭如「火垂るの墓」と高畑勲『火垂るの墓』」『日本文学』五四(四)(二〇〇五年四月)、四四～五三頁。
(12)日向寺「日向寺太郎監督、自作を語る」七頁。
(13)撮影監督の川上皓市は、オーソドックスなカット割りにこだわらなかったという日向寺の発言を受けて、「拙い部分や感情移入しにくい部分もあるかもしれませんが、間違ってはいなかったかなあというのも同時にありますね」と述べている。日向寺・川上・渡辺「鼎談　火垂るの墓」一三三頁。
(14)山田朗「林立するホタルの墓標が意味するもの」『シネ・フロント』三六二(二〇〇八年六月／七月)一七頁。
(15)野坂昭如「「火垂るの墓」について」『火垂るの墓』パンフレット、前掲、四頁。
(16)山田「林立するホタルの墓標が意味するもの」一七～一八頁。
(17)たとえば野坂昭如『新編「終戦日記」を読む』(二〇二〇年、中公文庫。初出、二〇〇五年、日本放送出版協会)。
(18)白井勝彦・藤原伸夫『神戸の戦争孤児たち』二〇一九年、みるめ書房、二二一～二三三頁。
(19)土屋『「戦争孤児」を生きる』一〇～一一頁、以下同じ。
(20)同前、一二七頁。
(21)同前、一三六頁。
(22)同前、一六〇～二〇二頁。
(23)横濱「焼跡と池」一一九～一二一頁。
(24)土屋『「戦争孤児」を生きる』二三～二五頁、以下同じ。
(25)この点については、和田綾子氏(甲南女子大学文学部)との会話より示唆を受けた。ここに記して謝意を表したい。
(26)『ユーハイム物語』一九六四年、ユーハイム、九四～九五頁。ナップケーキは、同書の記述によるとバターケーキ類のひとつ(八三頁)。
(27)陳舜臣「神戸とエトランゼ　いつまでも仕事を」『神戸っ子』二七(一九六三年六月)、一九頁。引用は https://kobecco.hpg.co.jp/wp-content/uploads/2017/05/19630602.pdf によった(二〇二四年一一月七日最終閲覧)。
(28)『ユーハイム物語』九八～一〇〇頁。
(29)新修神戸市史編集委員会『新修神戸市史 生活文化編』二〇二〇年、神戸市、八六二～八六八頁、以下同じ。

(30)岩田隆義「神戸とユダヤ難民」『神戸の歴史』二六、二〇一七年、神戸市、一一～五七頁。
(31)『神戸の歴史』二六、口絵（地図）、一一二～一一三頁（一覧表）。
(32)岩田が参照した文書によると、③にはドイツ国籍三名、ポーランド国籍一七名、④にはポーランド国籍二〇名が滞在している。「民族問題関係雑件／猶太人問題　第十一巻　分割3」JACAR（アジア歴史資料センター）Ref.B04013209600、民族問題関係雑件／猶太人問題　第十一巻（I.4.6.0.1-2_011）（外務省外交史料館）0230-0242。
(33)福井幸男「『W・R・ランバスの使命と関西学院の鉱脈』を読み解く㈠――ランバス・ファミリーの学校の連関構造」『関西学院史紀要』二九（二〇二三年三月）、七三～七四頁、以下同じ。
(34)河本啓吾氏（関西学院大学学院史編纂室）のご教示による。
(35)北出明『命のビザ、遙かなる旅路　杉原千畝を陰で支えた日本人たち』二〇一二年、交通新聞社、一八八頁。
(36)岩田「神戸とユダヤ難民」、五〇～五一頁。
(37)同前、五三頁。
(38)遠藤正敬「『火垂るの墓』の葬送するもの　戦争が壊した「大人たち」の権威」『ユリイカ』二〇一八年七月臨増、三〇二頁。
(39)新修神戸市史編集委員会『新修神戸市史　生活文化編』八六八頁。畠山保男「ユダヤ人コミュニティーと神戸シナゴーグ」関西学院大学キリスト教と文化研究センター編『ミナト神戸の宗教とコミュニティー』二〇一三年、神戸新聞総合出版センター、二〇一～二〇二頁。
(40)松本正三「神戸におけるユダヤ難民の足跡――新聞資料を中心に」神戸外国人居留地研究会『近代神戸の群像　居留地の街から』二〇一三年、神戸新聞総合出版センター、三三一頁。なお著者は元神戸市文書館長である。
(41)岩田「神戸とユダヤ難民」五一頁。
(42)ヴァルター・ベンヤミン『[新訳・評注]歴史の概念について』鹿島徹訳・評注、二〇一五年、未來社、五一～五二頁。
(43)『映画火垂るの墓メイキング――僕たちの知らない戦争』二〇〇八年、ブロードウェイ。

附記

一　小説の引用は野坂昭如『アメリカひじき・火垂るの墓』（一九六八年、新潮社）による。実写版はDVD（バンダイビジュアル）を用い、シナリオの引用は映画パンフレットによる。アニメ版はDVD（ウォルト・ディズニー・スタジオ・ジャパン）を用い、絵コンテの引用は高畑勲『火垂るの墓』（スタジオジブリ絵コンテ全集四、二〇〇一年、徳間書店）による。

二　本稿は、日本映像学会関西支部研究会（二〇二四年七月六日）での研究発表「映画を逆撫でに読む――「火垂るの墓」」に基づく。

会場でのご質問、ご助言に深く感謝申し上げる。また、調査にご協力くださった関西学院大学学院史編纂室、神戸市立図書館、神戸市文書館に感謝申し上げる。

三　本稿の初出は「描かれる他者、描かれない他者――『火垂るの墓』再考」(『日本文学』第七三巻第九号(二〇二四年九月)所収)である。再録にあたり一部を改稿した。

セカイ系と「危機」の平成史——言説と表象の変遷で辿る三〇年

渡邉 大輔

一 「危機」の表象と(しての)セカイ系

現在、「セカイ系」という言葉を知っているひとが、どれくらいいるだろうか。

このセカイ系という言葉は、マンガ、アニメ、ライトノベルなどの現代日本のサブカルチャー(オタク文化)の一部に見られる、特定の物語類型を指す言葉で、二〇〇〇年代(ゼロ年代)の初頭にウェブ上で誕生して以来、すでに二〇年以上の歴史を持つ。言葉の出自は、二〇〇二年一〇月三一日、「ぷるにえブックマーク」というウェブサイトの管理人だった「ぷるにえ」という人物の執筆した「セカイ系って結局なんなのよ」という掲示板のスレッドに遡ると言われる。そして現在では、一般的には以下のように定義されることが多い。

物語の主人公(ぼく)と、彼が思いを寄せるヒロイン(きみ)の二者関係を中心とした小さな日常性(きみとぼく)の問題と、「世界の危機」「この世の終わり」といった抽象的かつ非日常的な大問題とが、一切の具体的（社会的）な文脈（中間項）を挟むことなく素朴に直結している作品群（「序文――「セカイ状」化する世界に向けて」限界小説研究会編『社会は存在しない――セカイ系文化論』二〇〇九年、南雲堂、五～六頁）

セカイ系の代表作として、高橋しんのマンガ『最終兵器彼女』（一九九九～二〇〇一年）、新海誠監督のアニメ『ほしのこえ』（二〇〇二年）、秋山瑞人のライトノベル『イリヤの空、UFOの夏』（二〇〇一～〇三年）の三作が必ず挙げられる。そして、この言葉がその後の二〇〇〇年代半ばから後半にかけて、オタク文化の枠を越えて、現代文化や現代社会を考えるためのキーワードとして広く文化批評や論壇でも注目を集めたのだった。

本稿では、この現代日本のオタク文化を読み解く重要な想像力／概念であるセカイ系について、その表象や言説を、同時代のさまざまな現実の「危機」との関連から改めて思想的・歴史的に整理することで、現代日本のポピュラーカルチャーと「危機表象」の関係の一端を明らかにしてみたい。セカイ系的想像力と危機表象の関係性については、前論文集にも寄稿している千田洋幸が、二〇一〇年代のセカイ系的な作品である『魔法少女まどか☆マギカ』（二〇一一年）と『君の名は。』（二〇一六年）を批評対象にして、すでに先駆的な論考を発表している（『危機と表象――ポップカルチャーが災厄に遭遇するとき』二〇一八年、おうふう）。

「平成」の三〇年間とほぼぴったり重なるだけの歴史を持つセカイ系は、その流行や浸透の背景に、一九九〇年代の阪神・淡路大震災やオウム真理教事件をはじめとし、その後のリーマン・ショック、東日本大震災と福島第一原子力発電所事故、そして令和のコロナ禍など、国内外で起こった数々の危機（カタストロフ）の影響が陰に陽に認められる。その中で、この試論では、セカイ系的想像力と「危機」をめぐる時代精神がどのように交錯し、また変容していったのかをおおまかに検討してみたい。

二　自意識＝内面の危機としての初期セカイ系――「ポスト・エヴァ」的想像力

それではまず、セカイ系という物語類型／概念が登場した当初のゼロ年代前半の状況を見ていこう。

最初に押さえておきたい重要事項は、セカイ系という概念が、その誕生に先駆ける九〇年代の社会・文化状況と深く関わっているという事実だろう。セカイ系について最も包括的に論じた基礎文献として知られる『セカイ系とは何か』（二〇一四年、星海社文庫、初版は二〇一〇年）で前島賢が詳細に跡づけてみせたように、もとより「ポスト・エヴァンゲリオン症候群」とも言い換えられたセカイ系は、その物語類型や想像力の起源に、庵野秀明監督の大ヒットテレビアニメ『新世紀エヴァンゲリオン』（一九九五～九六年）が存在している。セカンドインパクトという大災害を経た近未来の第三新東京市に暮らす中学生の少年・碇シンジが、巨大な人造人間・エヴァンゲリオンのパイロットとして、「使徒」と呼ばれる謎の敵と戦うことを余儀なくされるというこのSFロボットアニメは、これまでにも繰り返し論じられてきたように、日本国家を揺るがす数々の災厄に見舞われた九五年、そして九〇年代後半の世紀末的な時代精神を如実に表象した作品と評価されてきた。

〔…〕『エヴァ』は『もののけ姫』をさしおいて、90年代を代表するアニメ、作品として語られる。それは、同作が90年代の日本社会を反映した、象徴的なアニメだったとされるからである。〔…〕

『エヴァ』のテレビ放映が開始された1995年は、バブルの崩壊から始まった経済不況（「平成不況」）の長期化が人々に実感され、経済大国・日本という神話に陰りが見え始めた時代だった。そんな最中、1月に阪神・淡路大震災、3月にオウム真理教による地下鉄サリン事件というふたつの衝撃的な事件が発生し、時代の閉塞感を決定的にする。そのような不安な時代のなかで、トラウマ、アダルトチルドレンなどの言葉が流行する俗流心理学ブームも起こり、「内面」「本当の自分」など、人々の関心が内省化していた。

『エヴァ』は、そんな時代を鏡のように映し取った作品とされる。（前島『セカイ系とは何か』三二頁）

『エヴァ』は世紀末的な社会不安に曝された九〇年代の「危機」を表象したアニメだった。『エヴァ』は、物語の終盤（後半）になるに従い、主人公のシンジや惣流・アスカ・ラングレーら思春期の少年少女たちの内面、自意識の悩みに過剰にフォーカスするようになっていき、最後は「自己啓発セミナー」とも形容されたシンジの自分語りで唐突に幕を閉じる。そして、ゼロ年代の初頭にセカイ系という言葉を最初に用いたぷるにえは、その特徴を「エヴァっぽい（＝一人語りの激しい）作品」と表現した点を、前島は繰り返し強調したのである。そして、セカイ系作品のこの側面は、後に宇野常寛がサブカルチャー論壇に大きな反響を呼び起こした『ゼロ年代の想像力』（初版は二〇〇八年、早川書房）において、セカイ系作品を九〇年代以来の「引きこもり／心理主義」と「レイプ・ファンタジー」を内包した「古い想像力」だったと痛烈に批判し、それに対してゼロ年代の新しい想像力を「決断主義／サヴァイヴ系」と規定する議論にまで通底していく。

以上のように、セカイ系が、そもそも『エヴァ』（のテレビ版後半）をルーツとしていることからも、その初期における「危機」のイメージは、まずは主人公（男性）の内面的な葛藤（一人語り）として表れていたと言える。『最終兵器彼女』のシュウジ、『ほしのこえ』のノボル、『イリヤの空、UFOの夏』の浅羽直之はいずれも作中で、遠い彼方で戦いに参加する恋人（ちせ、ミカコ、イリヤ）から引き離され、ただ待つことしかできない無力な自分を内省し、独白するしかない。

以上のような主体の自意識を描くというセカイ系の持つ特徴は、前島の指摘する通り、半ば必然的にメタフィクションにも通じる自己言及性を帯びる。この点は、セカイ系への言及も含みつつ、「メタ物語的なポストモダンの実存文学」の構想を記した東浩紀の「ゲーム的リアリズム」（『ゲーム的リアリズムの誕生――動物化するポストモダン2』二〇〇七年、講談社現代新書）の概念とも結びつく。さらには後述するような二〇一〇年代以降の佐々木敦らの「可能世界論」的なセカイ系論へと発展していく。

ところで、「危機」の表象という観点で見た場合、セカイ系はかなり当初から内的（心理的・主観的）な危機だけでなく、外在的（社会的・現実的）な危機や災厄も反映する側面を併せ持っていた。

セカイ系の代表作『最終兵器彼女』、『ほしのこえ』、『イリヤの空、UFOの夏』はいずれも物語の主軸に戦争（非日常的な大状況）が描かれる。そして、セカイ系が流行していたゼロ年代初頭は、二〇〇一年九月のアメリカ同時多発テロ事件（九・一一）から二〇〇三年三月のイラク戦争開戦、同年一一月の自衛隊のイラク派遣開始まで、現実にも日本が世界規模での戦争に巻き込まれていく時期だった。居心地のいい日常性にくるまれた個人と非日常的な世界の回路を安定的に繋ぎ、支えてきた「社会」（中間項）が消失した「セカイ」では、よりどころをなくした自意識の問い直しがインフレ化するが、それは他方で、自らの行為の責任の所在を自分自身にしか求めえない（または外から強いられる）ゼロ年代の自己責任論という社会的リアリティともシンクロし合うだろう。

ゼロ年代当時は「ポスト9・11」の「テロリストとの常時戦闘状態」と化した二一世紀の新しい戦争の到来によって、広義の「戦争文学」の変容が問題意識として浮上し、それはセカイ系とも関係づけられていた。実際、翌年に話題を呼んだ三崎亜記の小説『となり町戦争』(二〇〇五年)など、セカイ系との共通性も窺える一般文芸も登場する。この観点は、その後、次節で述べるような社会思想的なセカイ系論へと発展する。

三　「例外状態化」するセカイ系――ゼロ年代後半の思想的・社会的転回

筆者の見るところでは、セカイ系をめぐる言説は、二〇〇七年頃に最初の大きな転換点を迎えたように思われる。

まずセカイ系関連では、この年は東浩紀『ゲーム的リアリズムの誕生』が刊行され、宇野常寛が雑誌『SFマガジン』誌上でセカイ系＝東浩紀批判を展開して各方面から注目を集める評論「ゼロ年代の想像力」の連載を開始する。前者は、セカイ系を標榜した雑誌『ファウスト』(講談社)での連載評論を大幅に改稿したもので、Key制作『AIR』(二〇〇〇年)、桜坂洋『All You Need Is Kill』(二〇〇四年)、細田守監督『時をかける少女』(二〇〇六年)、テレビアニメ『涼宮ハルヒの憂鬱』(二〇〇六年)など、セカイ系作品に顕著な特徴として見られる「ループもの」作品の構造について理論的に整理し、二〇一〇年代以降の可能世界的／実存的セカイ系論に大きな影響を与えた。後者は、ゼロ年代の社会反映論の視点からセカイ系的想像力の歴史的帰趨をまとめ、こちらもその後の社会(状況)論的なセカイ系論に接続されていく。

奇しくもこの年には、『ヱヴァンゲリヲン新劇場版：序』(二〇〇七年)が公開され、いわゆる「新ヱヴァ」シリーズが開始された。同時にこの前後は、時代的にも、第一次安倍晋三政権発足、フリーター／ロスジェネ論壇が台頭、リーマン・ショックが発生するほか、ニコニコ動画や初音ミク、pixiv、Twitter（現・X）、iPhoneなどが登場し（いわゆる「ウェブ2・0」）、日本社会全体はもちろん、オタク文化、サブカルチャー全般が劇的に変化していくのである。

危機表象との関連から、このゼロ年代後半のセカイ系言説の特徴として注目したいのは、やはり宇野の『ゼロ年代の想像力』で提示された見取り図がもたらしたインパクトから、それまでのテクスト内在的、あるいは「オタクの自意識」を投影したセカイ系論ではない、社会反映論的ないし社会思想的なセカイ系論が存在感を増していくことである。ゼロ年代の後半以降、それ以前の文芸批評的・オタク評論的セカイ系論に代わり、そうしたある種の社会思想的なセカイ系論を新しく提起していった書き手が、ミステリ作家の笠井潔である。

社会反映論的なセカイ系論と言えば、繰り返すように、二〇〇七年に連載が開始され、大きな反響を呼んだ宇野常寛の『ゼロ年代の想像力』がよく知られている。しかし、実際には、セカイ系が消去したとされる「世界設定」や「作中の歴史的説明」を「社会領域」と明確に置き換え、社会評論的な観点から本格的にセカイ系的想像力の時代的意味を論じたのは、笠井の方が数年ほど早い。後に評論集『探偵小説は「セカイ」と遭遇した』（二〇〇八年、南雲堂）に収録されることになる「社会領域の喪失と「セカイ」の構造」（二〇〇五年）、「大量死＝大量生と「終わりなき日常」の終わり」（二〇〇五年）といった論文がそれである。そして、その論点は、当初、限界小説研究会の『社会は存在しない』や『サブカルチャー戦争――「セカイ系」から「世界内戦」へ』（二〇一〇年、南雲堂）に寄稿され、後に評論集『テロルとゴジラ』（二〇一六年、作品社）に収録される「セカイ系と例外状態」（初出二〇〇九年）や「群衆の救世主《セレソン》――『東のエデン』とロストジェネレーション」（初出二〇一〇年）などでさらに敷衍されることになる。ちなみに、そこで展開される議論は、『例外社会――神的暴力と階級／文化／群集』（二〇〇九年、朝日新聞出版）といった笠井の同時期の社会思想系の仕事とも密接に連動していた。

二〇一〇年前後に発表された笠井のセカイ系論は、『ゼロ年代の想像力』に対する批判的検討に基づいている。確認すれば、この著作で宇野は、当時、一般的に同時代的な物語類型と評価されていたセカイ系作品を、九〇年代以来の「引きこもり／心理主義」と「レイプ・ファンタジー」を内包した「古い想像力」、つまり、あらゆる選択（社会的コミット）からの逃避（「～しない」という否定神学的倫理）と母性的承認への自堕落な欲望の形態だったと批判した。そして返す刀で、本当の意味での「ゼロ年代の想像力」の新しさとは、新自由主義的な競争原理を描くバトルロワイヤル系作品に象徴されるような「決断主義／サヴァイヴ系」の想像力にあると規定した。

結論から言うと、笠井の主張は、以上の宇野の時代認識を半分は是認しつつ、その思想的・歴史的射程をより拡張し、宇野が「ポスト・セカイ系」の想像力だとする「決断主義／サヴァイヴ系」こそ、実際にはセカイ系的想像力の本質だとみなすべきであるというものだった。

> 宇野常寛のセカイ系批判には、無視できない錯誤が二点ある。社会領域の消失がセカイ系を定義する以上、それを「九〇年代後半の『引きこもり／心理主義』的想像力」と等置するわけにはいかない。〔…〕以上を第一とすれば、「ある種の『決断主義』的な傾向」の作品が、決断主義の域に達していない点が第

二である。第二の錯誤が生じてしまうのは、「実存」や「承認」、ひいては「決断」など論の中心に位置するタームを、歴史的な先行事例と照合することなく安直に振り廻した結果だ。(「セカイ系と例外状態」『テロルとゴジラ』二〇一六年、作品社、一一六頁)

そもそも笠井によれば、繰り返すように、セカイ系の本質は「社会領域の消失」にあるが、それは思想的に厳密化すれば、かつてカール・シュミットが「例外状態 Ausnahmezustand」と名づけた、立憲的な国民国家の遵守する法秩序と憲法体制が機能不全に陥った状況(緊急事態)を意味する。宇野が「ゼロ年代の想像力」として(無意識に?)呼んだ「決断主義」という用語も、もともとはそうした安定的で民主的な市民社会の底が抜けた例外状態の中で生きる主体の存在様式として、一九三〇年代にシュミットやマルティン・ハイデガーが用いた用語だった。この観点から、笠井は、テレビアニメ『コードギアス　反逆のルルーシュ』(二〇〇六～〇七年)や『東のエデン』(二〇〇九年)を「セカイ系」作品として評価した。

ともあれ、こうした笠井による批評概念としてのセカイ系の刷新は、この時代の日本社会の内包していた「危機」とも深く共振していた。いうまでもなく、当時は、ゼロ年代初頭から始まった新自由主義による競争原理と格差社会の到来、それによる非正規雇用者(ワーキングプア)の増加の問題が社会問題となり続けており、それればかりか、二〇〇八年に起こったリーマン・ショックによる世界同時不況が事態に拍車を掛けていた。そして、同年六月には、非正規雇用問題や彼らの社会的孤立、自己承認欲求とも関連づけられた、秋葉原通り魔事件も発生する。

笠井は『例外社会』の中で、二一世紀のグローバル資本主義の格差がもたらした、近代的な市民的公共圏が過剰流動化し、例外状態そのものが構造化された現代社会を「例外社会」と名づけた。そして、秋葉原事件や二〇〇一年の大阪教育大学付属池田小学校連続無差別殺傷事件など二〇〇〇年代に相次いで起きたネオリベ政策とも関連のある殺人事件の実存的かつ社会的意味を考察し、両事件の犯人である加藤智大や宅間守を、現代の例外社会が生み出した本質的な脱社会的存在＝「歩く例外状態（例外人）」であったと結論づける。『東のエデン』に登場する、ゾンビのような全裸のニートの群衆も同じ「例外人」だろう。こうしたテロリストも含めた「例外人」たちが不特定多数、私たちの日常社会に遍在し、その一方で、彼らの突発的暴力を構造的に抑止・排除する社会のセキュリティ化（監視社会化）が急速に進む現状こそ、二一世紀の新たな「危機」、日常に戦争＝例外状態を内在化させた「世界内戦」（カール・シュミット）であるといいうる。笠井の社会思想的なセカイ系論は、セカイ系概念の捉え直しによって、二一世紀の日本社会の新たな「危機」の表象を可視化したという点で意義があった。

四　ポスト「三・一一」の中のセカイ系の再生
――一〇年代における運命論と倫理の問い直し

知られるように、二〇一〇年代は、二〇一一年三月一一日の東日本大震災及び福島第一原子力発電所事故、いわゆる「三・一一」によって幕を開けた。そして、セカイ系をめぐる受容も、二〇一〇年代の前半と後半で、また大きく様変わりしていく。

セカイ系をめぐる作品とその言説空間の流行は、言葉の登場から数年後のゼロ年代後半頃にはすでに古びたジャーゴンとみなされ始めていた。その後、筆者も参加した論文集『社会は存在しない――セカイ系文化論』や前島賢『セカイ系とは何か――ポスト・エヴァのオタク史』(二〇一〇年、ソフトバンク新書)などのセカイ系や「ゼロ年代の批評」の総括本が二〇一〇年前後に相次いで刊行されたことで、一時期はほとんど顧みられなくなった。

そういう中で、「三・一一」が起こった二〇一一年に刊行された、重要な「セカイ系論」が、佐々木敦の『未知との遭遇――無限のセカイと有限のワタシ』(二〇一一年、筑摩書房)である。佐々木はこの一種の哲学的エッセイにおいて、二一世紀のネット世界の到来後、人々に複数の可能性(選択肢)が自覚されるようになった中で、たった一人/一度きりの自らの人生をいかに肯定していくかという問い(運命論と自由意志の相剋の問題)を練り直している。その中で、改めてセカイ系の議論を取り上げて、「シャカイ系」という新たなキータームを提示している。本書での佐々木の議論は、東の『ゲーム的リアリズムの誕生』が参照されているように、ゼロ年代末の笠井の社会思想系のセカイ系論ではなく、ある意味では、それ以前の可能世界的/実存的なセカイ系論のアプローチを復活させている。

いずれにせよ、以上のような可能世界的/実存的なセカイ系論がこの時期に再来したのはなぜだろうか。ここには、やはり「三・一一」という未曾有の災厄が背景の一つにあったとみなしてよいだろう。当時、「三・一一」で突然に命を奪われた二万人以上の死者・行方不明者の現実を前にして、生き残った被災地の人々や津波の様子をメディアを通じて見ていた日本中の多くの人々は、亡くなったのが、「なぜ私ではなく、あのひとだったのか」という存在論的な問いに直面したはずだ。こうした偶然性や確率性の問題は、九五年の阪神・淡路大震災の時にもしばしば取り上げられた。それが、ここでセカイ系の問題として、再び問われたのである。

とはいえ、震災直後の数年間（二〇一〇年代前半）は、作品や物語の表象として震災を扱ったり、解釈したりすることは、まだセンシティヴな時期だった。セカイ系、つまりサブカルチャー表象の問題として、三・一一という「危機」を作品の表象に読み込んで議論できるようになっていくのは、おおよそ二〇一〇年代半ば以降のことである。

そうした流れが、はっきりと現れたのが、二〇一六年だった。その大きなきっかけとなったのが、セカイ系作品の代表的な作り手の一人と目されていた新海誠がこの年の八月に発表した長編アニメーション映画『君の名は。』である。この作品は、現在でも国内で歴代第五位（邦画では第三位）となる映画興行収入二五〇億円超の歴史的な大ヒットを記録し、この年の社会現象となった。

この新海の『君の名は。』は、やはり同年七月に公開された庵野秀明総監督の実写映画『シン・ゴジラ』（二〇一六年）と並んで、三・一一との類比において語られた。実際に、監督の新海自身も、当時のインタビューでそのことに何度も言及していた。

そして、新海はその後も、『すずめの戸締まり』（二〇二二年）で、ついに直接的に三・一一を物語のモティーフとして導入する。また、同作と『君の名は。』の間に発表した『天気の子』（二〇一九年）は、これも現代世界を象徴する世界的「危機」である地球温暖化に伴う気候変動による大量降雨をモティーフとしていた。ちなみに、『君の名は。』が公開された一六年、『天気の子』が公開された一九年は、それぞれいずれも甚大な被害をもたらした熊本地震と台風一九号（令和元年東日本台風）が発生している。

ともあれ、『君の名は。』の大ヒットを受けて、当時、『君の名は。』をめぐる批評やレビューが膨大に書かれたが、本作の物語が――新海アニメとしても久々に――かなりセカイ系的な枠組みを持っていたため、このキーワードと絡めた文章が無数に書かれることになった。また、それを受けて、監督の新海自身も、当時のインタビューなどで、自作とセカイ系との関係について触れる機会が見られたこともあり、この言葉が改めて盛んに取り上げられるようになったのである。こうして、だいたい二〇一〇年代の半ばを過ぎるあたりから、このセカイ系という半ば忘れられていた言葉が、再び人々の注目を集めるようになった。

　この時期に出てきた注目すべき議論としては、例えば土居伸彰の現代アニメーション論がある。『21世紀のアニメーション論がわかる本』（二〇一七年、フィルムアート社）の中で、土居は、『君の名は。』に見られるセカイ系的な側面について以下のような主張を記す。

> 「セカイ系」とは、個人（もしくは君と僕）の運命が世界全体の運命に直結し、その中間である社会や他者といったものが欠けた図式で物語が展開されるものである。新海誠の作品は、その「セカイ系」の想像力を受け継いだ作家だとも言われている。〔…〕
>
> 　だが、〔…〕瀧は果たして本当の意味で世界と対峙したのか？　『君の名は。』を観ると、彼と世界との間には境界線がないように思えてくる。世界は彼の思ったとおりに変容していく。瀧と世界とのシンクロ具合は、むしろ、世界が彼のための《ママ》存在しているようにも、彼が世界のために存在しているようにも思える。そうなるとそもそも、世界と対峙すること自体が不可能にさえも思えてくる。〔…〕
>
> 　そうなると、新海誠ははじめから、セカイ系の図式自体も、自分自身の観客が、宇宙との一体感のカタルシスを感じることができるためのひとつのガジェットとして用いていたようにさえも思えてくる。
>
> （二一六～二一八頁）

土居によれば、『君の名は。』はいわゆる「きみとぼく」（瀧と三葉）と「セカイ」との対立を描いておらず、「ぼく」＝瀧の独我論的世界に過ぎない。したがって、『君の名は。』は「セカイ系」ではない。ただ、実はこの土居の主張とほぼ同じことを、すでに佐々木敦が『未知との遭遇』のセカイ系解釈で述べていた。「「私」の中に「世界」があるというのが独我論です。〔…〕要するに前者がセカイ系ということになる。「世界の中に含まれている私」に対して「私の中に世界がある（「私」の数だけ「世界」がある）」というセカイ系的な想像力が出てきたということが問題というよりも、むしろ「私＝世界」というか、「私」と「世界」が「含む／含まれる」というような集合論的なことではなく、いわばグダグダに一緒くたになってしまうということが、セカイ系の本質であり、真の問題なのではないかと思うのです」（二二四～二二五頁）。おそらくここに、二〇一〇年代のセカイ系概念の一つの共通認識が見出される。

そして、二〇一〇年代のセカイ系作品の代表作と言える『君の名は。』は、そうした独我論的な側面が、多くの場合、論者の批判の対象となったことも重要である。つまり、現実の震災を消去しようという態度をそこに見出す論調である。土居も、「『君の名は。』は、東日本大震災を思わせる設定を導入しつつ、それによる被害をなかったことにする物語だ。彗星の被害で命を失っていたはずの三葉は、瀧によって運命の一日をやりなおし、そして現実とは別のエンディングを迎えることに成功する。つまり、現実を、複数の世界線の集積として捉えているのだ」（二四～二五頁）とする。同様の批判を、『危機と表象』の千田も共有している。

以上のようにして、大きな災厄が立て続けに起こった二〇一〇年代は、ゼロ年代以上に、セカイ系物語の倫理性のありかが厳しく問われることになった。

五　「崇高」の喪失？——二〇二〇年代のセカイ系的想像力のゆくえ

それでは、新型コロナウイルス感染症の世界的パンデミックという「危機」とともに始まった二〇二〇年代において、いま、セカイ系的想像力はどのようにみなされ、また以前と比較して変化しているのだろうか。二〇二〇年代半ばの現在ではまだ分析の材料が足りていないが、最後に短く、現時点での仮説を記しておきたい。

一つには、これまでセカイ系的想像力が前提としてきたような、ある種の「超越性」や「崇高」のリアリティが変化してきたのではないかということである。本来、「世界の終わり」や「この世の終わり」という抽象的な「セカイ」に直面する「きみとぼく」を描くセカイ系は、絶対的な超越性や畏怖の念を含む「崇高」の概念と近かったと言ってよい。また、そうした過剰性は、社会思想的なセカイ系論で問題とされた決断主義や例外状態といった状況ともよく馴染むものである。

ただ、今日の文化的な想像力やコンテンツ消費の本質には、そうしたかつての超越性や崇高の手触りが希釈されている感じがある。実は、こうした感覚はすでにゼロ年代末から二〇一〇年代初頭に徐々にきざしていたようにも思う。その一つの兆候は、笠井がセカイ系論を発表したゼロ年代末に、オタク文化界隈の新たなトレンドとなっていた、京都アニメーション制作の『らき☆すた』（二〇〇七年）や『けいおん！』（二〇〇九年）などのいわゆる「日常系」（空気系）である。これらの日常系作品では、「きみとぼく」（小さな日常）と「世界の終わり」（大きな非日常）というパースペクティヴ（奥行き）のある枠組みはもはや登場せず、のっぺりとした日常しか登場しない。

おそらくこうした感覚は、この時期に台頭してきたソーシャルメディア（ＳＮＳ）が人々にもたらした世界認識とも関係している。ＳＮＳの普及によって、私たちは世界中の誰とでも気軽に接触できるようになった。例えば、これが当時、「会いに行けるアイドル」を標榜し、国民的人気となったＡＫＢ48に象徴される「推し」の感覚にも繋がっていく。実際、二〇一二年には、濱野智史が、『前田敦子はキリストを超えた』（ちくま新書）という何とも奇抜なタイトルの書物を出し、賛否を呼んだ。これについて、『危機と表象』の千田は、「震災後という、ゼロ年代のポップカルチャーが生産した「崇高」や「超越性」が根本的に問い直されるべき時期に、「現に生きるキリストのような自らを犠牲にした者が帯びる「利他性」と「超越性」が、あっちゃんには宿っている」という、あまりにも呑気な言葉を語ってしまったからなのである」（二一八～二一九頁）と総括しているが、この千田の指摘にも今日における「超越性」や「崇高」の感覚の変化が触れられているだろう。

実際に、星野太は、対論集『崇高のリミナリティ』（二〇二二年、フィルムアート社）の中で、今日、一般的に感性や芸術などの美学的な文脈で理解されている西欧の「崇高」概念に垣間見えるもう一つの系譜を「散文的な崇高」や「修辞学的崇高」と名づけ、その本質を以下のように敷衍している。「崇高なるものは、つねに超越的なものに結びついている。〔…〕／では、これに対する代替案はどのようなものになるだろうか。〔…〕言うなればそれは、超越的な「崇高」から内在的な「崇高」への転換であるだろう。〔…〕おそらくそれは、唯一の超越性へと結びつけられた（否定）神学的な「崇高」ではなく、日常的なあらゆる境界のうちに見いだされる世俗的な「崇高」の可能性を開くだろう。「超越的なもの」から「水平的なもの」をめぐる思想へ」（三三～三七頁）。

ここで星野が崇高論の文脈で語る従来知られてきた「超越的な崇高」とは異なる、距離を失い日常に遍在する「水平的な崇高」とは、ここで述べた、セカイ系的崇高とは異なる、いわば日常系的で、推し活的な崇高と言えるかもしれない。

二〇二四年に相次いで刊行された、北出栞『「世界の終わり」を紡ぐあなたへ――デジタルテクノロジーと「切なさ」の編集術』(二〇二四年、太田出版)や佐々木敦『成熟の喪失――庵野秀明と〝父〟の崩壊』(二〇二四年、朝日新書)といったセカイ系に関する書物も、同様の視座を備えていると見ることができる。例えば、北出は、『ヘブンバーンズレッド』(二〇二二年)や『プロジェクトセカイ』(二〇二〇年〜)などの新しいセカイ系コンテンツを幅広く紹介しつつ、それらの作品から受け取る「エモさ」の本質を「シェアするための切なさ」(一六八頁)と定義する。ここでは「崇高」が「エモさ」に置き換わり、それは垂直性＝セカイへの超越から水平性＝シェアへと変質しているのだ。あるいは、佐々木であれば、『シン・エヴァンゲリオン劇場版』(二〇二一年)、『シン・ウルトラマン』(二〇二二年)などの近年の庵野秀明作品から同様の超越性の喪失を読み取る。「ウルトラマンは、この地球で最も「神」に近い存在、とも言われる。なるほど、彼の能力は地球上のあらゆる人間のそれを軽く凌駕している。だが、神に限りなく近い存在は、神ではない。しかも、限りなく神に近いはずの彼は、人になることを選ぶのである」(二一七頁)。

こうしたセカイ系的な想像力の決定的な変質に、コロナ禍などの二〇年代の新たな「危機」がどう関わっているのかを検討する作業は今後の課題である。とはいえ、セカイ系的想像力や言説の帰趨を辿ることで、私たちはこれまでも、自分たちが直面する数多の「危機」や「災厄」の本質を鏡像のように確認することができるはずだ。

災厄の記憶と、その歪み——東日本大震災後のアニメーションと純文学を例に

藤田直哉

一　はじめに——戦争と震災

本稿は、関東大震災、第二次世界大戦の敗戦、東日本大震災という三つの厄災と、その後に隆盛した表現を類型化し、比較しながら、東日本大震災後の日本における表現を検討する。中心となる問題意識は、「この国の災厄における歴史・記憶の表象は何故歪むのか」である。特に、東日本大震災後の表現における「リアリズムの後退」の傾向や、社会的・政治的事象に触れることの忌避という問題について、その理由を考察する。仮説として検討されるのは、戦後日本サブカルチャーの描き方、日本文学における社会を描く傾向の乏しさという内在的な理由、商業や政治などの外在的な理由である。

最初に、素描的に、関東大震災後における推理小説、第二次世界大戦後のSF・ファンタジー、東日本大震災後の映画や純文学の傾向をまとめる。比較という目的のためなので、単純な類型化という欠点は、ご容赦していただきたい。

日本における推理小説は、関東大震災に前後して大きく発展した。推理小説と都市には密接な関係があり、震災で破壊され復興されていく帝都がその流行に影響を与えたと推測するのは容易い。そして、推理小説は、論理や証拠を重視するジャンルであり、歌舞伎などの勧善懲悪ものや大岡政談などとは違い、人情や統治者の有能性を示すのではなく、読者も一緒に推理し謎解きをし、論理性に説得される必要のあるジャンルである。それは都市の中の怪奇性(=非合理)を表現しつつも、都市や推理の描写において、比較的明晰なリアリズムの視線を持っており、時に社会派的な観察眼を社会に向けていた。

第二次世界大戦における災厄は、戦後日本のサブカルチャーの中で繰り返しモチーフにされた。『ゴジラ』(一九五四年)や『ウルトラマン』(一九六六〜一九六七年)で繰り返し襲われる都市、『AKIRA』(一九八八年)や『新世紀エヴァンゲリオン』(一九九五年)で現出する焼け跡のような廃墟、「世界の終わり」の光景を想定すれば良いだろう。それは、原爆投下や空襲による壊滅のトラウマを反復してきたと言われる。

戦後におけるSF・ファンタジーの大衆文化としての隆盛は、関東大震災後に隆盛したジャンルである探偵小説が、帝都の復興と共鳴するようにモダニズムや論理性を重視していたことと対比されるべきであろう。戦後は、寓意・象徴を用いたファンタジーや夢幻性の方が強い。それは、トラウマが悪夢として反復すること、そのトラウマを遊びの中でそれを操作可能にしたいという欲望、戦後のアメリカ化・民主主義化という変容の中でそれ以前の土着的・宗教的な価値を表現する戦術であったと解釈される。宮﨑駿がその典型例である。

東日本大震災後の大衆文化における表現、たとえば庵野秀明監督『シン・ゴジラ』(二〇一六年)や新海誠監督『君の名は。』(二〇一六年)のそれも、そのようなファンタジー的な変形や「歪み」を伴う、戦後大衆文化における寓意を用いた語り方を踏襲したものであった。その傾向は、サブカルチャーではない、いとうせいこう『想像ラジオ』(二〇一三年、河出書房新社)、若竹千佐子『おらおらでひとりいぐも』(二〇一七年、河出書房新社)、古川日出夫『平家物語　犬王の巻』(二〇一七年、河出書房新社)のような純文学やそれに隣接するジャンルにまで至っている。それが戦後のフィクションと大きく違うのは、科学が大きな主題にならず、東北的な土着性、死生観が展開したことだ。言うならば、東京の高度消費社会を前提とした、現実と切り離されたポストモダン的環境を前提にした文学(そこにおける生の手応えのなさを前提としたスピリチュアリズム)が、その形式や価値観を、東北の土着のポストモダン以前の生活感情や信仰と「習合」したのが東日本大震災後の日本文学であると見なすことができる。

関東大震災後の推理小説(やプロレタリア文学)と対照的に、推理小説のような論理性・構築性の方向には進まなかった。むしろ、メタフィクションやポストモダン小説的な技法を使い、時間や空間が近代的な均質な座標空間ではなくなり、死者や霊性や土着的な価値観を重視する方向に向かっている。ミステリ・社会派・ゾラ的な社会への目線はあまり多くはなく、社会構造などをロジカルに見て批判するような文学・作品が乏しい。特に、死生観に偏った情緒的な作品が多く、津波が襲った地域における権力構造や、原子力発電所の歴史的・技術的・政治的・社会的な側面を描く作品が、フィクションでは著しく少ない傾向がある。

国外との比較の視点も、触れておこう。実は本稿は、アジア人女性初のノーベル文学賞作家であり、記憶や歴史やトラウマの表象で評価されているハンガンの出身である光州の、朝鮮大学校で筆者が行った発表をベースにした論考である。歴史的な記憶を比較的ストレートに描く韓国文学や映画(チャン・フン監督『タクシー運転手』二〇一七年、など)と比較して、日本文学や映画における第二次世界大戦と東日本大震災の表象は「変形と寓意」が多いことを説明するのが発表の眼目であった。

二　寓意と変形――戦後日本サブカルチャーの表象

まずは、東日本大震災後のエンターテインメント映画の代表である『シン・ゴジラ』と『君の名は。』を検討するが、そこで震災が「寓意と変形」で描かれたのは、戦後日本の特撮・アニメ文化で育まれてきた手法の援用である。まずは、この系譜の確認から始める。

たとえば『ゴジラ』の場合は、ゴジラが寓意的に表現するのは、原爆の恐怖、惨禍、第二次世界大戦の死者たちの怨念だと解釈されてきた。ゴジラの嘆きには、戦後に復興しアメリカ化し平和と繁栄を謳歌する日本への違和感や苦痛が表現されているとも解釈されてきた。その主題は、サンフランシスコ講和条約によって一九五二年（公開の二年前）に主権を回復した直後の、アメリカと政治的に深い関係を持つ当時の日本においては、政治的なタブーに近いものであった。GHQによる検閲こそ一九四九年に終わっていたが、アメリカ政府は、原爆の惨禍をアピールすることを望まなかったし、戦後の民主主義化・アメリカ化をネガティヴに嘆くなどというのは、軍国主義・国粋主義に戻ることを願う、危険な思想と思われかねなかっただろう。

であるから、それら政治的な含意や主張をストレートに表現することには、心理的な抵抗があったはずだ。フロイトは、夢の中で、色々な事象が変形して現れることを「夢の検閲官」の検閲をすり抜けるためだとしたが、怪獣やSFなどの、当時「くだらない」「バカバカしい」と見做されたジャンルに偽装することで、検閲（的なもの）をすり抜け、比喩的に表現しようとする戦略が意識的・無意識的に存在していたと考えられる。

スーザン・ネイピアなどの日本研究者は、それに敗戦と原爆投下というトラウマへの反応という精神分析的な解釈を行ってきた（『現代日本のアニメ──『ＡＫＩＲＡ』から『千と千尋の神隠し』まで』神山京子訳、二〇〇二年、中央公論新社）。「夢の検閲官」と近いが、フロイトが言うには、戦争などで心的外傷を負った者は、悪夢の形でそれを反復してしまう。夢は、見る者にあまりショックを与えると目覚めてしまうので、バランスを調整して、隠喩や寓意などに変形させて受け入れやすい形に変える。同様に、直視し難いトラウマを、咀嚼しやすく変形させ、フィクションとして集団的に反復する無意識の表現だと、戦後日本のサブカルチャーは解釈されてきた。その延長線で言えば、アニメやミニチュア特撮などは、あまりにも恐ろしいトラウマを飼い慣らすために、遊びやシミュレーションの形でそれを反復し、コントロール可能と感じたい心理の産物であると解釈される（震災後に被災地の子供たちが「津波ごっこ」をしたのと同様である）。

そのような表現の代表は宮﨑駿である。彼は寓意の形を借りて、戦争と災害を繰り返し描き続けてきた。『風の谷のナウシカ』（一九八四年）は、冷戦時代と日本の寓話であり、巨神兵は核兵器・原子力のメタファーであると解されてきた。原爆や敗戦、あるいは学生運動や国際紛争などを、隠喩や寓意によって変形し、ＳＦやファンタジーなどの形で表現するのが、戦後日本における災厄への向き合い方の一類型であり、その文法は現在にまで継承されていることが、震災後にリアリズム的な表現が少なかった理由のひとつだろう。

三　詐欺と娯楽──エンターテインメントにおける震災表象

その「寓意と変形」の表象パターンは、東日本大震災の危機表象にも影響を及ぼした。理由は極めてシンプルで、戦後の「寓意と変形」の表象の影響を強く受け、作り手でもあった者たちが、東日本大震災後の大衆文化の表現において中心を担ったからだ。

典型例の一つが、庵野秀明監督の『シン・ゴジラ』(二〇一六年)である。庵野秀明は、宮﨑駿の『ナウシカ』に参加し、核兵器のメタファーである「巨神兵」の作画をしていた。『新世紀エヴァンゲリオン』を大ヒットさせたアニメ作家であり、先ほど述べた戦争を変形して反復するという戦後日本のサブカルチャーの系譜を非常に意識的に継承している。彼は、『ゴジラ』において怪獣が象徴していた戦争と核兵器を、東日本大震災の津波と原発事故に置き換え、大成功を収めた。怪獣映画でありながら、実際の東日本大震災の映像を思わせる構図や画面や演出を多用し、実際の原発事故での冷温停止に使われたコンクリートポンプ車を決戦兵器として使うなど、リアリズム的表現も導入し、東日本大震災における観客のトラウマを喚起し、フィクションによって心理的に塗り替え、乗り越えさせようとする意志を感じさせる作品だった。

同じように、新海誠も東日本大震災を「寓意と変形」で描いた。彼は、宮﨑駿の影響を強く受け、戦後日本サブカルチャーの機能を意識的に引き継ごうとしている。『君の名は。』『天気の子』(二〇一九年)『すずめの戸締まり』(二〇二二年)の三部作は、監督自身のインタビューによれば、東日本大震災を意識した作品である。『すずめの戸締まり』では直接東日本大震災を描いたが、残り二作は「寓意と変形」を行っている。『君の名は。』の場合は彗星の落下、『天気の子』の場合は異常な長い雨による海面上昇に、東日本大震災＝災厄を変形させ、惨禍を描いている。隠喩とは言え、福島の立ち入り禁止区域に類似したカットが『君も名は。』に登場し、『天気の子』では津波が襲う東北地方に類似したカットがあるなど、視覚像によって観客の災厄の記憶を喚起しようとする点で、『シン・ゴジラ』とよく似た戦略だ。

『シン・ゴジラ』は、血沸き肉躍る怪獣映画というエンターテインメントの形式を使い、新海誠作品は、恋愛映画とファンタジーの形式を用いて、震災を扱っている。日本のエンターテインメントでは、エンタメ性と、深刻な災厄の表現の組み合わせが、国民的レベルでヒットする特徴がある。詐欺師は低俗な意図を隠して高尚な振りをするが、大衆芸術たる映画は、高尚な意図を隠して低俗な振りをする。この、使命感を持ったエンタメの性質を「逆詐欺師性」と呼ぼう。

「逆詐欺師性」は、映画やアニメーションが、大衆的なエンターテインメントとして商業的に成立しなければいけないという条件によっても生じる。それは下手をすると、大衆の俗情と結託したポピュリズムになりかねないが、多くの人々に届く可能性も持っている。ポジティブな感情を梃子に、満足させ、観客の気持ちを満たしながら、教訓を伝えたり、歴史的な事象を知る入り口を作る機能は評価されるべきだろう。大衆消費社会の中で、教養主義の圧力も薄れ、歴史や社会や政治に対する意識も乏しくなっている現代日本では、「これを学ぶべきだ」「知るべきだ」というプレッシャーは抑圧に感じられてしまい、忌避されがちである。この時代に何かを伝えようとするとき、商業芸術がこのような二枚舌的な戦略を採用するのは、必然的な宿命なのだろう。

四　現実と社会——震災後文学が忌避したもの

興行的な条件がシビアな大規模な商業芸術である映画においては「寓意と変形」が必要になったが、それよりも小規模な制作・流通コストであるがゆえに繊細で複雑な個別の事象を描く自由度が高い、純文学での表象はどうだろうか。

震災直後においては「寓意と変形」の方法論で描かれている作品が多かった。震災直後に書かれた代表的な震災後文学を、いくつか見てみよう。高橋源一郎『恋する原発』(二〇一一年、河出書房新社)は原発でアダルトビデオを撮影するという突拍子もない設定と内容により、不謹慎な言説を許さなくなるような当時の言説空間への批判と抵抗を行っていたと同時に、ある惨禍を軽薄に描くことでしか表現できないものを表現していた。あるいは、川上弘美『神様2011』(二〇一一年、講談社)。主人公の女性と喋る熊が散歩する作品で、その散歩の中で、ストロンチウムなどの単語が登場し、放射性物質に汚染された場所を舞台にしている。「神様」というタイトルから、この熊はおそらく日本のアニミズム的な自然宗教の感覚における神として登場しており、そのような神話的な空間の中に科学的な単語が混ざることで、私たちの神話的な無意識に対する原発事故(科学)の影響を表現した作品だと考えることが出来る(木村朗子『震災後文学論――あたらしい日本文学のために』二〇一三年、青土社)。吉村萬壱『ボラード病』(二〇一四年、文藝春秋)は、ある公害で人々が奇形化しているにも関わらず、集団でそれを否認する街を描く。そのディストピア的な状況は当時の日本の言説空間の隠喩であると解釈されてきた。多和田葉子の『献灯使』(二〇一四年、講談社)も、寓意的に震災や放射性物質を扱っている。

どの作品も、東日本大震災や原発事故を、リアリズム的に直接描けず、比喩や隠喩などを通じて描いている。どうしてそうなのか。現代では純文学作家と言えども、サブカルチャー的な想像力の影響を受けているから、という理由がまずは考えられる。

サブカルチャーとの関係で言えば、福島出身である古川日出夫が震災直後に現地に入って書いた『馬たちよ、それでも光は無垢で』(二〇一一年、新潮社)に注目したい。本作は、リアルへの向きあえなさと、サブカルチャー的な「寓意と変形」の想像力との関係それ自体を体現しているかのような作品である。書き始めはノンフィクションのルポルタージュだが、被災地において作家は自分の小説のキャラクターが立っているのを幻視し、作品はファンタジー世界に雪崩れ込んでいってしまう。古川はデビュー長編が『ウィザードリィ外伝Ⅱ』(一九九四年、アスペクト)だという、サブカルチャー的な出自を持つ書き手である。この作品は、「リアル」を直視し表現することの困難さ、心理的な逃避、という日本における災厄表現の宿命を体現している。リアルタイムに解離が起こり、心が防衛するために現実の景色を(「夢の検閲官」のような存在が)幻想で書き換えたかのようである。それは、カート・ヴォネガットの『スローターハウス5』(伊藤典夫訳、一九七三年、早川書房)で、第二次世界大戦の惨劇を経験した主人公が、現実や過去を直視できず、SFじみた妄想に逃避するのと同様だが、ヴォネガットが解離のメカニズムを対象化したのに対して、古川作品は乏しい。これを、作者が本当に何か幻視をした、精神が耐えられなくなったと読むよりは、古川自身が技法として寓意的に何かを表現していると読む方が解釈として豊かになるだろう。

震災をファンタジーとして描く傾向は、村上春樹の『騎士団長殺し』(二〇一七年、新潮社)にも見られた。「白いスバルフォレスターの男」という闇の王のような存在が東日本大震災を起こしたかのように書かれている。春樹は、オウム真理教事件を経て、悪しき物語(ファンタジー)に対し、物語で対抗する作家的使命を提示しているが、現実の震災の重みに対して、サブカルチャー的なファンタジー(震災を起こす悪魔的存在)は、有効に機能していないように思われた。

東日本大震災を扱った純文学には、生々しいリアリズムの作品が少ない、特に冒頭で挙げたようなゾラ的作品が少ない。第二次世界大戦を描いた戦争文学と比較すると顕著である。たとえば、大岡昇平『俘虜記』(一九四八年、創元社)『野火』(一九五二年、創元社)『レイテ戦記』(一九七一年、中央公論社)、野間宏『真空地帯』(一九五二年、河出書房)、大西巨人『神聖喜劇』(一九七八〜一九八〇年、光文社)のような作品は少ない。この「リアリズム」の弱体化は、戦後文学と震災後文学を比較した場合の大きな特徴だろう。

もうひとつの理由は、社会のポストモダン化・サブカルチャー化に随伴する文学や映画のポストモダン化・サブカルチャー化だろう。さらにもうひとつの理由として、社会や構造への関心低下が考えられる。東日本大震災前の日本文学は、ニートやフリーターもの、佐藤友哉や舞城王太郎が代表するファウスト系のようにサブカルチャーと現実の混濁を描くものが多かった。ゼロ年代は、セカイ系が象徴するように、政治参加や社会構造への関心が著しく後退していた時代である。

四つ目は、被災地が東北だったことである。これについては、震災直後ではなく、少し時間が経ってからの傾向で顕著になる。次節で、いとうせいこう『想像ラジオ』を題材に確認していく。

五　東京と東北――日本文学と東北的なものの「習合」

二〇一〇年代の日本文学は、震災後文学と、ディストピア文学の時代だった（斎藤美奈子『日本の同時代小説』二〇一八年、岩波書店）。どちらにも、八〇年代以降のポストモダン文学、九〇年代以降の「虚構と現実」の混淆、ゼロ年代以降のサブカルチャーや情報社会のリアリティの表現などで培われた技法が投入された。ディストピアものも社会を描く手法だが、ディストピアという架空世界のモデルを使い単純化して描くという特徴において、ゾラのように現実の社会を注視する手法とは異なる。そして、震災後文学では、ポストモダンと東北的なものが習合した。

『想像ラジオ』は、津波による死者が、ラジオのMCのように人々に呼びかけをするという小説である。いとうせいこう自身がヒップホッパーであり、被災地にボランティアに行く主要人物も近い文化の人々だ。震災の死者がラジオで通信する内容を描いたパートと、被災地にボランティアに行った者たちが、想像すること、物語の存在意義、倫理的可否を議論するというパートに分かれ、作品自体がメタフィクションの技法で描かれている。

本書のフィクション論の焦点は、「死者と交信ができる」「死者が実在する」ことだ。それは、東北の死生観、震災で喪失を経験した人々が救いを求めた死生観に由来している。その切実な感覚への向き合いが作品の焦点となる。死者の声を聞くということについて、ナオくんというボランティアの一人は、倫理的にそうするべきではないと主張する。「遺体はしゃべりませんよ。そんなのは非科学的な感傷じゃないですか」（河出文庫版、六八頁）「それは現実が立てる音じゃない」（七四頁）。この議論を作中で展開した上で、作品は、フィクションとして死者との通信、死者の声を物語る。

東北学院大学（当時）の金菱清が、被災地における幽霊の目撃談を『呼び覚まされる霊性の震災学』（二〇一六、新曜社）として発表し、大きな話題となった。彼が編んだ『悲愛』（二〇一七、新曜社）では、失った愛する人々が死後の世界で実在している、と考えて書いている被災者の文章が散見される。東北の、青森や山形には「ムサカリ絵馬」があり、死者が死んだ後も生き続け年をとり続け、結婚させるという習慣がある。被災者たちの死者観には東北の死生観や文化が影響していると考えられる。金菱は阪神淡路大震災では死者や幽霊のエピソードは少ないと述べ、原因として地域の文化差だけでなく、津波で遺体が見つからず、生死が確定しない時間が長かったことが要因ではないかと解釈しているが、地域の文化や死生観の影響もあると考えるのが自然だ。

東北には、カタリという伝統もある。それは、物語ることと、フィクションを話すことである。「カタリ」

の再評価もなされており、その一つが、せんだいメディアテーク「物語りのかたち 現在に映し出す、あったること」展だ（せんだいメディアテークでボランティア活動やドキュメンタリー制作を行っていたのが、後にアカデミー賞監督になる濱口竜介である）。『想像ラジオ』の内容も、「死者の実在」「カタリ」の問題系である。

純文学のみならず、詩人で批評家の若松英輔が死者実在論を述べた『魂にふれる 大震災と、生きている死者』（二〇一二年、トランスビュー）や、民俗学者・畑中章宏の『死者の民主主義』（二〇一九年、トランスビュー）などの人文書にも、東北的なものが影響している。文学の変化と並行して、九五年のオウム真理教事件以降、真面目に議論するのが憚られていた死者や霊性の議論が大々的になされたのが二〇一〇年代の言説空間であった。この習合による東北的なものの流入が、リアリズムを減らした一つの大きな理由だろう。

六　死者と霊性――二〇一〇年代後半以降の日本文学

ポストモダン文学的な技法と、東北的な死者観の習合が、二〇一〇年代の震災後文学に起こった。そこでは、喪や死者の問題を扱った作品が多く書かれた。山下澄人「鳥のらくご」（二〇一五年）、滝口悠生『死んでいない者』（二〇一六年、文藝春秋）、古川真人「ラッコの家」（二〇一九年）、石沢麻依『貝に続く場所にて』（二〇二一年、講談社）がそれに当たる。滝口はポストモダン的な技巧で死者への集団的弔いを描き、古川は自身の地元である九州の家族親族をモデルに喪と葬式を描く。山下作品の「鳥」とは「つぶやき」であり、ツイッター（現：X）のツイートを思わせる。

被災地出身・在住の作家たちの台頭も、二〇一〇年代後半の注目すべき出来事だ。沼田真佑『影裏』（二〇一七年、文藝春秋）、若竹千佐子『おらおらでひとりいぐも』、日上秀之『はんぷくするもの』（二〇一八年、河出書房新社）、くどうれいん『氷柱の声』（二〇二一年、講談社）、佐藤厚志『荒野の家族』（二〇二二年、新潮社）などが典型的な作品である。

『影裏』は筆致はリアリズムに近いが、主題はポストモダン的だ。淡々と、おそらくは同性愛的な関係が描かれ、カタストロフを愛する男が津波を見に行きおそらくは死んだこと、その死を父親が受け取れずまだ生きているという物語・虚構を抱いているのを、ジャッジせずに描く。『おらおらでひとりいぐも』は東北地方で特に人気で、六八万部を超えるベストセラーになった作品だが、これも死者を題材にし、死後の世界・霊界・異界の存在に開かれる目覚めを描いた作品だ。方言と標準語を織り交ぜるなど、技巧性も見受けられるが、方言でのみ可能になる直接的な情緒・感覚の表現と伝達に賭けた作品だと言ってもいい。『氷柱の声』は、東北出身ではない北条裕子『美しい顔』（二〇一八年）と合わせて、震災表象や流通、当事者性という主題を扱い、リアリズム的な文体でポストモダン・メタフィクション的な内容であった。二〇一〇年代後半から二〇二〇年代にかけて、『はんぷくするもの』『荒野の家族』などの、比較的リアリズムに近い筆致であり、辛く長い地道な震災後の生活を、そこに生きる人々が内側から描いた作品が多くなる。

ポストモダン文学やメタフィクションは、広告や金融などが大きな影響力を持つ、高度消費社会の都市におけるリアリティの変容と深いつながりをもったジャンルであり、技法である。その技法で、東北や被災地の現実を描こうとすると、高度消費社会や非実体経済化がそこまでは進行していない土地のリアリティと齟齬が生じかねない。死者や霊性を描く方向ではポストモダン文学や非リアリズムの技法が生かされ、生活などを描く際にはリアリズム的に描くのが、震災後文学で多く見られる傾向である。

以上、ゼロ年代までの日本文学、サブカルチャーの文法や話法という内在的な理由、東北という被災地の文化が、災厄表象に影響を及ぼし、リアリズム以外の表現を促してきた可能性を検討してきた。次節では、内在的ではなく、外在的な原因を検討する。

七　禁忌と否認――原子力はどうして描けないのか

福島第一原発の事故は人類史上最悪の原子力発電所の事故であり、十六万五千人近くが避難生活を余儀なくされ、今でも放射性物質により300平方キロメートル以上の帰宅困難地域があり、廃炉まで順調に行っても数十年はかかるだろう。「唯一の被爆国」(実際には、都市に対して投下され大量に人が亡くなる経験をした唯一の国)を自称し、「非核三原則」でノーベル平和賞を受賞した首相を持ち、「科学技術立国」を邁進してきた日本にとって、ナショナル・アイデンティティに関わる出来事であるのに、その傷が直視されないのは異様に思われる。チェルノブイリに並ぶ、人類史上最大のレベル7の原発事故という、人類史に関わる事故ではないか。戦後に核兵器や核時代を扱ったノーベル文学賞作家である大江健三郎を持つ国の文学が、どうしてそれを真正面から扱えないのだろうか。事故を起こしている原子炉を開発したメーカーで電力の仕事をしている父を持つ筆者としては、そのことがどうしても納得いかない。自分自身の感情や傷つきや実感や葛藤にフィットする日本文学が現れていないことに、不満を感じる、と言ってもいい。

震災後のルポルタージュやドキュメンタリーなどでは、社会や政治的な題材が直接扱われた例がある。小松理虔の『新復興論』(二〇一八年、ゲンロン)では、たとえば津波の被害に遭った人たちが高級住宅地の近くに住まいを得た結果、生活スタイルや文化の違いによる対立と衝突が起きたことを報告している。船橋淳監督のドキュメンタリー『フタバから遠く離れて』(二〇一二年)では、原発が立地している双葉町の町長に取材し、彼が原発を何故町が誘致したのかの歴史を語る。避難した場所の違う住人たちが分断され、デマなどで対立し、町長選などに影響していく様をつぶさに捉えている。英語のタイトルは『Nuclear Nation』であり、原子力を抱えた国家の様々な権力構造を捉えていた。

映画において原発事故が描かれた例は、佐藤太監督『太陽の蓋』(二〇一六年)、若松節朗監督『FUKUSIMA50』(二〇二〇年)があり、ドラマでは西浦正記・中田秀夫監督の『THE DAYS』(二〇二三年)があるが、福島第一原発のメルトダウンの被害を最小化させるべく奮闘した人々を主役に、「自分たちを守るために命がけで頑張った人たちがいる」という感動の話法であり、原子力を巡る歴史や権力の構造に踏み込んではいない。

原発事故やその周辺を描けない理由には、内在的な理由と外在的な理由の両方が想定される。外在的な理由とは、政治・経済的な理由である。それら禁忌が内面化されるという形で、両者が交互作用を起こすメカニズムが存在していると推測される。

オーストラリアのシドニー大学で、ヤスコ・クレアモンドがキュレーションした「ART & ACTIVISM IN THE NUCLEAR AGE」(二〇二二年)という、原爆や核兵器などに反対するアクティヴィズムに関する美術の展示があり、カタログを読んでいると日本の事例に多くの紙幅が割かれていた。これは本来、日本がやるべき展示だと筆者は感じたが、日本の公立美術館などでそのような特集展示はほとんどなかった。それどころか、原発を扱った作品も、ほとんど見ない。

現代美術においては、柳幸典の「Project God-zilla ——横浜市開港記念会館の地下室」(二〇一七年)、ヤノベケンジ「サンチャイルド」(二〇一一〜)は、果敢に原子力の問題に取り組んだ作品だが、どちらもサブカルチャーの意匠を用いた「寓意と変形」での表現である。原発作業員として作業しながら監視カメラを指さし続けた竹内公太「指さし作業員」（二〇一一年）、帰宅困難区域で展示を行う「Don't Follow the Wind」（二〇一五〜）、岡本太郎の「明日への神話」に原発事故を描いた絵を付け足したChim↑Pomの二〇一一年のアクションなどの貴重な例もあるが、国民的・国家的な問題として大々的に扱う動きは見られない。

山本昭宏『核と日本人』に詳しいが、日本の原子力政策は、アイゼンハワーの「アトムズ・フォー・ピース」の戦略に沿って展開してきた。冷戦状況下の、核や原子力発電所を用いた政策の、軍事的な背景は言うまでもない。日本の原子力政策は、読売新聞社の社主で、日本テレビの社主であった正力松太郎の科学技術庁長官への就任が象徴するように、メディアを使った心理作戦と並行していた。有馬哲夫『日本テレビとＣＩＡ発掘された「正力ファイル」』（二〇〇六年、新潮社）に拠れば、正力はＣＩＡへの協力者だった。アメリカに負け、「属国」的な立場になり、冷戦状況下で東西の防波堤となる地政学的な条件下にあった日本で、原子力は「平和」のために必要だったのだろう。

それが、陰に陽にタブーになり、「上からの検閲」（最高裁の判例としての検閲ではないがそれに準じる行為）や、民間の人々のクレームや炎上などの「下からの検閲」で、タブーの空気が出来、作り手に影響していると推測される。

改めて思い出すなら、「寓意と変形」は、イロニーに近く、基本的に弱者の技法である。第二次世界大戦中、言論の自由がなく、不用意なことを言えば非国民と仲間外れにされかねない時代などに駆使された技法だった。戦後日本においても、支配的な文化ならぬ、被支配であり従属的な地位の文化は、寓意と変形による表現を強いられてきた。今なお、そのような表現が必要な場面は多々ある。

八　歪曲と真実

「寓意と変形」が発生する権力構造と作り手の自覚を主題化した作品が、古川日出夫の『平家物語　犬王の巻』、それを湯浅正明監督がアニメーション映画化した『犬王』（二〇二二年）である。それは、日本の伝統芸能である能を参照し、震災後文学から、死者や追悼という主題を継承している。能は、死者を憑依させるイタコのような憑依芸能である。『土蜘蛛』が典型だが、敗北し支配された地方豪族や土着民たちの声＝死者たちの声を蘇らせ、傾聴し、追悼するジャンルでもある。古川は本作で、「敗北した」地域である東北の歴史を託している。アメリカに支配され従属してきた戦後日本において、さらに東京的なものに支配され従属してきた地域、抑圧されたものの声を届かせる戦略への自己言及のようである。

『犬王』で、能は、琵琶法師がギターを演奏し、ロックのように描かれる。エレキギターのディストーションが響き渡る。作中で、権力によって作られる正史ではなく、小さな一人一人の物語、かき消されていく物語を自分は語るという旨の発言を登場人物が行う。それは、サブカルチャーやエンターテインメント、文学などの支配的文化に擬態して表現する古川の意図の自己言及と解釈することが可能だろう。支配的文化に擬態（＝アダプテーション）し、歪み（＝ディストーション＝「寓意と変形」）を通してしか、語ることの出来ない立場も「真実」もあるのだ。

同様の趣旨は、スヴェトラーナ・アレクシエーヴィッチ『チェルノブイリの祈り』（松本妙子訳、二〇一一年、岩波書店）の中にもある。チェルノブイリの事故で被曝し家族を失った女性の語り手はこう言う。「彼らは死んでいきますが、だれも彼らの話を真剣に聞いてみようとしません。私たちが体験したことや、死については、人々は耳を傾けるのをいやがる。恐ろしいことについては。／でも……、私があなたにお話ししたのは愛について。私がどんなに愛していたか、お話ししたんです」(二七〜二八頁)。

現実に起こった悲惨であり、今なお苦しみ死にゆく者たちが続々と出ている事態ですら、ネガティヴな内容を観客は聞きたがらない、だから、届きやすい話に擬態する必要がある。だから、我々は、歪みの原因を知り、それを通して伝えようとした真実、感情、声なき声に耳を澄ますことが必要である。

九　おわりに——災後と戦前

さて、東日本大震災後の映画・文学を中心に、現代美術にも触れながら、その傾向を分析してきた。関東大震災後のミステリ(とプロレタリア文学)、第二次世界大戦後のSF・ファンタジー(と戦後文学)と比較して、東日本大震災後の映画や文学は、「寓意と変形」と用いる率が高く、リアリズムが少なく、ポストモダン的な書き方と東北的なものが習合する傾向が見られた。政治や社会、原発などが描かれるのは少ない。災厄や危機表象に歪みが見られる理由を説明する仮説は、内在的・外在的な理由を複数想定することができ、それらを本稿では指摘・検討してきた。

最後に、二〇二〇年代における危機表象のパラダイムシフトについて触れる。過去の危機の表象から、未来に想定される危機を前提にした変化が起こっている。つまり過去における災厄を表象し記憶するだけではなく、未来に想定される危機に備えられる内面や認識の構築が、フィクションに期待されるようになっていると思われるのだ。文学やフィクションの戦時体制は、既に始まりつつあるのだろう。

たとえば、元自衛官の芥川賞作家である砂川文次の戦争シミュレーション小説『越境』(二〇二四年、文藝春秋)がその例だ。本作では、日本の大衆や政府における現実否認が極めて強く批判される。それは戦後日本社会における軍事のタブー化への批判でもある。タブーと否認、それがもたらす現実感覚の歪みは、サブカルチャーなどに体現された戦後日本の問題であるが、次なる戦争を想定した場合、そのような文化的・認知的感性は、重大な問題を引き起こす可能性がある。気候変動や第三次世界大戦の危機の起こる可能性の高い現状において、政治家・官僚や国民が否認に逃げれば、深刻な危機は回避できず、勝利も出来ないだろう。

震災後の日本文学が、東北のローカル的な価値観と出遭ったことや、癒し・ケア・死者・喪などのテーマを追求したことの価値を評価した上で、リアリズム的な認識が乏しいことへの懸念も同時に抱かれる。ハワード・ヘイクラフトは、『探偵小説・成長と時代――娯楽としての殺人』(林峻一郎訳、一九六一年、桃源社)で、推理小説は論理と証拠を重視するがゆえに民主主義と深い関係のあるジャンルだと述べていたが、フィクションにおける表現が現実の社会の反映の部分があるとすれば、民主主義の状況が、エビデンスや客観的現実を無視した、神話的・カルト的な情動によって動く状況が懸念される。虚構と現実、あの世とこの世が連続的になり、時間軸も空間軸もぐずぐずになってしまった震災後文学的な内面がもし日本の人々にあるのだとすると、ポストトゥルース現象や、ファシズム、神話的な政治に移行しやすくなり、それは危機を深くしかねない。

戦争などの人災をも天災のように受け止める傾向のある日本において(堀田善衛『方丈記私記』一九七一年、筑摩書房)、過去の震災の描き方は、未来の戦争への想像力に大きな影響を及ぼすだろうと思われる。不幸な事ではあるが、そのような観点から震災後文学が再評価され、審判されるようになっていくのも、避けられないだろう。

はっきりしない危機表象——森泉岳士の諸作について

阿部　嘉昭

一　少ない線と余白の系列

森泉岳士《たけひと》の描いているのは果たしてマンガだろうか。マンガであり、マンガを超えているというのがそれにたいする正答だろう。

コマ割り、吹き出しとナレーションによるネーム、どんな作品にもキャラクターや物語展開が存在していること——そんな書法（描法）を終始貫いている点では、確かにジャンル成立以来のマンガ法則が墨守されている。その一方で、Ｇペンを中心としたマンガの使用道具の趨勢に、森泉は従わない。キャラクターや事物の輪郭線は太く、通常のストーリーマンガに較べ人物の画素単位では疎なのに、どんな手法が採られようと、そこに描かれている線のかすれ、ゆれの密度は、奇蹟的な細部性を湛えている。読解に衝撃をあたえるコマ単位の画角の多彩さ。一瞥では何が描かれているか判明しない細部のある作品もあり、それらでは通常のマンガの読解速度を大幅に超えてしまう。こうした遅延体験によってこそ、読者は作品にふかく魅了されてゆくのだ。

森泉岳士の書法は、ふたつに大別される（最近はボールペン使用も加わるが）。本稿が主対象とする「水と墨汁を使った」独自の絵画法については、のちに詳述する。もうひとつの書法は、ひとどうしの出会いの偶有や旅情などをピンポイントで展覧してゆくエッセイ的連作となった『うと　そうそう』（二〇一六年、光文社）を嚆矢とするものだ。森泉の義父、現在は鬼籍に入った映画監督・大林宣彦の綴った同書の解説によると、線はそれまでのような爪楊枝や割り箸ではなく、「8Bのエンピツ」で描かれているという。大林は画柄全体については書いていないが、世界における事物と人物の領分をシンプルに線還元して転写、いっぽう風景や屋内などそれ以外の世界のもたらす具体的質感はコマ内に充満させずに大胆に白く省略させている。魚喃キリコとも共通する世界把握だが、描き残しの頻度はさらに苛烈で、結果、図柄と余白のせめぎあいがさらにつよく打ち出されている。むろん少ない線と白さによった各コマと全体展開は、誰もが真っ先に印象するように、淡い。それが、読者が自らに形成する心情の淡さとも高度に同調してゆく。

この余白が情緒性ではなく消失恐怖と連帯する場合もある。『仄世界』（二〇二二年、青土社）中の一篇「散文的消失症候群」を見よう。ヒロイン・涼を主人公にした自己消失ミステリと呼びたい本作では、女性を襲う前提崩落の連鎖をしるすストーリーラインが、少ないネーム量のなかで蠱惑的に出現している。夫の東京行とタイミングを合わせ、涼はホテルで恋人と密会するのが習い。朝まだき夫が起床する前に家を出、夫帰宅後の深更、終電で帰宅する。ところがホテルからの帰途、マンション棟の玄関口で深更なのに幼女がぽつねんと置き去りにされていて、義侠心で玄関ドアフォンから幼女のいう部屋番号にかけるが住人に相手にされない。仕方なく最寄りの交番に幼女を預け、「わたし」（いつの間にか「涼」が一人称化している）は帰宅する。

後日、わたしが交番を訪ねると、当該番号室の住人には子供がないと事実判明し、置き去りにされていたあの幼女は救護施設に預けられたという。とりあえず幼女の証言をもとに両親のモンタージュが作られていて、それはあろうことか、わたしの両親の顔だった。翌日、救護施設を訪ねるとそんな幼女はいないと返される。もう一度交番に戻ると、別の警官に、それまで自分が相手にしていた若い警官など存在していないともいわれる。勢い余って自分の両親を彼らの住むマンションに訪ねると、自分のもつキーでドアロックが解除できず、やむなくドアフォンを使うと、見知らぬ住人に子供などないと宣告される。幼女、警官、両親……わたしにとっての前提が次々に崩落する不気味と不安(以下の崩落物語は省略)。

戦慄すべきは、間歇使用されていた一頁大の大ゴマの頻度が終盤に来て増しながら、画柄から線がさらに減少し、疎の横溢する気配のあること。ヒロインにとっての世界の消滅と、線の減少とが、関数関係にあるのだ。最終頁ひとつ前の見開きでは雨の降る街並みがロングで描かれるのだが、短い降雨線が減少をかたどりながら疎隔化し、街の建物の輪郭線も途切れに途切れ、密度のまるでない、数少ない線の断片的な散在になってしまう。ここでは「爪楊枝と割り箸」系列のもつ背景の稠密な空気の不気味さが、純然たる「なにもなさ」の危機、それゆえの災厄へと脱色されてゆくのだが、さすがに森泉はそこに空無の不思議な豊かさも連接させている。森泉の施すデザイン感覚に富んだ8Bのエンピツ線の疎、その微妙なゆらぎがたえず空間全体に反照されているためだろう。

二　シルエット、かすれた霞の猖獗

森泉岳土の爪楊枝、割り箸による描法には説明が要る。ウェブサイト「Illustrator FILE 10：森泉岳土」

http://japancreators.jp/wannabe/illustration/column/moriizumi/index.html　から引こう（二〇二四年一〇月五日最終閲覧）。

僕はもともと水で描いて、そこに墨を落とし、細かいところは爪楊枝と割りばしを使って描いている。

この森泉の言い方はわかりにくいかもしれない。このサイトにある作業写真を参照すると、彼は通常の画筆に水を浸し、まず紙に透明な線を引く。その水の痕がいわば水路となる。それに筆を使って墨汁を垂らす。すぐさま集中している黒を、爪楊枝や割り箸を使って伸ばしてゆく。導きになるのが、先に水を引いて作った水路だ。ただし困難は紛れもない。まずはGペンなどとちがって、線が太すぎる。紙が乾くまで加筆ができない不自由もあるだろう。出来上がり予想も、墨汁線の拡がりの偶然性に絶えず苛まれる。線や画柄全体が細かく描けない難点については、森泉はどのように克服しているのだろうか。ふたたび同サイトより引く。

この描き方だと、墨が走るくらいたんまりと水を使って描くので、実は細い線が描けない。あまりにも太くなるので、絵そのものは縦2倍、横2倍、つまり4倍のサイズで描く。たとえば10センチ×10センチのコマを描くためには、20センチ×20センチのコマを描く必要があるのだ。
それをスキャニングしてパソコンに取り込み、1／4のサイズに縮小する。その作業をしてはじめて、絵として、自分の希望する線（の太さ）が出るということになる。しかし4倍のサイズで描くということは、大きな絵を描くためにはいくつかのパーツに分解して描かなければならないということだ（僕はB

4サイズの画用紙を使っている)。

それに加えて、たとえば背景と、その手前に人物がいるとなると、やはり分けて描かなければならない。なぜならば、まとめて描いてしまうと、なにしろ「水」なので、背景と人物の線が溶け合ってしまい、一体化してしまうからだ。

さて、ここから俎上に載せるのが、森泉の危機表象、災厄表象の秀作としてまずは指を屈すべき短篇「トロイエ」だ。人物がすべてシルエットで描かれているこの黒いメルヒェンの傑作は『祈りと署名』(二〇一三年、KADOKAWA)に収録されている。本稿の中心部をなすので、隔靴掻痒感を招くかもしれないが、細かな画を細かな文で表現する方法倒錯を以下お許し願いたい。

一一九頁(黒地の全体にタイトル文字だけ白く抜かれた作品扉は省略)

長い三つ編みのお下げ髪を一本、後頭部から垂らした細身の少女キャロルが大都市の一角で、恰幅の良い女中頭ベティと落ち合う。相互確認もそこそこに、スーツケースを重たそうにもつキャロルは「誠意《トロイエ》を尽くして働きます!」と宣言。たいするキャロルの口吻はシニカルで、「お給金をもらうんだから当然だね」とすげない。キャロルは自分の敬虔な信心から、人には善性が約束されていると言いかける。背景の変化によって二人の歩行の、街なかでの移動過程がゆるやかにしるされる。

冒頭ひとコマは、二人のシルエットの後ろ姿が、巨大な建築物を奥行に並ぶ構図。建築物は豪奢なファサード、並び立つ円柱からパリのオペラ座を想起させる。山高帽の世紀末紳士たちが街をゆくなかを馭者が操る馬車も行き過ぎる。それら付帯状況からして時代は今世紀初頭か。冒頭コマののちキャロル、ベティは、正面から捉えられてもシルエットのまま（街なかの偶有的な人物もおなじ）。建物の作りを示す線は、割り箸で描かれたためか粗く、人物たちのシルエットの輪郭も一見シンプルだ。広場の介在、針金状に並び立つ人物たちの全体から、ジャコメッティの彫刻をおもわせる余禄もある。ただし全体にゆがみ、かすれがあるほか、シルエットも黒一色ではなく部分的に白い点描の靄がかかったようなかすれ箇所があって、そのかすれの細かさにより、画の精度が低いとは決しておもわせない。かすれが人物のシルエットの顔にあると、表情が視えているような錯視も起こる。錯覚というなら、この頁の最終コマなどは、線が太く粗いままなのに遠近法の幻惑もあり写真に接しているような錯視まで招く。

この大都市はどこか。「キャロル」「ベティ」は英語圏の女性のファーストネームだし、オペラ座的な建築はパリ風だし、使用される語「誠意《トロイエ》」は、ドイツ語の「treue」とおもわれる（ナチスドイツの語彙が意識されているか）。作品タイトルであるこの「トロイエ」には深い含意もある。おそらく英語の「true」とおなじ語幹の「treue」が「真実」を超えて、「誠実＝熱誠」の意味まで帯びてしまう暴走に、焦点が当てられている。それはナチスがプロパガンダする、人種的偏見の優生学的「真実」に向け、ドイツ国民の民族的な昂揚が起こった点ともリンクする。以上、仏・英・独「折衷」で、いわば「ザ・ヨーロッパ」がここに描写されているのではないか。

本作の主軸は、怪物的な「兄」の膨張を停めることのできない「妹キャロル」の絶望だ。問題は、キャロルこそが不可避的な献身の精神をもっていること。兄にはドイツ表現主義のヒーロー「吸血鬼」の俤がある。いっぽう妹キャロルの描述には笑いも取り巻く。

二二〇～二二一頁

吹き出しについて言及するのを忘れた。楕円、真円をふくめ科白の領分はバルーン型の輪郭で囲われているが、その輪郭線は割り箸で描かれたためかすべてゆらぎ、かすれて太い。発話者の方向をしめす吹き出しの「尾」は黒猫の尾のように撓みつつ可愛く表現されている。右頁は一頁大の大ゴマ。川の手前に来て、視界がひらけ気分が開放的になったキャロルが、同道するベティにも気兼ねなく、歌を唄う。向こう岸に櫛比する西洋の近代建築。川は掛かる橋の形状からしてセーヌ川か。川岸のハーバーには停泊するフライングダッチマン。ベティはキャロルの唄っているのが、その歌詞からワーグナーの『さまよえるオランダ人』と見抜く。この歌はナチスの縁語として登場する。ヒトラーは周知のように大のワグネリアンだった。幽霊船を操る呪われたオランダ人(ダッチマン)の船長。彼は海路を永遠にたったひとりでさまよう。しかしある港でゼンタという娘と出会う。船長は彼女に恋をするが、彼女の破滅を惧れ、身を引く。はかなんだゼンタは海に投身、すると幽霊船の呪いが解ける。

このマンガのキャロルは、宿命の愛を描いた『さまよえるオランダ人』が大好きという設定で、船長/ゼンタの関係が、キャロル/兄の関係に擬されているかもしれない。ゼンタ、キャロルが迎える試練は自己犠牲的な入水。しかし結末がちがう。船長はそれで救済されるのにたいし、キャロルの兄はそうならないだろう。

左頁。ベティとキャロルが大邸宅に入ったのち(このあたりからキャロルの後頭部から伸びる三つ編みの装飾模様的な点線化が顕著になる——この三つ編みは、シルエットで描かれるために顔の向きがわからないキャロルの身体の方向性を明示させるためにも必要だった)、女中の日常勤務が始まるが、作品の法則、「順番」がさっそく顔を出す。奥様、女中頭ベティ(捧げた盆にポットを載せている)、キャロル(同じくカップとソーサーを載せている)の順でしずしず歩き、やがて燭台などに贅を尽くした居間の椅子にいる、豊かな白鬚を蓄えた主人に給仕する。物語のテンポは相変わらず速い。一日の勤務を終えたキャロルを女中部屋へとベティが案内する。階下にいるベティと、階上、後ろ姿のキャロル。狭い構図ながら、空間の奥行が圧縮されて装塡されている。この最後からふたつ目のコマ、黒くシックな執務服を着たベティの背中を流れる三つ編みは形の明示のために白化されている。ベティが部屋扉を開ける最後のコマが二様の方向にとれるのが眼の権能への留保となる。扉を開け部屋のなかを視るキャロルという意味には変わりないのだが、それが階段側から見たキャロルの後ろ姿なのか、部屋内から見たキャロルの前身なのかを、からだがシルエットなので断定する手立てがないのだ。

一二二～一二三頁

部屋には怪しげな人影があった。これもシルエット。男で、細身だ。キャロルは即座に自分の兄と見抜く。こっそりと闖入してきたのだ。おそらくは全体が室内照明のない暗がりでの展開。右頁三コマ目は、対峙する妹と兄、その二人の中間にいわばカメラを置き、真仰角の広角で二人を捉えた構図だが、兄は左手に光源をもっている。懐中電灯は時代的に早すぎる。となると、小さなランプということになるが、光量差が環界に対し大きすぎて、放射状の円形しかみえない(写真的ハレーション、ハイコントラスト)。

兄は妹の生気＝「体内の血の霧」を摂取しないと、縮減するのだろう。兄を見てのキャロルの慨嘆が、「小さくなって」ではなく「足りなくなって」であるのが素晴らしい。精神的充足も問題になっているのだ。生気を吸うのには、親族の者を対象とするのが最も良い。そうして近親相姦の原理が血の堅牢性だと示される。ナチスが間違った血と不当に見なすユダヤ人を排除するときにあったのも昂揚だ。しかしドイツ的な昂揚は一面、静謐でもある(『M』〔一九三一年、フリッツ・ラング監督〕の怪優ペーター・ローレのように)。兄の手からやがて瘴気が洩れてくる。それは爪楊枝の最大限に細かい点描で示され、ほとんどスパッタリング(霧吹き)と同様の効果をしめす。

生気を奪うことは凌辱と同義だ。妹の細い首もとを鷲摑みにして兄は手から妹の生気を受け取る。おそらくキャロルがこの広壮な邸に勤める前にも繰り返されてきたこの儀式は、相対変化を拡大する。結果、妹が縮減し、兄が拡大するのだが、妹は背丈が小さくなっただけに見えるのにたいし、兄は右のコマから左のコマの推移で筋骨隆々となり、肩に筋肉瘤ができ太腿が逞しくなったほか、臍のあたりも勃起しだしたようにみえる。触れた者の浄化にまつわるスーフィズムの幻想がここに関連しているかもしれない。兄は満足を覚え、女中部屋の窓から逐電した。妹キャロルはこの見開きの最後のコマのベティの言に従えば、「たった一日で少し痩せた」。

生気移動の儀式だったはずだが、オノマトペ「ズオ……」「ズズズ……」は明らかに血流を吸い上げる物理的な音をおもわせる。たいするキャロルの「う」「ああ……」は生理的な反応音で、とりわけ後者は性的な恍惚をも錯聴させる。二人の上の空間は瘴気が集まって雲状になってきている。通常、召使＝女中にとっては、主人性との対峙だけがその至純世界となる。ところが女中部屋や召使部屋に恋人や眷属などが混ざりだすと、世界が濁り出す。それで主人側の破滅が結果される。ジョセフ・ロージーの映画『召使』(一九六三年)などのように。

三　巨大化と極小化

一二四〜一二五頁

右頁一コマ目。窓辺で少女が物思いに沈む、というのが、メロドラマ的な世界の鉄則。「その後も／兄さんは／ことあるごとに／姿を現し――」という余白ネームによって、キャロルの見やる窓外には、怪物である兄がいるような予感が生じるが、実際は、スパッタリング状の靄だけだった。それは樹々の緑のひろがりだが、戦火、同時に、不安じたいの形象のようにもみえる。

左頁。兄の来訪（急襲＝凌辱）ごとに、生気を奪い取られ、「（キャロルは）どんどん小さくなっていった……」。このときキャロルの代わりに「わたし」の語が介入する。マトリョーシカ人形を取り出して大から小へ並べたような「順番」「推移」の形象化は、笑劇的にして童話的。ポーズがそれぞれ異なって、踊りにもつながるその多元性が素晴らしい。

女中頭の観察では、キャロルは「明らかにコンパクトになった」。なのに、キャロルはそれを誤魔化す。曰く「しゃがんでいるから」「髪も切ったから」「ベティさんがちょっと大きくなったから」。その苦し紛れ、途切れ途切れの早口の言明が、キャロルの可愛らしさを伝えてくる。それにしても彼女には、「兄に継続的に姦されて、自己を減らしている」危機意識が皆無だった。

左頁の最後からふたつ目のコマでは、街なかへ出て買い物仕事をしているキャロルの前に兄が突然現れる。出会い頭は、手前の兄の後ろ姿、奥行のキャロルの正面対峙の姿で構成されている。

兄はどんどん巨大化（怪物化）してくる。最初に明瞭に大きくなった一二三頁の段階では、兄は理想的な

森泉岳土「トロイエ」125頁(『祈りと署名』2013年、KADOKAWA所収)

アーリア人の健康体をかたどられていた。それにたいし、一二五頁では、もはや『キング・コング』（一九三三年、メリアン・C・クーパー監督＋アーネスト・B・シューザック監督）の後ろ姿のように、巨大化とともに、ナチス的な基準でいう知能劣化が推進されたようにみえる。たいする妹、キャロルはどうだろう。前掲一二五頁のコマに注目。買い物袋を、くの字に彎曲させた細い腕に提げ、兄に吸われて痩身化、腰のくびれがはっきりしてきたキャロルは、病体が昂進したというより、エレガントになったと錯視されるのではないか。病気とはそれじたいがエレガンスなのだ。

一二六～一二七頁

右頁一コマ目、兄は石畳の路上に妹キャロルを押し倒す。二コマ目は、妹の腕に、怪物化した兄の鉤爪がかかっていると一見捉えられ、人間的であるべきディテールが昆虫性にずれ込んだ換喩性が感じられる。ただしそれは錯視。よく見ると妹の腕を巻く兄の指が描かれている。ほうほうの態で発せられる妹の叫び、「もう充分じゃない！」は、「あなたは満足しているはず」に留まらない。「あなたが搾取する対象は、搾取が過ぎて、もう消えようとしている」という論理的逆説をも突きつけているのだ。

爪楊枝と水の滲みで描かれたことによりメルヒェン性と連絡してきた本作は、実際のところは、陰惨さを隠しこんでいる。兄が「すまないキャロル」と詫びつつも止まらず、キャロルを押し倒している俯瞰構図のコマからは、レイプの生々しい過程がみえてくる。妹の生気をもらいつくし巨大化を果たした兄は、もはや人間社会にたいし、化け物として突出する大きさへと成長した。おそらく五メートルくらいの身長に達しているだろう。背が高くなりすぎ、立ち上がって歩行すると、蹌踉とした足取りにもなる。けれどもさきにあった兄妹間のレイプ幻想の陰惨さを、森泉岳土は、妹キャロルのちょこまかした挙動で緩和してくる。彼女は兄を正常とするなら、鼠大に変化している。カフカの描いた、「歌姫ヨゼフィーネ」（『カフカ寓話集』（池内紀編訳、一九九八年、岩波文庫）収録の「歌姫ヨゼフィーネ、あるいは二十日鼠族」参照）と似てきたのかもしれない。左のコマの、コマ枠上に立つキャロルは、ほとんど五線譜上の音符にもみえる。

左頁下部、小鳥程度に矮小化したキャロルを、群衆の足許に中心に置き、群衆の様々な「驚愕」「恐怖」「恐慌」「哀願」が採取されている。ナチズム的なものに肉薄するのであれば、肝要なのは群衆の映像だという点は、とりわけフリッツ・ラングの『M』が教示した。このコマでは、音の混乱が、フキダシの乱舞となっている。これは、発声の同時性を、ズレを介在させ表面化させたもので、換喩原理が用いられている。だが読解は「順番」を介在させて、同時性の恐怖を秩序へと緩和してしまう。

一二八～一二九頁

右頁は一頁大の大ゴマ。怪物化を完全に果たした兄が描かれる。真の危機＝破局は、美しくなければならない。本多猪四郎版の『ゴジラ』（一九五四年）の登場シーンのように、真に巨大化したものは地平線に佇立しなければならない。急速に成長した兄はそれらの要件を満たす。急速すぎることが、兄の破局の内実でもある。ナチスとおなじだ。

破局の美しさが何で構成されるかを森泉は、知悉している。まずは、画面手前、矮小化したキャロルが、窓枠の向こう、遠景の兄をみつめて、驚愕の叫びをあげている。彼女はスクリーミング・ビューティの役柄を演じきっている。いっぽう兄の輪郭は、もはや何の既存動物にも似ていない。ただの怪物となっている。この即物性と、怪物の背後の寺院の形状的な即物性がリンクしている。怪物が足を踏み入れようとする公園にも日常性が保たれている。ただし、空や中空に、スパッタリング的な噴霧状が窺え、それが戦火をも表象してみえ、同時に樹木の形状とも連続している。つまり、「異常性のみ」よりも、「異常性と日常性の層的な混淆」のほうがさらに異常なのだ。

森泉の凄いところは、兄の極大が織りなす破局風景を綴ったのち、左頁、女中頭ベティが、つまみあげた極小キャロルを卓上に導くことだ。卓上には、燭台やランプの光源があって全体が潤み、さらには書籍の積み上げもあって、あたかも港の夜景のような瀟洒な雰囲気を湛えている。これは「ミニチュア」「蒐集によるヴァルター・ベンヤミン的なアレゴリー星座」に近い。というか、破局のアレゴリーと蒐集のアレゴリーが連続してしまう点が、ベンヤミン的なのだった。

一三〇～一三一頁

右頁。卓上の極小キャロルの全身と、ベティの指先、それらの大きさの差異が、キャロルの傀儡化を自然に導いてしまう。このキャロルのフェイズは、マトリョーシカの最内側層だ。小ささは運動の不如意を増加させるようにみえる。ベティの魔術的な指もとにあって、小さなキャロルの外側に描かれるわずかな曲線は、舞踏運動をかたどっているのだろうか、それとも彼女を縛る、傀儡師から出される運命の糸をしているのだろうか。いずれにせよ、線の源泉は彼女のお下げの曲線にあるようだ。

読者は、美しい豆歌手となって『さまよえるオランダ人』のクライマックスを唄うキャロルの顔を視たくてしょうがない。右頁下は、唄い出しの際の彼女の横顔の推移。乱れた後頭部の髪が生々しいほか、その左では上顎・下顎のウルトラアップが確実に形象化され、キャロルの人間的な美少女ぶりが伝わってくる。左頁にしるされるその後では、キャロルの顔は伝わらない。スパッタリング的な偶然が生み出した、神秘的な星屑がアレゴリーとして捉えられるだけだ。あるいは、偶然により、そこに怪物の顔が現れているようにも見える。

一三二～一三三頁

「さまよえるオランダの幽霊船」を描いた大迫力の見開き一枚画のなかで、思わず見逃しそうになるが、右側、キャロルが、幽霊船＝海上の廃墟と対峙している。その姿は、過去からの風を受け、廃墟を見すえ、未来へと後ろ向きに飛ばされてゆくパウル・クレーの「新しい天使」（ヴァルター・ベンヤミン「歴史の概念について」Ⅸ『ベンヤミン・コレクションⅠ　近代の意味』（浅井健二郎訳、一九九五年、ちくま学芸文庫）参照）のようでもある。船が岩礁に近づき、波自体が瓦礫のようになっている。画調じたいは木版画的だ。

一三四～一三五頁

巨大化と、血の無方向の求めによって、群衆を恐怖に陥れた兄は、行き場がなく、妹を頼り、その窓辺に姿を現す（群衆の血は、試されたが、旨くはなかったようだ）。嗚咽は退化し、怪物的な哀しみをかたどるだけ。巨大化しすぎて、以前のように窓からはもう、女中部屋に入れないのが憐れだが、窓の外の怪物と室内の美少女の対比（キャロルは相変わらず極小のままベティが設えた「卓上劇場」にいる）は、映画『キング・コング』からの引用かもしれない。左頁四コマ目で捉えられた兄のシルエットの顔には、涙痕をしるすようなかすれもある。後悔が彼を賦活させている。いっぽうキャロルは、自分の死が、兄の救済につながると知っている。この認知構造のなかにこそ本当の「熱誠」がある。

前の見開きまででキャロルによる『さまよえるオランダ人』クライマックスの詠唱があったので、この見開きでは静謐が訪れている。女中頭と、美しい卓上に残された、ミニチュアのキャロルの対話。女中頭は、キャロルの兄の人間社会への暴走破壊、その阻止は、「あんたの誠意次第だ」とキャロルに言う。キャロルも

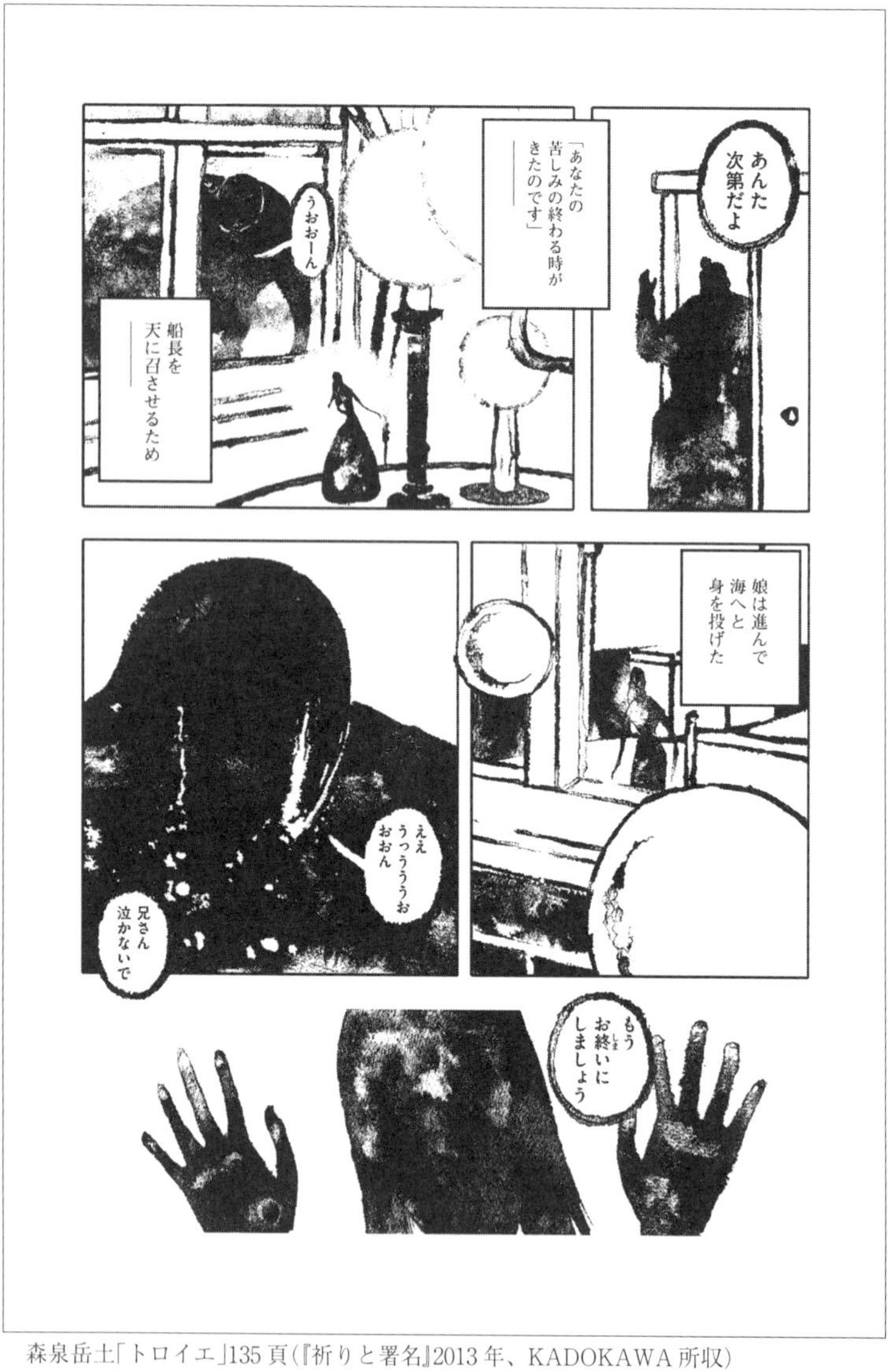

森泉岳土「トロイエ」135頁(『祈りと署名』2013年、KADOKAWA 所収)

それを理解した。自分の現在の異形性をただ哀しむだけに退化した兄。それを収めるために、キャロルは人身御供として、海に投身しなければならない。その決意を兄に示しているのが、「もうお終《しま》いにしましょう」とキャロルが語りかけているこの見開き最後のコマ。これを凝視したとき、初めてキャロルの「顔」が見えるのではないか。それはまさに苦しむ大衆の実存として、不分明に表象されている。同時にそれは、爪楊枝、墨汁、滲みの偶然として出現し、一種の畸形性をもかたどっているのではないか。

一三六頁

最後は海に沈んでゆくキャロル。画の全体は、喪の表象のように黒く縁取られている。画の手前に「水面」が実はある。同時にその姿は、美しい押し花をしるしているようにもおもえる。彼女は読者がいま読んできた書物＝マンガの、主体ではなく、じつは栞だったのではないか。それはあらゆる中間に潜在し、読者の想いを、中途で停止させる魔力のようなものだったのだ。このためにこそ、「小ささ」が必要だった。作品が主題としていたのは、小ささだったと単純に捉え直すこと。真の警鐘を鳴らすことのできるのは、小ささをもつ者なのではないか。

ナチスの暴虐の傍らにあったもの。たとえば、小心とメランコリーのあまり、ドイツから亡命中のベンヤミンがピレネー山脈で服毒自殺したときの、小ささ。これこそが「誠実」の逆説だろう。

四　顔の特殊性、躑躅の暴発

森泉岳士のマンガ単行本では森泉自身によって書かれたあとがきが必ず付されている。そこで目につくのは、収録されている一部短篇のヒロインが実在の誰をモデルにしたかを森泉がしばしば綴っていることだ。

このばあい行動パターンや口癖というより、実際の顔・身体の造形が参照されたと言っているのだろう。となると森泉の人物描写は、通常、作者ごとに一定性をもつマンガキャラクターではなく、森泉の実人生に沿った、偶有的で絵画的な産物ということになる。これから吟味する森泉のアダプテーション系列の傑作「漱石の「こころ」より〝先生と私〟」（『カフカの「城」他三篇』（二〇一五年、河出書房新社）収録）で描かれる割り箸で描かれた人物、「先生」「奥さん」「私」もまた、顔表現からマンガ性を奪い、無表情の即物性を体現させることで、実在者からの転写の可能性を窺わせる。その無表情によりはっきりと現れない先生の真情を測ることがとりわけ読解の要となるのだ。あるいは奥さんが美人として表象されているか否かも、奇妙なことに俄かに判断がつきにくい。

夏目漱石『こころ』は、上「先生と私」、中「両親と私」、下「先生と遺書」の三部で構成されていた。下は遺書の文面が延々続く破格の構成で知られる。森泉による翻案は一般に中心視される下を割愛し、「先生と私」のみから挿話を間歇的に拾うかたちでおこなわれている。大学生の私が海水浴で、自分が受講する大学の先生の姿を見かけ、憧れて巧みに近づく発端から、先生の雑司ヶ谷近くの住まい（先生は妻の静《しず》と同居している）に出入りする仲となり、先生のつよい厭世観に気づき、先生と妻のなりそめにも関心をもち、先生が雑司ヶ谷墓地に定期的に墓参りする今は亡き旧友との仲を詮索するにいたる流れだ。小説の展開はマンガを読んでも伝わってくる。もともと「先生と私」は、「朝日新聞」連載の全三六章の章立てだが、森泉の脚色は夏休み後の再会を期し先生宅を辞去する三五章を結末とする。先生と私が躑躅《つつじ》の名花・霧島を展覧会で愛でる二六章がフィーチャーされている。先生ののちの自殺の遠因として、美に関する先生の定見が、引き金となったと森泉は考えているのか。いずれにせよ、先生の厭世観を、読者は描かれた先生の顔から微視的に吟味するよう導かれる。

冒頭は鎌倉・由比ガ浜の海水浴場。砂浜には葦簀張りの茶屋が設営されている。遊ぶ子供たち、日傘で通過する浴衣の女、それに頭に手拭いを巻いた男たち。男たちが泳ぐに際して纏っているものは、褌やステテコで、まだ水着という特化が起こっていない。主人公＝語り手の私の中心化があっさりと示されたのち、先生を注視している姿を私は後ろから捉えられる。頭に水玉模様の手拭いを巻いているのが先生。私の身体の輪郭は、爪楊枝等で墨を重ね描きされた結果、細かく線を継いだような感触を部分的にもつが、それでもその全体がやわらかく、流線的な連続性をも兼ね備える。この二重性が素晴らしい。スパッタリング的効果はここでも多元的に用いられている。砂浜の砂の質感から、奥行の防砂林まで。湘南海岸道路はまだ作られていない。

先生は白人男性を同伴している。原作「先生と私」では先生の専門研究領域がはっきりとしめされていないが、漱石自身の専門に倣って、英文学とすべきだろう。私の先生にたいする想い、先生と白人男性の同伴から、全体にホモセクシュアルの匂いを嗅ぎつけるべきかもしれない。そうすると、『こころ』で最終的に顕わとなる自殺の方便「乃木大将を想定した殉死」の意味合いも変わる。

海の描写で大胆に意匠化されているのは、白波立つ海面だ。ここでは霧吹き的効果の拡大がみられる。この水の捉え方は、墨の使用からして日本画的といわれそうだが、浮世絵の海は波の意匠化による。森泉の画はマチエールの原理的提示で、日本画的とはいえないのではないか。海水浴場全体を斜め俯瞰構図で見開き大にパノラマ化した箇所が圧巻だ。細かく描かれている人間類型個々を吟味させる誘惑に満ち、結果、線型性を中心とするマンガ的時間を、別方向に拉し去る逸脱をも盛り込んでいる。実際、個々の類型を微視してみると、性別、年齢、遊び人の程度などが時代色豊かに迫ってくる。トリビアル、サブカル的で幻想的なディテールを歴史絵巻（浮世絵）に繰り込む現代美術家・山口晃を聯想させるだろう。

先生と私が懇意になり、舞台は私が来訪する先生の居住地・雑司ヶ谷へと移る。マチエールの中心が変化する。先生が墓参していると奥さんが私に伝えた雑司ヶ谷の墓地の樹々（時間経過の速い本作ではそれが雪を頂く写真的な樹々の描写にあっさりとすり替わる）、さらには明治末年の東京市内の木造住宅、板塀の櫛比など、樹木の領域が浮上してくる。先生と私の交情は表面的には淡泊だ。坊主頭の私は表情を外化されることがなく、先生もその丸眼鏡の奥に感情を隠蔽している。奥さんが作中、はっきりと表象されるのも二コマにすぎない。一方で、おそらく雑司ヶ谷、鬼子母神、染井、六義園と続いてゆく、江戸時代からの名物観桜コースをゆく先生・私の頭上の爛漫たる桜花は幻惑美を湛えるし、先生と私が散歩に連れ立って行きついた躑躅園の花々、その見開きにわたる意匠的な描出は江戸的かつ幻想的でありながら気味が悪い。躑躅の銘柄は漱石の指定どおり「霧島」と語られるが、それならば躑躅のありきたりのイメージを出ない。ところが墨で描かれ二頁大に黒く充満する森泉の躑躅の花々は、それぞれの花蕊とかすれの介在により病的な妖艶を湛えている（『フロイトの燃える少年の夢』（二〇二二年、河出書房新社）収録の「ヴァージニア・ウルフの夢」中、夢の主体が波打ち際を走っているはずなのに海面が全体化している見開き画の気味悪さにも匹敵する）。

この迫力が、「あまり私を信用しては不可《いけ》ませんよ／私は私自身さえ信用していないのです」「恋は罪悪《ざいあく》ですよ」「静、おれが死んだらこの家《うち》を御前に遣ろう」など先生の片言隻句の裏にある絶望とひそかに拮抗する。「ひそかに」としたのは文字通り躑躅と絶望の連絡が曖昧なためだが、森泉の画柄にある躑躅の、虚無と意匠との襲《かさね》には注目しなければならない。『こころ』の物語の根幹にも襲（重複）があるためだ。往年の先生が下宿先の静に求婚した結果、静に懸想していた親友Kの自殺を招き、やがて則天去私を本懐としながら疲弊していった先生がその自殺こそをなぞったということ。このなぞりも襲の一種なのだ。森泉はおそらく、躑躅＝霧島を漱石の小説原文よりもさらに強調することで、原作の本質を暗示的にえぐった。同時に、現実よりもはげしく幽玄化したそれら躑躅の乱立に、隠されていた静の実相をも探りあてたのではないか。

森泉「〝先生と私〟」は、前言したように夏休み後の新学期再開を期し私が先生宅を夜に辞去する小さな瞬間で終わりを告げる。というか、玄関扉を出た私が、その玄関燈の範囲から外れ、闇に紛れた幽霊のように黒化する瞬間こそが強調されている。おそらくは先生の絶望に罹患し存在が無化される私の（やがては忘れられるだろう）一瞬が剔抉されているのではないか。これは漱石の原作から別途に加えられたものだ。なぜなら、闇への溶融という推移は、マンガのコマ進展にのみふさわしいものだからだ。

あとがき

「危機」という言葉が時代のキーワードになって久しい。ただ、「危機」をことさら煽ることなく、「危機」について冷静に思考し、来るべき「危機」に処するための手がかりに本書がなれれば本望である。

本書の成り立ちについて述べておきたい。「まえがき」でも触れたが、私は、二〇二一年から二三年度にわたって、研究代表者として文部科学省科学研究費補助金（基盤研究C）を得て、研究課題「日本近現代ミステリにおける危機表象の史的研究」に従事した。日本において一九二〇年代に成立した「死」や「恐怖」を素材とするミステリは、二〇世紀以降の危機的事象（疫病、関東大震災、戦災、阪神淡路大震災、東日本大震災、原発事故……）をどのように受け止め応答しようとしたのかを究明するプロジェクトであった。謎解きという高度に読者参加を要求するこのジャンルは、知的ゲームという娯楽性と、読者が作品にコミットする当事者性も備わっている。こうしたミステリの表現形式の特殊性と歴史的事象との関係性を通史的に分析することで、日本近現代ミステリ固有の危機表象の特質を明らかにすることを目指したものであった。研究分担者は、横濱雄二さん、諸岡卓真さん、高橋啓太さん、井上貴翔さんで、本書は、この共同研究の成果公開も兼ねた企画である。研究分担者の皆さんには、本書の編著者として参画してもらった。

二部構成とし、第一部は、ミステリにおける危機に対する想像力の諸相を通史的に探った。第二部は、ミステリに限定せず、ジャンル横断的に広く現代日本サブカルチャーにおける危機表象の諸問題を論じた。第一部の助っ人として、鈴木優作さん、小松史生子さん、第二部の助っ人として、榊祐一さん、川崎公平さん、渡邉大輔さん、藤田直哉さん、阿部嘉昭さんに協力をお願いした。過去の危機的事象との反映論的な視座だけでなく、ミステリ、マンガ、アニメ、映画といったそれぞれのメディア特性を生かした危機表象の固有性も追究したつもりである。

短時間にもかかわらず関連年表を作成してくれたのは、宮崎遼河さんである。北海道大学大学院文学院博士課程で、現代ミステリを研究している。

北海道大学出版会からはこれまで、押野武志・諸岡卓真編著『日本探偵小説を読む――偏光と挑発のミステリ史』(二〇一三年)、押野武志編著『日本サブカルチャーを読む――銀河鉄道の夜からAKB48まで』(二〇一五年)、押野武志・谷口基・横濱雄二・諸岡卓真編著『日本探偵小説を知る――一五〇年の愉楽』(二〇一八年)、押野武志・吉田司雄・陳國偉・涂銘宏編著『交差する日台戦後サブカルチャー史』(二〇二二年)を刊行してもらった。

本書が、五冊目となる。『日本探偵小説を読む――偏光と挑発のミステリ史』と『日本探偵小説を知る――一五〇年の愉楽』が姉妹編であるとするなら、本書は、『日本サブカルチャーを読む――銀河鉄道の夜からAKB48まで』の姉妹編という位置づけになる。

編集担当者は、川本愛さん。原稿の締め切り日や規定の文字数を守らない私たちを厳しくも優しく見守ってくれた。川本さんの的確な校正・校閲にも助けられた。おかげで、予定通り今年度の刊行にこぎつけた。

本書の刊行に携わり協力を惜しまなかった皆さんと、本書を手にとってくれた読者に感謝の気持ちをここに記したい。

二〇二四年一一月一一日

押野武志

執筆者紹介（五十音順）

阿部　嘉昭（あべ・かしょう）
一九五八年、東京都生まれ。北海道大学名誉教授、京都情報大学院大学教授。専攻は映画、サブカルチャー、詩歌論。著書に『マンガは動く』（二〇〇八年、泉書房）、『黒沢清、映画のアレゴリー』（二〇一九年、幻戯書房）、『てのひらのつづき』（詩誌『フラジャイル』別冊、二〇二四年）など。

井上　貴翔（いのうえ・きしょう）
一九八一年、大阪府生まれ。北海道医療大学講師。専攻は、日本近現代文学・文化。共著に『日本探偵小説を知る』（二〇一八年、北海道大学出版会）、論文に、「「論理」と「科学」の分離」（『層』二〇二三年三月）など。

押野　武志（おしの・たけし）
一九六五年、山形県生まれ。北海道大学教授。専攻は日本近代文学。著書に『童貞としての宮沢賢治』（二〇〇三年、筑摩書房）、『文学の権能』（二〇〇九年、翰林書房）、編著に『日本サブカルチャーを読む』（二〇一五年、北海道大学出版会）など。

川崎　公平（かわさき・こうへい）
一九七九年、北海道生まれ。北海道大学准教授。専攻は、映像論、日本映画研究。著書に『黒沢清と〈断続〉の映画』（二〇一四年、水声社）、共編著に『川島雄三は二度生まれる』（二〇一八年、水声社）、共著に『リメイク映画の創造力』（二〇一七年、水声社）、『映画と文学　交響する想像力』（森話社、二〇一六年）など。

小松史生子（こまつ・しょうこ）
一九七二年、東京都生まれ。早稲田大学教授。専攻は日本近代文学・文化。著書に『探偵小説のペルソナ』（二〇一五年、双文社出版）、共編著に『〈怪異〉とナショナリズム』（二〇二一年、青弓社）、『〈怪異〉とミステリ』（二〇二二年、青弓社）など。

榊　祐一（さかき・ゆういち）
一九六八年、福岡県生まれ。台湾・南臺科技大學助理教授。専門は日本近代文学・文化、現代日本ポピュラーカルチャー（主にビデオゲーム）。共著に『ヴィジュアル・クリティシズム』（二〇〇八年、玉川大学出版会）、『日本サブカルチャーを読む』（二〇一五年、北海道大学出版会）、『日本學指南』（二〇二三年、五南）。論文に「日本におけるサブカルチャーをめぐる語りの諸類型」（『層』二〇一八年二月）、「台湾妖怪ブームにおける台湾／妖怪の表象」（『多元文化交流』二〇二〇年六月）、「明治二十年代前半の和歌改良論の再検討」（『日本近代文学会北海道支部会報』二〇二一年五月）など。

鈴木　優作（すずき・ゆうさく）
神奈川県生まれ。鹿児島大学特任助教。専攻は日本近代文学。著書に『探偵小説と〈狂気〉』（二〇二一年、国書刊行会）、共編著に『〈怪異〉とミステリ』（二〇二二年、青弓社）、論文に「狂気の価値」（『日本文学』二〇二三年一二月）、「ミステリにおける奇書の再考」（『ユリイカ』二〇二三年七月）など。

高橋　啓太（たかはし・けいた）
一九七七年、北海道生まれ。花園大学准教授。専攻は日本近現代文学。著書に『「文学」の倫理と背理』（二〇一七年、中川書店）、共著に『日本探偵小説を読む』（二〇一三年、北海道大学出版会）、論文に「戦後の鞍山を描く」（『花園大学文学部研究紀要』二〇二三年三月）など。

藤田 直哉(ふじた・なおや)
一九八三年、札幌市生まれ。批評家、日本映画大学准教授。著書に『虚構内存在』(二〇一三年、作品社)、『新世紀ゾンビ論』(二〇一七年、筑摩書房)、『攻殻機動隊論』(二〇二一年、作品社)、『シン・エヴァンゲリオン論』(二〇二一年、河出書房新社)、『ゲームが教える世界の論点』(二〇二三年、集英社)、『現代ネット政治=文化論』(二〇二四年、作品社)など。

諸岡 卓真(もろおか・たくま)
一九七七年、福島県生まれ。北星学園大学教授。専攻は日本近現代文学(主にミステリ)。著書に『現代本格ミステリの研究』(二〇一〇年、北海道大学出版会)、共編著に『日本探偵小説を読む』(二〇一三年、北海道大学出版会)、共著に『本格ミステリの本流』(二〇二〇年、南雲堂)、『〈怪異〉とミステリ』(二〇二二年、青弓社)など。

横濱 雄二(よこはま・ゆうじ)
一九七二年、北海道生まれ。甲南女子大学教授。専攻は日本近現代文学、映像文化。共著に『ジブリ・アニメーションの文化学』(二〇二二年、七月社)、共編著に『地域×アニメ』(二〇一九年、成山堂書店)、『日本探偵小説を知る』(二〇一八年、北海道大学出版会)など。

渡邉 大輔(わたなべ・だいすけ)
一九八二年、栃木県生まれ。跡見学園女子大学准教授。専攻は日本映画史、映像文化論、メディア論。著書に『イメージの進行形』(二〇一二年、人文書院)、『明るい映画、暗い映画』(二〇二一年、blueprint)、『新映画論』(二〇二二年、ゲンロン)、『謎解きはどこにある』(二〇二三年、南雲堂)、共著に『日本探偵小説を知る』(二〇一八年、北海道大学出版会)など。

関連年表

西暦(和暦)	作品	関連事項
1918(大正7)	『中央公論』(1918年7月臨時増刊)に佐藤春夫「指紋」や芥川龍之介「開化の殺人」などが掲載される	スペイン風邪によるパンデミック
1920(大正9)	『新青年』(博文館)創刊	日本が国際連盟に正式加盟 尼港事件
1923(大正12)	江戸川乱歩「二銭銅貨」(『新青年』1923年4月増大号)	関東大震災
1924(大正13)	甲賀三郎「琥珀のパイプ」(『新青年』1924年6月号)	甲子園球場竣工
1925(大正14)	江戸川乱歩「D坂の殺人事件」(『新青年』1925年1月増刊号)	「普通選挙法」「治安維持法」成立
1926(大正15)	小酒井不木「恋愛曲線」(『新青年』1926年1月号)	蒋介石が国民革命軍総司令となる(北伐の開始)
1928(昭和3)	小酒井不木「懐疑狂時代」(『東京日日新聞』1928年4月10日〜22日、『大阪毎日新聞』同〜5月17日)	普通選挙による最初の衆議院選挙実施 張作霖爆殺事件
1929(昭和4)	江戸川乱歩「蜘蛛男」(『講談倶楽部』1929年8月号〜1930年6月号)	世界恐慌
1933(昭和8)	浜尾四郎「鉄鎖殺人事件」(『新作探偵小説全集』第6巻、新潮社) 『ぷろふいる』(ぷろふいる社)創刊	日本が国際連盟を脱退 アメリカでニューディール政策施行
1934(昭和9)	小栗虫太郎「黒死館殺人事件」(『新青年』1934年4月号〜12月号)	室戸台風 アドルフ・ヒトラーが総統に就任
1935(昭和10)	夢野久作『ドグラ・マグラ』(松柏館書店)	天皇機関説事件
1936(昭和11)	海野十三「深夜の市長」(『新青年』1936年2月号〜6月号) 木々高太郎「人生の阿呆」(『新青年』1936年1月号〜5月号)	二・二六事件 西安事件
1937(昭和12)	海野十三「十八時の音楽浴」(『モダン日本』1937年4月増刊号) 久生十蘭「魔都」(『新青年』1937年10月号〜1938年10月号)	日中戦争勃発 文化勲章制定
1946(昭和21)	『探偵雑誌LOCK』(筑波書林)創刊 『宝石』(青珠社)創刊 横溝正史「本陣殺人事件」(『宝石』1946年4月号〜12月号)	日本国憲法公布 極東国際軍事裁判開廷
1947(昭和22)	坂口安吾「不連続殺人事件」(『日本小説』1947年9月号〜1948年8月号)	二・一ゼネスト中止 独占禁止法公布 コミンフォルム結成
1948(昭和23)	高木彬光『刺青殺人事件』(岩谷書店) 大下宇陀児「石の下の記録」(『宝石』1948年12月号〜1950年5月号)	昭和電工疑獄事件 極東軍事裁判最終判決
1949(昭和24)	横溝正史「八つ墓村」(『新青年』1949年3月号〜1950年3月号、『宝石』1950年11月号・1951年1月号)	中華人民共和国成立 西ドイツ、東ドイツ成立 北大西洋条約機構(NATO)結成
1951(昭和26)	横溝正史「悪魔が来りて笛を吹く」(『宝石』1951年11月号〜1953年11月号)	「サンフランシスコ平和条約」調印 「日米安全保障条約」調印
1954(昭和29)	本多猪四郎監督『ゴジラ』(東宝)	第五福竜丸事件 洞爺丸事故
1956(昭和31)	『エラリイ・クイーンズ・ミステリ・マガジン』(早川書房)創刊 鮎川哲也「黒いトランク」(『書下し長編探偵小説全集』第13巻、講談社)	「日ソ共同宣言」調印 日本の国際連合加盟
1957(昭和32)	松本清張「点と線」(『旅』1957年2月号〜1958年1月号)	ソ連によるスプートニク打ち上げ
1958(昭和33)	山田風太郎「甲賀忍法帖」(『面白倶楽部』1958年12月号〜1959年11月号)	フランス第五共和制の成立
1960(昭和35)	松本清張「砂の器」(『読売新聞』夕刊、1960年5月17日〜1961年4月20日)	「日米新安全保障条約」調印 安保闘争 アフリカ諸国の独立(「アフリカの年」) チリ地震
1961(昭和36)	土屋隆夫『危険な童話』(桃源社)	『宴のあと』事件
1963(昭和38)	水上勉『飢餓海峡』(朝日新聞社)	ジョン・F・ケネディ大統領暗殺
1964(昭和39)	塔晶夫(中井英夫)『虚無への供物』(講談社)	東京五輪
1966(昭和41)	円谷英二監修『ウルトラマン』(円谷プロダクション)	全日空機羽田沖墜落事故 中国文化大革命
1968(昭和43)	野坂昭如『アメリカひじき・火垂るの墓』(文藝春秋)	五月危機 三億円事件
1972(昭和47)	辻真先『仮題・中学殺人事件』(朝日ソノラマ)	沖縄返還 日中国交正常化
1975(昭和50)	『幻影城』(株式会社幻影城)創刊	ベトナム戦争終結
1976(昭和51)	泡坂妻夫「DL2号機事件」(『幻影城』1976年3月号)	ロッキード事件
1977(昭和52)	竹本健治「匣の中の失楽」(『幻影城』1977年4月号〜1978年2月号)	ダッカ日航機ハイジャック事件(日本赤軍事件)
1978(昭和53)	栗本薫『ぼくらの時代』(講談社)	植村直己が単身で北極点到達
1979(昭和54)	笠井潔『バイバイ、エンジェル　ラルース家殺人事件』(角川書店)	天然痘の根絶
1981(昭和56)	島田荘司『占星術殺人事件』(講談社)	福井謙一が日本人初のノーベル化学賞受賞 敦賀原子力発電所の事故隠し発覚
1982(昭和57)	島田荘司『斜め屋敷の犯罪』(講談社)	IBM産業スパイ事件
1983(昭和58)	高橋克彦『写楽殺人事件』(講談社) ゲーム『ポートピア連続殺人事件』(エニックス)	東京都・三宅島噴火
1985(昭和60)	東野圭吾『放課後』(講談社)	日航ジャンボ機墜落事故 メキシコ大地震
1987(昭和62)	綾辻行人『十角館の殺人』(講談社)	利根川進が日本人初のノーベル生理学・医学賞受賞
1988(昭和63)	大友克洋監督『AKIRA』(東宝) 法月綸太郎『密閉教室』(講談社) 折原一『倒錯の死角　201号室の女』(東京創元社)	青函トンネル開通 瀬戸大橋開通 イラン・イラク戦争終結

（つづき）

西暦（和暦）	作　　品	関連事項
1989（昭和64/平成元）	山口雅也『生ける屍の死』（東京創元社） 有栖川有栖『月光ゲーム　Yの悲劇'88』（東京創元社） 北村薫『空飛ぶ馬』（東京創元社）	昭和天皇崩御 第二次天安門事件 ベルリンの壁崩壊
1990（平成2）	筒井康隆『ロートレック荘事件』（新潮社）	東西ドイツ統一
1991（平成3）	麻耶雄嵩『翼ある闇　メルカトル鮎最後の事件』（講談社）	ソ連崩壊 湾岸戦争終結
1992（平成4）	天樹征丸（原作）・さとうふみや（漫画）「金田一少年の事件簿」（『週刊少年マガジン』1992年45号～2001年2号） ゲーム『弟切草』（チュンソフト） 我孫子武丸『殺戮にいたる病』（講談社）	スペースシャトル・エンデバー打ち上げ成功（毛利衛が日本人科学者初の搭乗）
1993（平成5）	麻耶雄嵩『夏と冬の奏鳴曲』（講談社）	細川護熙連立内閣成立（55年体制崩壊）
1994（平成6）	青山剛昌「名探偵コナン」（『週刊少年サンデー』1994年5号～現在） 京極夏彦『姑獲鳥の夏』（講談社） ゲーム『かまいたちの夜』（チュンソフト）	大江健三郎がノーベル文学賞受賞 ユーロトンネル開通
1995（平成7）	庵野秀明監督『新世紀エヴァンゲリオン』（GAINAX） 藤原伊織『テロリストのパラソル』（講談社）	阪神・淡路大震災 東京地下鉄サリン事件
1996（平成8）	『メフィスト』（講談社）創刊 森博嗣『すべてがFになる』（講談社） 清涼院流水『コズミック　世紀末探偵神話』（講談社）	国連で「包括的核実験禁止条約（CTBT）」採択
1997（平成9）	麻耶雄嵩『鴉』（幻冬舎）	神戸児童連続殺傷事件 北海道拓殖銀行が経営破綻
1998（平成10）	中田秀夫監督『リング』（東宝）	インド・パキスタン地下核実験
1999（平成11）	殊能将之『ハサミ男』（講談社）	東海村核燃料工場臨界事故
2000（平成12）	黒沢清監督『回路』（東宝） 清水崇監督『呪怨』（東映ビデオ）	北海道・有珠山噴火 西鉄バスジャック事件
2001（平成13）	ゲーム『逆転裁判』（CAPCOM） 米澤穂信『氷菓』（角川書店）	アメリカ同時多発テロ
2002（平成14）	同人ゲーム『ひぐらしのなく頃に』（07th Expansion） 乙一『GOTH リストカット事件』（角川書店）	初の日朝首脳会談
2003（平成15）	東野圭吾「容疑者Xの献身」（『オール讀物』2003年6月号～2005年1月号） 大場つぐみ（原作）・小畑健（漫画）「DEATH NOTE」（『週刊少年ジャンプ』2003年36号～2006年24号） 三池崇史監督『着信アリ』（東宝）	イラク戦争勃発
2004（平成16）	天城一著・日下三蔵編『天城一の密室犯罪学教程』（日本評論社）	スマトラ沖大地震
2005（平成17）	松井優征「魔人探偵脳噛ネウロ」（『週刊少年ジャンプ』2005年12号～2009年21号） 道尾秀介『向日葵の咲かない夏』（新潮社）	JR福知山線脱線事故 パキスタン大地震
2006（平成18）	綾辻行人「Another」（『野性時代』2006年7月号～2009年5月号） 石原立也監督『涼宮ハルヒの憂鬱』（第1期、京都アニメーション）	ジャワ島中部地震
2007（平成19）	ゲーム『レイトン教授と不思議な町』（レベルファイブ）	「国民投票法」公布
2009（平成21）	諫山創「進撃の巨人」（『別冊少年マガジン』2009年9月号～2021年4月号）	日本で新型インフルエンザが流行
2010（平成22）	ゲーム『ダンガンロンパ　希望の学園と絶望の高校生』（スパイク）	ハイチ大地震 小惑星探査機・はやぶさ帰還
2011（平成23）	ゲーム『DARK SOULS』（フロム・ソフトウェア） 新房昭之監督『魔法少女まどか☆マギカ』（シャフト） 城平京『虚構推理　鋼人七瀬』（講談社）	東日本大震災（福島第一原子力発電所事故）
2012（平成24）	小野不由美『残穢』（新潮社） 塩谷直義監督『PSYCHO-PASS　サイコパス』（Production I.G）	山中伸弥がノーベル生理学・医学賞受賞
2013（平成25）	森泉岳土「トロイエ」（『祈りと署名』、KADOKAWA） 宮崎駿監督『風立ちぬ』（スタジオジブリ）	フィリピン台風 中国でPM2.5の汚染問題深刻化
2015（平成27）	森泉岳土「漱石の「こころ」より“先生と私”」（『カフカの「城」他三篇』、河出書房新社）	安倍談話 世界各地でイスラーム過激派によるテロ事件発生
2016（平成28）	庵野秀明監督『シン・ゴジラ』（東宝） 新海誠監督『君の名は。』（東宝） 佐藤究『QJKJQ』（講談社）	熊本地震
2017（平成29）	今村昌弘『屍人荘の殺人』（東京創元社） 田村由美「ミステリという勿れ」（『月刊flowers』2017年1月号～現在）	国連で「核兵器禁止条約」採択
2018（平成30）	深緑野分『ベルリンは晴れているか』（筑摩書房）	北海道胆振東部地震
2019（平成31/令和元）	相沢沙呼『medium　霊媒探偵城塚翡翠』（講談社）	京都アニメーション放火殺人事件
2020（令和2）	天野明「鴨乃橋ロンの禁断推理」（「少年ジャンプ＋」2020年10月11日～現在） 斜線堂有紀『楽園とは探偵の不在なり』（東京創元社）	新型コロナウイルス感染症（COVID-19）によるパンデミック
2021（令和3）	今村昌弘『兇人邸の殺人』（東京創元社） 米澤穂信『黒牢城』（講談社）	東京五輪（延期開催）
2022（令和4）	夕木春央『方舟』（講談社） 森泉岳土『フロイトの燃える少年の夢』（河出書房新社）	ロシアのウクライナ侵攻
2023（令和5）	ゲーム『超探偵事件簿　レインコード』（スパイク・チュンソフト） 山崎貴監督『ゴジラ-1.0』（東宝） 京極夏彦『鵼の碑』（講談社）	日本で新型コロナウイルス感染症が「5類」に移行
2024（令和6）	芦辺拓・江戸川乱歩『乱歩殺人事件――「悪霊」ふたたび』（角川書店）	能登半島地震

日本サブカルチャーと危機
——死と恐怖の表象史

2025年3月31日　第1刷発行

編著者　押野武志
横濱雄二
諸岡卓真
高橋啓太
井上貴翔

発行者　櫻井義秀

発行所　北海道大学出版会
札幌市北区北9条西8丁目 北海道大学構内（〒060-0809）
tel. 011(747)2308・fax. 011(736)8605 https://www.hup.gr.jp

㈱アイワード

ISBN 978-4-8329-3420-7